图书在版编目（CIP）数据

当代建筑师访谈录/黄元炤著.—北京：中国建筑工业出版社，2013.3
ISBN 978-7-112-15107-3

Ⅰ.①当… Ⅱ.①黄… Ⅲ.①建筑师-访问-中国-现代 Ⅳ.①K826.16

中国版本图书馆CIP数据核字（2013）第023893号

总体策划：陆新之
责任编辑：刘丹
书籍设计：晓笛设计工作室 龙丹彤＋贺伟
采访摄影：曹扬
责任校对：姜小莲 刘钰

当代建筑师访谈录
黄元炤 著

中国建筑工业出版社出版、发行（北京西郊百万庄）
各地新华书店、建筑书店经销
晓笛设计工作室制版
北京顺诚彩色印刷有限公司印刷

开本：787×1092毫米 1/16 印张：39 字数：780千字
2014年10月第一版 2014年10月第一次印刷
定价：88.00元
ISBN 978-7-112-15107-3
（23123）
版权所有 翻印必究
如有印装质量问题，可寄本社退换
（邮政编码：100037）

黄元炤

Contemporary
Architects Interviews
By Huang Yuanzhao

当代
建筑师
访谈录

中国建筑工业出版社

Architects
Interviews
Cont-
emporary
Arch-
itects

采访者——
Huang Yuanzhao

黄元炤

毕业于北京大学建筑学研究中心
现任教于北京建筑大学建筑设计艺术(ADA)研究中心
——中国现代建筑历史研究所 / 主持人
中国(近、当代)建筑历史研究与观察家
建筑学术杂志专栏作家、特约编辑

〔以访谈时间为序〕

梁井宇 01
访谈时间 - 2011.09.12

崔愷 02
访谈时间 - 2011.09.27

齐欣 03
访谈时间 - 2011.09.30

朱小地 04
访谈时间 - 2011.10.12

胡越 05
访谈时间 - 2011.10.13

李兴钢 06
访谈时间 - 2011.10.18

张雷 07
访谈时间 - 2011.10.28

大舍 08
访谈时间 - 2011.10.30

孟建民 09
访谈时间 - 2011.11.03

周恺 10
访谈时间 - 2011.11.13

王昀 11
访谈时间 - 2011.11.19

崔彤 12
访谈时间 - 2012.01.16

目录 ［以访谈时间为序］

011-013　写在出版之前

── 01
014-057　梁井宇
Liang Jingyu　访谈时间-2011.09.12

── 02
058-107　崔愷
Cui Kai　访谈时间-2011.09.27

── 03
108-161　齐欣
Qi Xin　访谈时间-2011.09.30

── 04
162-209　朱小地
Zhu Xiaodi　访谈时间-2011.10.12

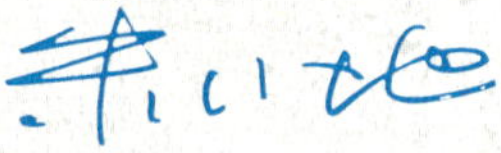

── 05
210-257　胡越
Hu Yue　访谈时间-2011.10.13

── 06
258-321　李兴钢
Li Xinggang　访谈时间-2011.10.18

— 07

322-371 张雷
Zhang Lei 访谈时间-2011.10.28

— 08

372-423 大舍
Da She 访谈时间-2011.10.30

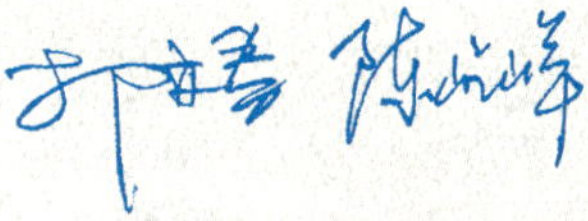

— 09

424-469 孟建民
Meng Jianmin 访谈时间-2011.11.03

— 10

470-513 周恺
Zhou Kai 访谈时间-2011.11.13

— 11

514-569 王昀
Wang Jun 访谈时间-2011.11.19

— 12

570-623 崔彤
Cui Tong 访谈时间-2012.01.16

梁井宇：
北京伊比利亚当代艺术中心　01

崔愷：
青海玉树康巴艺术中心　02

齐欣：
杭州西溪会馆　03

朱小地：
北京银泰中心"秀"酒吧　04

胡越：
北京建筑大学新校区六号楼　05

李兴钢：
西柏坡华润希望小镇　06

张雷：
南京国际建筑艺术实践展4#住宅　07

大舍：
上海嘉定新城幼稚园　08

孟建民：
安徽合肥渡江战役纪念馆　09

周恺：
青岛软件园　10

王昀：
杭州西溪学社　11

崔彤：
泰国曼谷中国文化中心　12

写在出版之前

这本《当代建筑师访谈录》是由中国建筑工业出版社策划的，是结合《当代建筑师丛书》的编写出版而派生的图书。书中采访的13名建筑师，都是去年建工出版社出版的《当代建筑师丛书》的作者，也是活跃在当代中国建筑界的一批备受业界关注的知名建筑师。

之所以会有幸接受建工社的邀请承担这本图书的采访和编写工作，一方面是我的兴趣使然，我2008年从台北到北京大学读研期间就开始对这批建筑师进行观察和研究；另一方面我觉得对这批建筑师的采访本身也是一次非常难得的学习过程，可以当面向这些知名建筑师求教我心中的困惑，同时又能通过访谈的形式，呈现出这些建筑师过往的人生经历和创作轨迹，与广大读者分享这些建筑师多彩的建筑人生——他们在过往人生里所经历的抉择和困惑，他们对于建筑的理解和思考，以及他们这一代建筑师的爱与怕……

这本图书是以采访顺序进行排序的，从2011年9月到2012年1月，我先后采访了梁井宇、崔愷、齐欣、朱小地、胡越、李兴钢、张雷、柳亦春与陈屹峰（大舍建筑设计事务所）、孟建民、周恺、王昀、崔彤。他们分处北京、上海、天津、深圳、南京等不同城市，出生年代也各不相同，有生于20世纪50年代中后期的崔愷、孟建民和齐欣，生于20世纪60年代早中期的王昀、周恺、崔彤、朱小地、胡越、张雷，生于20世纪60年代后期的梁井宇、李兴钢、柳亦春，生于20世纪70年代早期的陈屹峰。

这些受访的建筑师，有的在高校或国营大院内从事建筑设计工作，有的自创民营设计机构或事务所在市场竞争中求得生存和发展。由于所处体制不同和人生经历各异，他们的建筑人生和创作风格也大不相同。但他们有着很多的共同点，他们大多由于儿时喜欢写写画画开始走上建筑师的道路，也都经历了改革开放后社会经济生活的剧烈变迁，经历了各种西方现代建筑思潮竞相涌入后的冲击和影响，经历了中国城市化加速背景下的大建设浪潮。他们都有各自的建筑风格和代表作品，都处于个人建筑创作生涯中的成长成熟期，都活跃在当代中国建筑创作设计的一线。而最重要的一点，他们都怀有对建筑设计工作的热忱和热爱，他们最终都选择了这条坚持做一名执业建筑师的道路，他们愿意从建筑创作中去找寻自己的乐趣和价值。

在采访和整理文稿过程中，我一直希望这本访谈录能够尽可能地客观和真实，我希望自己提的问题能够更加简单和直接，能够与这些建筑师形成思想和观念上的交锋，充分展现这些建筑师的喜怒哀乐和所思所想，而不拘泥于所提出的问题是否契合受访建筑师的口味。我希望能够在坦白直率的氛围中进行采访，所提出的问题能够引起建筑师的思辨和反驳，在辩证过程中激发建筑师深层次的思考，而不是照本宣科似地一问一答。他们可以选择如实陈述自己的立场，也可以选择止步于真相；可以选择理直气壮地进行辩解，也可以选择重新审视下的默然。

最后的采访稿未必能做到百分之百的客观和真实，但我觉得通过这些建筑师鲜活的语言、犀利的言辞，仍可以使读者依稀看到其中所蕴含的一段历史，多种生活，了解到这些建筑师的"所知、所思、所想"，了解到这些建筑师建筑人生中的真性情，以及他们的建筑观和价值观。

这本图书在采访完成以后一直都在不断完善中。我从这些建筑师那里收集了他们成长过程中的各时期的照片，他们求学期间的课程作业、美术作业、竞赛方案、手绘草图，以及他们工作以后各时期代表作品的设计草图、平立面图、效果图、建筑模型和实景照片，希望通过一条纵向的时间轴，比较全面而直观地反映这些建筑师的建筑作品和人生经历，使读者通过读图的方式更为直观地了解书中的这些建筑师，并将访谈中的文字与建筑师本人对应起来。不只关注这些建筑师的作品，更多关注这些建筑作品背后的"人"；不只关注这些受访建筑师，更多关注这些建筑师背后所代表的当代中国建筑师群体。

　　感谢13名建筑师的合作，回想与每一名建筑师对话的经历，我都觉得受益匪浅。感谢本书总策划建工出版社陆新之先生，采访前他提出了本书的目标——"希望这本书能够激发更多学生和建筑师对于建筑的兴趣和热爱，成为更多建筑师差旅时的休闲文化读物"，就采访重点与采访大纲与我进行了多次讨论，并在去年本书设计全部完成计划付印前，决定邀请专家重新进行书籍的整体设计。感谢本书责任编辑刘丹女士，她负责与13名建筑师预约采访时间和收集他们的图片资料，并认真校正了书稿中的每一处差错。感谢本书采访摄影师曹扬先生，他的精彩的人物摄影为本书增色不少。感谢晓笛工作室符晓笛先生、龙丹彤女士、建工出版社赵子宽先生，他们为本书设计所做的贡献，使这本书能够以今天的样子呈现在大家面前，也让我感觉过去两年来的辛苦是完全值得的。

2014年6月于北京建筑大学ADA研究中心

梁井宇
Liang Jingyu

01

场域建筑事务所
主持建筑师

访谈时间——
2011.09.12

A r c h i t e

代表作品 ——

北京伊比利亚当代艺术中心
上海民生现代美术馆
北京郊区小教堂
Arrtco Collection 旗舰店
上海金融学院厂区改造
北京梁井宇工坊

1969年出生于江西，1991年毕业于天津大学建筑系，后工作于机械部设计研究总院。1996-2003年工作于加拿大蒙特利尔及温哥华，其中在2000-2002年间，梁井宇曾作为电子艺术家为电子艺界（Electronic Arts）游戏公司设计游戏产品。2003年回国后工作于北京中联环建文建筑设计有限公司。2005年参加巴西圣保罗建筑与艺术双年展。2006年梁井宇与九源三星建筑师事务所合作在北京组建了场域建筑事务所，同年参加鹿特丹"当代中国"建筑、设计与视觉文化展。2007年他的数个城市研究项目在深圳和香港双年展两地展出。除了从事建筑实践和城市研究，同时他也是2007年大声展策展人之一，并作为"2009年深圳/香港城市与建筑双城双年展"的策展团队成员负责展览空间设计。2011年担任北京大栅栏文保区规划顾问、北京国际设计周"大栅栏新街景"策划工作。代表作品包括：北京伊比利亚当代艺术中心、上海民生银行美术馆等。

印象

　　梁井宇，早年旅居加拿大，曾是一名电子游戏场景设计师，回国后组建场域建筑事务所，任主持建筑师。他不喜欢重复自己的过去，也不重复别人，总是想做新东西。但同时，建筑传统中不断重复出现的普遍和长久的共性也同样让他着迷。

　　在加拿大时，梁井宇完全沉浸在电脑的虚拟世界里。在虚拟世界中完全自由与无拘无束的想象，让当时的他找到了新的依靠与追求。在电子游戏的设计里，梁井宇体会到游戏空间中的幻觉与美好，而游戏中对于空间无设限的形体扭曲创造与无局限的变化法则，是现实中受局限的真实空间所无法表达的，这引发他从虚拟到真实之间的转换与尝试。可是，梁井宇后来似乎也厌倦了这样的追求，毕竟在虚拟世界中的建筑很难像实际建筑一样，可以表达出一种真实的力量。最终，他又回到了真实的世界中，渴望追求真实的、可以实现的建筑。

　　真实到虚拟，是梁井宇从国内到国外的设计转换；而虚拟到真实，又是他从国外到国内的设计转换。当梁井宇回到建筑领域后，他从对软件虚拟与精神化的游戏场景操作，转向对硬件现实与物质化的建筑操作。他似乎想将虚拟世界中的3D曲面转化到现实世界中来实现，这也体现在中联环建文建筑设计有限公司办公空间的一道曲面墙体设计中。他关注材料的细部与构成，这是他受到艺术家的启发，与对真实世界、真实材料再现的一种渴求、一种补偿，他希望作品中能暴露材料的真实质感，合理运用并贴切表达材料的物理属性，对抗重力并反映材料与自然之间的关系。

　　在伊比利亚当代艺术中心项目中，梁井宇把虚拟世界中的曲面想象转化成更实际的建筑外墙，他用红砖塑造出一个新形态的弧形墙，在保留原有墙面基础上增加一道新的皮层，犹如在旧系统上以不破坏、不瓦解的方式植入与附加上新的物体，并同时串联与组织，而新皮层与旧墙面之间就成为建筑与环境之间的新界面，它同时有了深度与容积，创造出新的形态空间。

　　皮层的运用，在梁井宇的作品中依稀可见，但材料各异。如中联环建文建筑设计有限公司办公空间中变形的欧松板的运用，伊比利亚当代艺术中心的砖运用，上海民生现代美术馆灰色金属网的新皮层的运用。上海民生现代美术馆的设计意图类似于伊比利亚当代艺术中心，同样是反映出新旧之间的衔接与统一。但是，梁井宇并不认同他的建筑只有表皮，他觉得应该冲破"现代主义"（Modernism）建筑理论形成的思考框架去理解艺术特别是当代艺术对于建筑的影响。就是很多被建筑师认为是不屑一顾的、或者说对建筑而言是无意义的东西，而在当代艺术领域却可以找到它的位置，且有不可替代性。

　　原创，是梁井宇开始的一种设计倾向，他坚持创新，而且他可能会从一个独特的出发点切入设计，带有一种颠覆性，颠覆建筑学约定俗成的事件，颠覆既有的设计规律、既有的任务书、既有的设计概念，甚至颠覆人们对于城市、建筑、社会、生活的概念，而经过这样的颠覆，可以思考更多的可能性，就如同他不拘泥于某一特定的工作一样。但同时，创新本身是否是个真实的命题？梁井宇认为需要自我反思。至少它可能会成为建筑师的"陷阱"，导致对建筑传统和普遍价值的忽视。因此，重新发现、传承这些基本的建筑价值是梁井宇近来关注的重点。

　　从伊比利亚当代艺术中心到上海民生现代美术馆、再到近期的上海金融学院图书馆，都不算是梁井宇真正的建筑作品，都是改造项目，可以说是梁井宇与原有厂房建筑师的一种跨越时空的"合作"。然而不管是改造或是新建的项目，梁井宇都希望他的建筑能够优雅地出现，然后优雅地老去，他的建筑就像有生命的东西，而对于生命体本身而言，适应性应该是最重要的；对于环境（生物圈）而言，适度的索取和付出是重要的。因此，他认为建筑之美就是这种适度达到平衡时的优雅。

访谈

采访者
黄元炤

受访者
梁井宇

时间
2011.09.12

地点
场域建筑事务所

黄：梁老师您好。就我的了解，您父母亲都是学建筑的，当时是否受到父母亲的影响，而选择建筑学专业？或者是父母亲给了您很大的影响？

梁：我父亲（梁昌宪）是江西人，我母亲（史九如）是沈阳人，他们是大学同学，1961年同时从清华大学建筑系毕业。早年我父亲毕业后，回到江西工学院［南昌大学前身之一，创建于1958年。1969年江西工学院，江西大学（理工部分）合并组建江西理工科大学。1972年江西理工科大学更名为江西工学院。1985年江西工学院更名为江西工业大学。1993年江西大学与江西工业大学合并组建南昌大学］任教，参与创办土建系（当时尚未有建筑学专业，而是任教于工民建专业）；而我母亲毕业后回到东北，在吉林省建筑设计院从事建筑设计工作。我母亲在设计院工作几年后，就随我父亲工作调动到江西工学院任教。自此，虽然他们也都先后有些建筑实践作品完成，但除去"文革"期间"下放"劳动，大部分时间都在学校里教书。他们给我的影响，始于我读初中与高中的阶段，那时"文革"刚结束，高校也逐步在恢复建筑系的招生，我父亲除一线教学外，还工作于当时系里成立的设计

1991年4月大学毕业实习期间,在黄山。大学生活即将结束,前途不确定。心情也像变化莫测的黄山风景,云雾缭绕

1989年经过春夏之交后的暑期,学校复课,照片为山东蓬莱水彩写生实习和古建筑测绘实习时期拍摄。海边的生活和学习对心灵的创伤是一种治疗

室，越来越多地承担设计项目。

第一种和专业有关的影响可能是父母有时候会将学生的设计课、美术课作业偶尔带回家来改，大多数是一号和零号图纸，当时家里房间小，图纸就会摊在床上、地上等等。我也就饶有兴趣地和他们讨论，好奇他们怎么改图，又怎么评分，遇到不理解的还会提出自己的看法。

第二个影响更直接。在上大学前，我就对电脑一直很感兴趣，想学计算机专业，在我家三个孩子中，我排行老三，哥哥、姐姐都没有学建筑学，所以我父母亲当时就暗示我，希望让我来学建筑，子承父业。其实，当时不管是选择计算机专业还是建筑学专业，我都不知道自己真正的兴趣到底是什么。因为中学教育都在学数理化，根本没有机会了解、培育和发展自己的专长和职业兴趣。所以，当时我虽然有些犹豫，可也没什么特别想坚持的专业。从父母亲的角度来说，他们显然为我着急，而我又是保送生，已确定保送天津大学计算机系。后来还是我母亲比较坚持，她特地去天津大学找到建筑系的老师，我记得有章先生（章又新，1953年毕业于清华大学建筑系建筑专业并留校攻读研究生，1956年开始于天津大学建筑系任教），也是我父母过去清华的校友，询问更改保送生专业的办法，章先生表示愿意接收。当时计算机系也很热，似乎觉得少我一个生源也无所谓，竟也同意放人，于是最终我从原本计算机专业转到了建筑学专业。

黄：所以，读建筑学专业是您父母亲帮您选择的，您有一种半被迫地接受。

梁：对。上中学时，我的学习成绩比较好，可以保送，而且有几个学校可以让我来挑选，但是能选择的学校也很少，我就选天津大学，可以保送也是挺好的一个方式，虽然对自己不参加高考，争取追随父母的脚步上清华有点内疚和遗憾，可不用那么痛苦地参加高考，对我的诱惑太大，没做多少思想斗争就决定了。

黄：您是1987年进入天津大学建筑系就读的。就我的了解，20世纪80年代，天津大学非常有名，是引领着中国建筑学教育发展的重要力量。当时把许多在外地的优秀教师都调回天津大学任教，学生还参加不少国内的建筑设计与论文竞赛，表现都非常突出，屡屡获奖，得到了建筑界的肯定与认同。您当时还没进天津大学建筑系以前，是否关注到天津大学建筑系？

梁：有，关注到了。我上中学时，还是因为父母的原因，他们订阅了当时国内几乎所有的建筑类期刊，也包括组织了当时大学生建筑竞赛的《建筑师》杂志。20世纪70年代末期《建筑师》杂志刚出刊不久（或复刊不久，记不清了），仅次于《建筑学报》（创刊于1954年，是新中国出版的第一本建筑专业杂志，也是一本重要的杂志）。空闲时，我会不时翻阅父母的书，由于当时资讯来源非常有限，中学课外读物也十分无趣。所以看到《建筑师》杂志里的内容，我感到印象格外地深刻，也注意到了建筑系设计竞赛的相关报道与内容，相信这也是我父母当时对天津大学产生印象的一个原因，因为在他们眼里似乎一直都只有清华。当时，除了《建筑学报》和《建筑师》杂志，还有一个很重要的媒体，就是《中国美术报》（创刊于1985年，是20世纪80年代一份全国性的美术专业报，1989年底终刊）这三份期刊和报纸对我有很大的启蒙意义。

黄：您在天津大学就读时，当时建筑系主任为胡德君老师，副主任为荆其敏老师与吕振荣老师，还有很多教研室，比如民用建筑设计教研室，室主任是彭一刚老师；工业建筑设计教研室，室主任是何广麟老师；建筑历史教研室，室主任是杨道明老师等。另外还有黄为隽、聂兰生、屈浩然、肖敦余、邹德侬、李雄飞等老师。所以，天津大学的师资力量是很强的，老师们既有学术专长的，也有实务专长的，能谈谈这些老师吗？哪位老师对您产生了影响或者是启蒙？

梁：那一段时间，我那点头脑要想对老师有所评价还很不现实，当时自己也还不知道天高地厚，对碰到的每一位先生都没有特别认真地去聆听他们的教导，因此我也一直没有什么资格去谈他们。也许还因为当时我有点小小的遗憾，就是没有努力报考清华大学建筑系，之后我在天津大学读书时，学习并不十分投入，经常还会不太服气老师的教导，作业有些逆反外加调皮捣蛋。

上大三时，当时有彭一刚、聂兰生和黄为隽这三位老师，他们带过我们这一组的课程，所谓带一个组，就是负责带班里三分之一的学生一个学期的课程；后来，胡德君老师和邹德侬老师也带过我们。那时天津大学建筑系是四年制，这些老师我都有印象，但是哪一位老师对我有特别大影响，好像并没有特别深的印象，他们的教学品质与作用，是相对平均的。

当时，天津大学建筑系的老师给我的感觉是——他们都很像，虽然每一位老师都有自己的性格，但是客观地说，天津大学建筑系的教学团体是非常像的，比如彭一刚老师的专长是钢笔画，黄为隽老师的专长是铅笔画，但是，他们都是在画草图，然后都注重画草图时本身图面的构图美学与表现，这就是我觉得他们都很像的原因。而且，这些老师作为一个集体，他们对天津大学的教学起到了很大的作用，所以，也许不能说是哪一个老师或者是哪一个教研室特别地突出。虽然天津大学建筑系分成好几个教研室，但是教研室的老师都在带本科生的课程设计。在带课程设计时，组织课程的三位老师，其中一个老师会在开题上大课时进行讲解，讲完后每一个老师分别负责一个小组，中间会有别的老师参与课程组的讨论。所以天津大学建筑系的教学体制，是倾向于一种"平均化"的教育，"平均化"的师资分配，让学生也都平均、均衡的接收。

黄：1991年，您从天津大学本科毕业后，没有继续读研，而是分配进入一家国营的设计单位工作，当时直接参加工作的考虑是什么？

梁：当时，本科毕业后不见得都要读研或者出国，有一个说法就是觉得建筑系毕业的学生，需要尽快投入到实践中，去盖房子，这是第一个我考虑的因素；第二个因素来自于我本人内心的想法，我对当时的建筑学教育体制，并不是特别的满意，或者说我并不觉得继续读研，还能学到什么更重要的知识。据我的观察，大部分选择读研的同学是因为不知道自己未来的打算，以致临毕业之际感到很茫然，所以才会选择去读研，但是却不是因为求知，继续在学术上钻研，当然也可能会有一两个学生想要继续读书。

当时天津大学建筑系的本科教学是不太注重理论教育的，所以在那种教育环境下，大多数的学生，对建筑的理论和历史是不了解的，也没有兴趣。基本上大家都还处于一个无知的状态，包括我在内。而学生们更多相信的是一种简单化的对实用案例学习，通过实践的过程，设计与建成一栋一栋房子，从中不断地获得工作经验，来完成建筑师的成熟过程，所以，选择尽快投入工作似乎是合理选择。

但是，我现在回过头来看，这样的学习实际上是不完整的，缺少很多该学习的层面与环节，尤其是对建筑历史和理论的了解与建构。所以，很多天津大学的毕业生在建筑历史和理论方面都是弱项，导致在日后的工作过程当中会陷入一种新的迷茫，无法突破并作进一步的提升，缺乏对周围的理论与潮流的分析判断，实际上是自己没有那种能力。所以铅笔画和钢笔画画得很好，刚开始很容易适应设计院的基层设计师岗位，能迎合一个一个的设计潮流，看似如鱼得水，永远跟随潮流、左右逢源，但是很难在这些的潮流中，辨清自己的方向，没有能力找到真正属于自己的建筑价值观。所以我这一代的人，包括我自己，很多都有这样一个缺陷，从这个角度来说，读研的意义就更弱了。

黄：所以，您选择进设计院，是当时社会上的一个主流趋势和方向。

梁：对，是迎合当时国内的趋势与环境。因为自己不能选择，必须接受国家分配，至于去哪，自己可以去挑选，但是大部分是去设计院。

当时，我可以选择几个去处，因为那时我父母已经调动工作到杭州，我去杭州，回我父母的城市，这是一个选择。还有一个选择，就是到北京，但是我很快就排除了杭州。我记得，毕业半年前的寒假还曾经去杭州院面试，考过一个快题。程先生（程泰宁）当时还在杭州院，是他来面试我，他可能对我的快题没什么印象，后来还是聂先生（聂兰生）得知我参加了杭州院的面试，给程先生打电话推荐我，程先生才通知说想要我，但是那时我已经决定到北京了。

黄：谈谈为何选择到北京？是否与当时北京的建设发展有关。另外当时除了工作，没有想要出国留学？

梁：北京，这个城市对我有吸引力，而且是从父辈时就有的。

虽然我父母亲他们从清华大学毕业后，就选择离开北京，但是我有一种感觉，就是我父母亲他们的同学在北京有很多机会，比如那时刚刚举办完亚运会，我所知道的很多北京建筑界的消息，是通过我父母亲留在北京的老同学们（大多在北京院工作或者在清华大学教书），当然还有一些也是通过建筑媒体得知的。这些对我都构成了一种本能的吸引力，这是最主要的原因。

另外，通常临近毕业之际，前半年就要开始找工作了，我是比较晚才开始找的，主要还是想着要出国。可是出国的各方面条件并不具备，因为那时刚经过八九年，对于大学生毕业后出国留学，新制订了几个规定——一是在海外需有直系亲属做担保；二是必须服务满五年。所以，这也打乱了我原先不找工作准备出国的计划，于是决定选择先在北京工作。

黄：您一开始进入国营设计单位工作，谈谈当时工作与负责项目的情形？

梁：由于一时之间没办法出国，就先在北京工作好了。觉得到哪一个单位工作，内容和性质应该都差不多，所以当时我也没有仔细挑选，但是也导致我对于后来工作的机械部设计院，没有过多的依恋。

在设计院时，我参与的项目是方庄住宅小区。方庄是当时北京比较大的社区，那时一直在开发与建设中，而我被分配到一个小的变电所立面设计，是我工作后的第一个项目。然后，我还记得画过一栋邮政大楼的某些图纸，位于长安街上，在北京站附近。但是，在这两个项目的设计过程中，我大为失望——失望的原因有两个：一个是在设计上受到了很多的限制；二是觉得自己被当作工具在使用，不懂的部分却又没有机会接触和学习。现在想来也许是我当时所在设计室的师傅并不太看得上我这个不听话的徒弟，因此，很多事情都需要靠自己慢慢地去摸索，这跟我想象中的设计院是完全不一样的。

我印象中比较积极的事情是，那时我开始接触到CAD计算机绘图及计算机辅助设计。我记得当时常常会泡在机房里，那时电脑都是统一放在机房里的，需要换拖鞋进入架空地板、全天空调的房间里才行。我在设计上的兴趣暂时被压制的结果是我对电脑制图的兴趣越来越浓。于是我利用所有可用的时间去学习，在那一段时间里，我没机会参与到太多设计项目中，几乎一直待在资料室和机房里，学习软件操作，学习计算机绘图和辅助设计，还有翻阅资料室里有限的外国建筑杂志。其实，我相信我是同龄人里面比较早接触到计算机的那批人。

黄：1993年，您选择南下创业，与人合伙经营设计工作室，从原来国营的设计单位转向私营的设计工作室。当时您的决定与考虑是什么，是因为南方的建设发展契机与机会，还是自己想多尝试在不同的地区创业和设计的发展？

梁：下南方是一个契机，从1993年到1996年间主要是在广州、深圳和珠海一带工作。当时有一位赵利国先生，台湾人，从美国回来，在清华大学和天津大学教书。他先找到了周恺老师，当时周老师才刚回国，然后周老师又找到了我，后来，周老师和我，还有一位天津大学毕业生，我们三个人在赵先生的带领下，把工作室选定在广州，因为那里有赵先生的一些项目机会。一方面在设计院时，没有任何让我感兴趣的项目可以操作，于是很想离开；另一方面，我与周恺老师比较谈得来，彼此觉得可以一起创业，并做出点成绩来。是这样开始的，一个很单纯的创业动机与想法。

黄：谈谈当时设计的项目？

梁：当时曾参加珠海机场的投标，但是我们没中标。还接触到一个开发商，他们在秦皇岛开发的一个项目，是那个年代里"中国式圈地运动"（在20世纪末期，在发展市场经济过程中，某些地方政府通过相对低廉价格征地，再以相对较高的价格出让土地使用权于资本集团）的一个代表。当时，这个开发商在秦皇岛的黄金海岸规划了100多栋超高层建筑，而且都是超过100米高的建筑，大概是在1994年的时候，我们当时第一次遇见这种类型的开发商，他们通过建筑师做出的视觉震撼力很大的方案效果图说服政府部门，将土地拿到手。当时当地政府也似乎很容易相信一个有着具体效果图的投资方案，可我的感觉更像是帮助当时并没有开发经验和资本的一个开发商做成了一桩"空手套白狼"的买卖。从那次接触以后，我就对这类型的开发商和他们的作为产生了一定的怀疑。

当时，我们在秦皇岛这个项目的进行中读出了一个信息，就是为开发商工作的方法与模式，会变成开发商的一个获取土地开发权的工具，而丧失自己想要设计与创作的独立性，更不要说建筑师的社会职责。那时，我没有放弃要出国，而通过那件事后，对在国内从事设计工作的悲观情绪使我想出国的念头变得越来越强烈。当时周老师和我经历了那件事以后，都有了一个深刻的理解和认识，都觉得不能再这样进行下去，于是他回到了天津，我也短暂地回到设计院去了，可我在设计院工作时情况并没有什么改变，又觉得还是很失望，所以我又去了广东。

黄：您早年的工作，非常地辗转与波折。

梁：对，那三年工作期间我一直在探索。后来我又去了广东，那时我和李兴钢，还有一个我们共同的朋友——大学同学张兵，三个人就去了广东珠海。李兴钢，他当时在部院[中国建筑设计研究院（集团）]工作，是停薪留职期间加入我们的。

后来，在广东我们做得比较自由，纯粹的市场化，接了一些小型的商业开发项目，主要是在珠海一带。那时给我的感觉就是，设计费上的收获比设计作品收获要大，而其他类似的设计团体，在广东那一带也挺多的。有趣的是，很久之后我才意识到，雷姆·库哈斯（Rem Koolhaas）也正好是在那时带领GSD团队（由哈佛大学建筑学生与都市研究院教授组成）在珠江三角洲进行调研，最终完成了《大跃进》（Great Leap Forward，2000年出版）一书，其中讲述的情景正是当时我们的工作状态。

其实，当时的广东特区主要的项目大都是应付高速工业化对标准厂房类型建筑的要求，或者复制香港住宅。建筑师原创设计的图纸通常并不被看好，某些地方设计院所完成的一套厂房的施工图中几乎可以不用画，全都是预先准备好的文字和数字表格，只需要填空和在表格里打勾即可，效率奇高。

由于我对建筑学和我的职业兴趣还存有更多的期待，总希望能多做一些设计，若只是填表打勾，很多人都能做。所以辗转工作一年多后，服务要满五年的期限也快到了，觉得这样下去也没意思，所以我们团队就决定各自走自己的路吧。

黄：从上学一直到工作，您会不会很愤青？谈谈这方面的性格。

梁：在那个时候，会。凡是主流的事物，我都瞧不起或看不上，不能忍受规定好的人生道路与未来的工作方向，对所有可见的、一成不变的未来感到恐惧，甚至感到一点悲哀和无奈。生活和工作在20世纪80年代的人，都似乎相信自己拥有改变自己命运的能力，一旦看穿了自己的命运，就变得无法忍受。直到今天，我看到有些像我当年20出头年纪的人，非常熟练地规划人生道路以及按部就班地沿既定轨迹生活和工作的时候，我还是会觉得很不可理解，很难接受。那时我这样的状态是不合主流的，不能忍受自己有一个明确的、当时所有成年人所必须接受的工作环境和一眼看到尽头的未来。

黄：1996年，您选择离开中国，到加拿大重新学习与工作，当时怎么会选择加拿大？

梁：当时是没得选择，基本去所有西方国家都不容易，哪个地方能去就去哪儿，加拿大签证成功了，我就去了，实际上没有任何对这个国家的优先爱好或者选择。

黄：就我的观察，您早年投入到建筑实践工作，态度似乎不太明确或是尚待摸索当中，而后来您去加拿大，是不是也是一个不得不的选择？

梁：其实是不愿意自己有一个明确的未来。因为在广东的实践过程中，给我的感觉是，除了让自己赚到一点钱以外，没有获得太多的成就感。另外，我也不愿意再回到设计院体制去。当时，也隐隐约约听说张永和创办"非常建筑"工作室（1993年由张永和与鲁力佳在北京创立）的事，其实自己是很向往的，但是，对于那样一个建筑工作室的

1999年11月在加拿大蒙特利尔和同事在一起,这是大家装模作样摆拍的一系列照片之一。虽然是摆拍,但照片中传递的团队成员之间的轻松随意的关系是十分真实的

2006年6月荷兰当代中国建筑展

2005年10月在巴西圣保罗双年展,同行的中国建筑师都十分惊讶有如此众多的巴西观众来参观建筑展览

团体是不是有生命力，我还存在怀疑。所以那一段时间在建筑学的领域里，基本上我是处于一种茫然的摸索状态，所以后来选择出国，就有一点像是选择逃避，也有一点像是不得不的选择。

黄：20世纪90年代，网络数字化时代的来临，促使虚拟世界悄然出现在现实生活中，人与虚拟的结合成为当时的趋势所向，建筑也因为数字化工具的进步，更有条件去创造出无限想象的空间与形体。您在加拿大时，对电脑非常痴迷，学习了电脑图形学与电脑动画，并对游戏设计产生极大的兴趣，为何您会有这样跨领域的转变？

梁：上中学时，我就接触到当时刚刚才有的IBM-PC（IBM个人电脑的缩写，是IBM-PC兼容机硬件平台的原型和前身）、APPLE-II（苹果公司制作的第一种普及的微电脑）等最早一代所谓的个人电脑。因为当时我读的高中，是江西省里最好的高中之一，所以，课外学习会有计算机课程，一般的高中是不开这门课程的。那时我对计算机兴趣奇高，也特别地痴迷，包括自学一些基本的编程，接触到的计算机从最初的黑白屏幕，到后来变成256色的彩色屏幕。喜欢计算机的这一条线索，我一直没有中断过，当后来建筑学专业不能给我太多的满足时，计算机专业就填补了我兴趣的空白点。至少我可以把图画得特别好，可以使用电脑完成三维模型的制作和设计推敲，我也乐于在计算机领域中前行。

工作时，接触到很多外国的建筑杂志，而杂志里介绍的西方建筑师的作品，很喜欢也很羡慕，而反观当时国内自己的设计无法实现的原因，我以为一方面是技术问题；一方面是甲方和建筑师之间的审美和品味相差太大，以至于当方案汇报时，建筑师都没办法同甲方进行任何程度的交流与沟通，两方完全不在一个对话层面上，建筑师这一职业在甲方的眼里就被当成了画图工具。

所以，之后我的精力全集中在计算机画图上，对计算机的了解是与日俱增，之后几乎一直跟随着计算机图形学的发展，从二维发展到三维，了解三维建模软件，再把三维软件应用到其他领域，一路下来，相比二维制图，发现我自己更喜欢的是三维模型。然后我又发现和运用更强大的建模工具的同时还能做其他的事情，比如建构虚拟世界的场景，最后我就往电脑领域发展了。

黄：所以，在加拿大时您似乎找到一个新的方向，谈谈当时的学习与工作的情形？

2007年大声展

2007年大声展

2006年在5月,事务所刚刚成立不久,陆续接待各方朋友。照片为在办公室接待加拿大UBC的师生

场域建筑旧办公室环境

梁：在加拿大时，我做过不同的工作，也去过不同的学校。第一份工作是在一个门窗制造厂工作，负责根据建筑师发来的门窗图绘制工厂加工制作图。

黄：您在建筑师事务所工作过吗？

梁：有，我在加拿大期间先后在两家建筑师事务所、一家工厂、两家游戏公司工作过，共五个。

黄：这样的经历让我感觉，您还是特别地跳跃。

梁：有一点不同，每一次的选择我都知道是暂时的，我并不想要做一个长期的打算，就是想要多尝试尝试，而且开始试的时候，似乎就已经判断到这个工作我不会持续太久，也就是用几个月的时间，去想明白一件事。还有，也是因为那时申请的学校要开学，我差不多也该回学校了。当时，我对建筑学已经没有太多的兴趣，所以我选的专业是Building Science（建筑科学），我觉得这可能更有意义一些，偏向于研究建筑科学方面的知识，学习建筑物理、节能与构造，及建筑的经济与建筑项目的管理控制。

黄：非设计，也非理论。

梁：对，是纯技术方面的学习。当时，选这个专业是唯一可以让我学的方向，但是，实际上还是有一个误区，也是天津大学建筑学教育的烙印。因为当时我不觉得理论和历史是确切可学并有用的东西，相信建筑学是一门只能通过实践才能掌握的学科，因此觉得建筑学也就没有什么可学的，所以当时我想掌握些技术也许是有用的，并不是从本源的兴趣去选择。

　　选了几门课，关于项目管理与建筑科学方面的，但是上了一个学期后，我还是失望了，因为这个技术方面的学习，还是一个比较基础的层面，并不是真正盖房子的技术层面，培养更多的是工程专业的人才，而不是培养一个建筑师对于其他专业的了解，加上又不是自己的兴趣与爱好，所以就停下来了。

　　停下来后，我就去了一家事务所，做的全是小住宅的项目，后来又觉得想尝试点别的工作，就去了一家游戏公司。那时，电脑已经可以做一些简单的动画，让我感到非常震撼，那时候的电脑动画，是要靠工作站计算和渲染的，要花大量的时间与强大的工具来完成，个人电脑无法胜任，必须进入拥有工作站等大型电脑的企业才能有机会接触。所以在加拿大时，我在建筑领域与计算机领域来回交替地工作着，但是电脑始终是我的兴趣，后来才决定往计算机领域发展。

黄：您出国留学与工作的时间是在20世纪90年代后半期到21世纪初，当时的中国正是改革开放后的社会稳定与经济长期快速发展的阶段，很多事情开始慢慢发生变化，大型的设计方案向国际招标，国外的人不断地进入中国发展，当时您有关注到国内吗？那时，您如何看待国内建筑发展的趋势？后来您又选择回国发展，谈谈当时选择回国的原因？

梁：那时，我全部的心力还是关注计算机动画和电脑图形学方面，与建筑方面已比较疏离。但是，当时有一件事，让我又重新关注到当时中国建筑的现状与发展，就是国家大剧院的竞赛。此竞赛是中国第一次组织大规模的国际设计竞赛，竞赛消息在国外的曝光程度非常大，给了我相当大的冲击，当我看见那些竞赛方案经过好几轮的筛选，那样的过程让我感到很震惊，也间接意识到国内的建筑环境与市场已在不断地转变，而且是一个突然的大变化，至少在形态的追求、全民与媒体的关注度和对于中国建筑的理解，都与五六年前我出国时相差很大。当时我感觉到做设计可以有用武之地了，所以国家大剧院竞赛的种种过程，对我后来选择回国是一种动力，起到一个很大的促进作用。

黄：就我的观察，您选择归国发展，回到建筑领域，从一个对"软件"虚拟与精神化的游戏场景操作，转向一个对"硬件"现实与物质化的建筑操作，所以您对曲面形体的兴趣，似乎想将虚拟世界中的3D曲面转化到现实世界中来实现。比如在中联环建文建筑设计有限公司的办公空间就是如此，将一道墙面处理成柔性物体，这使人印象深刻，曲面墙体既可以观赏，又可以是功能性考量——座椅。而您似乎也对材料构成有兴趣，办公空间中不加修饰的混凝土墙、局部氧化的钢材、管线的裸露、墙上细部收边处理……从曲面形体与材料构成可以观察到，您似乎关注到建筑中的一些小物件与小细部，更直观地说，曲面形体带有点皮层的建筑语言，这部分您自己的看法如何？

梁：一方面，三维工具不仅辅助设计制图，还能辅助设计思维。这带来了很多新的可能，比如以前习惯于做手工模型、画草图，对于真实空间的想象是有限的，但使用了三维

2009年3月今日美术馆讲座

2006年12月在办公室接受采访

2008年8月在西雅图图书馆

的电脑工具后，对空间的表达图像更直观了，这种图像反过来又可以刺激大脑进一步探索用电脑工具生成新形态空间的各种可能性。

另一方面，你谈到我作品中的细部和材料运用的一些特点，可以看做是相对于虚拟电脑空间，我对真实世界、真实材料再现的一种渴求。在构建虚拟世界的时候，电脑产生的原始的几何体都是没有材质和颜色的，在电脑屏幕里显得特别纯净。而要这些几何体拥有现实世界里的真实材质效果，要真实的光线——像真实世界里一样，反而是个复杂的渲染问题。所以在虚拟世界待得越久，我就越是在乎现实世界可以触摸到、感觉到、甚至能闻到的真实。因此这反映在我的作品上，就是希望能暴露材料的真实质感，合理运用及贴切表达材料的物理属性，对抗重力并反映材料与自然之间的关系。

黄：其实像中联环建文的座椅，让我想到伊比利亚艺术中心的弧形墙，两个项目有异曲同工之妙。在伊比利亚当代艺术中心，您用到了砖去体现建筑形态。而就我的观察，在中国，建筑师若用到砖，且是单纯的使用时，通常会让人感觉有地域性的倾向，这是因为砖所体现出来的传统文化深度与意识。而您虽是用到砖，却感觉不到地域性的存在，反而是带有种新形态空间的宣告。我在想，是不是归咎于建筑所处的地理位置？强调是一种工业感、一种艺术性？

梁：798艺术区的这个房子，用砖是一个偶然。是当时的物业提出的改造条件之一。如果我们用现代主义的多米诺体系（Domino System）来看，承重砌筑的砖被取消了，因此用砖做承重墙确实是非常有地域性的材料。但在这个建筑中，砖的使用比较复杂：既作为承重墙，又作为装饰面，同时还有用普通黏土砖组合成较大构件后再进行砌筑的特殊运用。这显然背离了对现代主义建筑的理解，但是我相信伊比利亚当代艺术中心的出现，恰恰是我试图想改变以前所受到这一套建筑（教育）的影响，即所谓正统现代主义的理解。

那么它是不是地域主义的呢？有没有中国性呢？我不知道，但是我本人当时的注意力不是很集中在这个问题的讨论上。对于你提到的地域主义建筑，进入我脑海的一个概念，似乎就是那种对应于西方人对于当代中国的理解而设计出的"中国玩意儿"？这是我不太同意的一种设计意图。

黄：其实这里面还存在一个西方人的视点，是以西方人的视点来看中国，可是中国人来看

2009年3月深圳双年展会议中

2009年深圳香港建筑双年展

中国的话，又是一个不一样的视点。

梁：对，是视点不同。但不管怎么说，这确确实实是我重新思考现代主义建筑的一个机会，它让我走出阿道夫·路斯所说的"装饰即罪恶"的信条。之前做中联环室内的时候，并没有把它当成是建筑，采用了很多现成品，比如说暴露的管线等，受的是艺术家的启发，但是到了伊比利亚的时候，我才真正放下一个担子，就是以前奉行至高无上的现代主义建筑信条，当担子放下以后，伊比利亚当代艺术中心就做得很轻松，当这个项目需要把数个分散的建筑变成完整的一组建筑时，我的注意力就是需要做一个连续的墙，使用给定的材料，而给我的选择并不是很多。

黄：所以，在当时材料已经被限制，反而设计出一种新形态空间，是一种建筑上"旧皮"与"新皮"之间的扣合关系，或者是差异性衍生出来的冲突感，或者是材料与构造之间的对话。

梁：所以，实际上我就像初学者一样，在做一个砖的运用练习，抛开杂念，专注于尝试砖的可能性。

黄：先把材料放一边，就我的观察，北京伊比利亚当代艺术中心，您用砖塑造出皮层带有造型的建筑语言，而上海民生现代美术馆也是类似的操作，在保留原有的旧皮后，新增一道新的皮——是成片的灰色金属网墙面，这反映出旧与新之间的衔接与统一，也是倾向于表象性的设计。这两个项目，操作手法相似，新的皮成了建筑与环境之间的介质，而这个介质是有深度的、有内容的，已不单单只是一道单纯的墙面，它同时拥有着多重意义，是形态、材料、功能的综合体现，这部分您的看法如何？这两个项目之间的差异性在哪？

梁：它们有前后关系，就是伊比利亚是在之前，然后民生是在之后。民生的情况和伊比利亚是有类似的，两个项目规模都差不多大——都是三千多平方米，功能也比较近似——都是做艺术空间。伊比利亚外墙是砖，上海民生用的是灰色金属网。灰色的金属网，本身具备的透明性让原有厂房遗留的旧立面若隐若现。一面是上海作为工业时代的面貌，有些颓废；一面是光鲜透明的、时髦的上海，两种感觉并存在一起。

黄：其实从比较严格的建筑学观点来看，这些并不算是真正的建筑。

梁：不算是我的个人建筑作品，但这个改造应该看做是我和原有厂房建筑师跨越时间"合作"的作品。

黄：就我的观察，在上海民生当代艺术中心项目中，架设灰色金属网的意图是您和业主都能接受的中间状态，是相互妥协的产物，既保留了老墙，又有了一层新的外墙，这是客观现实层面上的。但我观察您一直以来的建筑操作与思想，似乎也偏重于不确定性、无边界的定位，您在"场域建筑"精神里面说道，"场域"可以理解成有边界的、也可能是没有边界的，思维不被固化，思考更多的可能性并拓宽建筑学原先的边界与视点，这是您主观的自我定位。所以，客观现实层面上的中间状态与主观自我定位上的不确定性与无边界，这两者似乎不谋而合，而中间状态也代表一种不确定性抑或模棱两可，也可以是有边界的或是没有边界的，这部分您有何看法？

梁：我的思考没有预设的边界，但是不断地领悟让我时而觉得自己有些进步，时而又觉得在否定自己的过去。

黄：螺旋上升的，所以说，您目前思考状态还处于一个渐进式的前进。

梁：也许是在摆动的状态。

黄：我觉得您其实一直在摆动，您好像要让自己处于一个不要那么确定的状态，外面的人对您的了解，知道您是跨界，您跨艺术、又跨展览、又翻译书、又做室内设计、又做管理设计、又做建筑设计……所以说，您一直处于这个摆动，您自己有什么看法呢？

梁：我希望既不要重复自己的过去，也不重复别人，总是想做新东西，以原创为主。但是要追求建筑设计领域的原创性，就很难摆脱对视觉形象的原创性追求。可是当今的建筑以视觉的存在经由图像媒体的迅速流传，原创性的视觉形象也越来越少，让我预感这种追求会把建筑逼到死胡同里。这还不算传统建筑里的不断重复、但是依然有价值的部分。为了原创，我们难道要完全回避过去出现过的一切有价值的东西吗？原创是个真实存在的命题吗？

伊比利亚当代艺术中心。

北京房山京郊小教堂

上海民生当代艺术中心

上海金融学院图书馆

也许我们需要的原创性,很难用一张图片来表达。它可能是从一个独特的出发点切入设计,而这个角度可能是在颠覆原先的设计规律,或者是原先的任务书,或者是颠覆原先的设计概念,甚至是人们对于城市、建筑、社会、生活的概念,那么这就变成了设计概念的创新,甚至是设计思路的创新,而视觉的东西仅仅只是表面的结果。你看到我并不拘泥于某一特定的工作媒介,也是这个原因。

创新性的事务所,一直是我的追求,也是我特别看重和注意的事情,但是工作中我还是感到能调动的面还不够广,许多想法需要多方面撬动既有秩序才行。

黄:我这样听来,您是想要去追求原创与创新,但似乎技术与背后支撑的力量还不太够,不管是技术,不管是说法还是视点,但我觉得方向很重要,还是要有一个清楚的方向。

梁:建筑设计的原创性只是我追求的一部分,如何去重新发现、传承上千年的建筑传统和普遍存在的价值是我近年来渐渐感兴趣、并开始关注的一个方向。

黄:好,还是回到作品本身,观察您的作品,从伊比利亚当代艺术中心到民生当代艺术中心,再到京郊小教堂,我关注到的还是一个偏向于表象性设计语言的操作,而表象性又是当代流行的建筑语言,赫尔佐格与德梅隆是操作表象性,表皮建筑语言的代表性建筑师,他们将设计视点关注在可掌握与可设计的立面表皮的探索与突破,您自己又如何看待这个当代的建筑思想?您的设计作品对比表象性当代建筑语言,您自己是如何看待的?

梁:我并不认同建筑只有表皮。甚至不同意将建筑分成表皮和内部之类的二元论,建筑是个从内到外不可分割的整体。我们之所以会这样讨论问题是因为我们受到的建筑教育,特别是以现代主义建筑理论作为思考框架所产生的错觉。我觉得我们应该了解多些当代艺术,从赫尔佐格与德梅隆的例子可以看出,很多东西被建筑师认为是不屑一顾的,或者说对建筑而言是无意义的东西,在当代艺术领域却可以找到它的位置,且有不可替代性。

黄:上海金融学院图书馆,是您近期的作品,是个厂房改造项目吗?它让我感觉到有一种理性的氛围存在,带有点秩序感。

梁：对，还是一个改造，原来是一个厂房，就算是想不理性都难。立面上开窗都是原来的，有些因为采光的原因，把原来的窗子放大。在我的理解上来讲，它并不是新的设计，原来厂房应该是20世纪80年代建的，所以，又是和一个过去的设计师在做这个时空交会的设计。

黄：对，您之前的作品，因为也是改造项目，所以也都跟过去的设计师进行时空交会的设计，冥冥之中会产生一种心灵上的交流。

梁：有点这种感觉。但这个项目有所不同的是我近来更多地在思考设计多少是"够"的问题。有时候作为建筑师，我们的设计希望能够力求完美，动员所有的能量与资源去实现一个百分百的设计。但这样的作品往往必须动用和建筑功能不成比例的高造价。做个不恰当的比喻，当我们仅使用造价的50%～60%就能够做出一个既顺眼又能满足功能的房子，还要不要把剩下的40%～50%的钱用在把设计实现到建筑师满意的极致。这里我说的还不完全是建筑师的职业道德问题，而是审美取向问题。我希望在这个房子的设计里能够找到一种平衡，既不追求廉价、牺牲设计品性；又不突出设计、在不完美中体现适度的优雅。

黄：好，您自己有没有一个设计的中心思想或者是信仰？就是说建筑师每个人都有一个基本的特质与所追求的境界来形成自己的中心思想，您现在是否已在慢慢体现出，还是说这个中心思想在未来才能出现？

梁：我希望我设计的房子，像一个有生命的东西。当把建筑看作是生命时，你会感到对于生命体本身而言，适应性是最重要的；对于环境（生物圈）而言，适度的索取和付出是重要的，而建筑之美就是这种适度达到平衡时的优雅。

梁井宇工坊

梁井宇工坊

崔愷

Cui Kai

中国工程院院士
国家设计大师

02

中国建筑设计研究院（集团）
副院长、总建筑师

访谈时间——
2011.09.27

Architec

代表作品——

北京外语教学与研究出版社办公楼
北京德胜尚城办公小区
河南殷墟博物馆
山东广电中心
北京西山艺术工坊
青海玉树康巴艺术中心

1957年出生于北京，1984年毕业于天津大学建筑系，获硕士学位。1984-1985年于城乡建设环境保护部建筑设计院任建筑师；1985-1987年于深圳华森建筑与工程设计顾问有限公司任建筑师；1987-1989年于香港华森建筑与工程设计顾问有限公司任建筑师；1989-1996年于建设部建筑设计院任高级建筑师与副总建筑师；1997-2000年于建设部建筑设计院任副院长与总建筑师；2000年至今于中国建筑设计研究院（集团）任副院长与总建筑师。2000年获国家设计大师称号，2011年当选中国工程院院士。

印象

2011年当选中国工程院院士的崔愷，无疑是改革开放以来中国建筑设计界的领军人物，他的建筑实践积累近30年，拥有着厚实的实务经验，同时也产生许多代表性且有意义的作品。近几年来，崔愷也在逐渐梳理与挖掘代表个人的建筑哲学观与中心思想。

崔愷的作品爆发期始于20世纪90年代，这时期他的作品（如阿房宫、丰泽园、外研社）皆体现出一种抽象的隐喻，符号暗示性语言尤为强烈，表现出建筑内外结合的韵味，倾向于一种符号、隐喻、象征与体量关系的设计语言，在当时非常罕见。更准确地说，崔愷的建筑欲表述出一种"神似"，崇尚某一种"神韵"，能更抽象就抽象。这种抽象化后的"神似"散发出的韵味，是当时他个人的追求，也是大众解读的需求。从那以后，崔愷也开始思考建筑与城市之间的关系，并在日后通过国际交往与旅行时有机会在城市中停留，慢慢观察与品味城市后，加强了他对城市空间的兴趣，并体现在其日后的设计项目（德胜尚城办公小区等）中。

崔愷在设计中首重功能性的考量，并认为功能是泛指的。除了建筑内部使用功能外，还包括环境本身提供的功能及室外功能对于人活动的导引与创造、城市功能与建筑功能之间的联系和对话等，这是一个偏向广义的功能定性。而功能考量后所产生出"神似"的形体则是一个相对的结果，非设计意向上的目标。

世纪之交，在偏向于广义性、泛指的功能基础上，崔愷的设计姿态也慢慢在转变，变得比以前更为开放。他的作品（如北京外研社大兴会议中心），企图回归到功能与理性并存的思考范畴：注重群体功能的合理配置，平面布局依功能的增加而增扩并逐渐有机地向外扩展，体现出单体与单体之间构成的群体前后组织相连的排列组合关系。此时，反而看不到任何符号、隐喻与象征的语言，但是体量关系依然存在。

进入21世纪，崔愷在设计中不管是从场地、园林、城市还是文化的不同思考方向切入，在设计姿态开放后，他设计上的形式语言逐渐趋于干净与简单，逐渐体现出一种几何体量关系的单纯化，去除了繁杂的元素，这种去除也是一种"减"与"简"的态度。但在形式与形体上减去后，建筑的能量不但不减，反而更强大，同时，他的设计常常悠游于"收放"之间。河南安阳殷墟博物馆，从一个"洹"字衍生出建筑形态，建筑低调地隐没于土地之中，挖去的几何体与土地合一，而土地之上的建筑则消隐为零；北京韩美林艺术馆，建筑几何体退隐到巨大的框架之中，低调且不张扬，是一种"收"的状态；山东广电中心，几何体量的语言更是明显，在狭长基地的限制下，东边相互穿插组成的几何体与玻璃体，与西边的高耸体量形成强烈的对比，夸张悬挑的体量给人一种巨大的震撼力，建筑非常直接与开放；北京西山艺术工坊，在外立面上以不同凸凹的几何面与不同开窗面搭配，处理得更为干净与纯粹。

  近几年来，崔愷将自己的反思并同他多年来的实践过程与成果归纳与梳理后，总结出个人的建筑哲学观，提出"本土设计"的理念。"本土设计"是在广义性、泛指的功能基础上，体现对城市历史与自然环境尊重的含义与态度，加入对地域性和场所精神的追求，反映现状、满足功能，以一种持中的思考与态度体现作品多元、多面貌的形态。之后，崔愷又深化了"本土设计"的理念，他认为"本土设计"即是以土地为本的理性主义，在设计中讲究设计的理性思考，强调一种思考与思维模式，讲道理、有逻辑，而更多的是关心环境、人文方面。

  崔愷对于"本土设计"的态度是从容且客观的，而"本土设计"就是立足于土地的理性思维，表述的姿态趋近于优雅与自在。这样的设计逻辑与思考，是崔愷自己的建筑哲学观与中心思想。

访谈

采访者
黄元炤

受访者
崔愷

时间
2011.09.27

地点
中国建筑设计研究院 (集团) 崔愷工作室

黄：崔总您好。据我所知，您从小就喜欢画画，日后您选择建筑学专业就读是否与此兴趣有关？而您父亲原是设计院的采暖通风工程师，当时您对您父亲的工作内容有何认识？是否也影响了您选择建筑学专业？您当时也认识一位沈三陵建筑师，能谈谈这些内容吗？

崔：我出生在北京，从小一直住在我母亲单位的机关大院，是在京师大学堂的院子里，靠近景山，所以从小在那个环境下长大，对古都的历史环境是很有感触的，不过后来学建筑，并不是从小立志的，还是与喜欢画画有关。那时小学放学以后，没有什么事情做，就到妈妈的办公室找一张空桌子，我就在那儿画画或看书，之后就慢慢养成了喜欢画画的习惯。后来到中学时，稍微正规地学了点画画，当时景山学校有个美术小组，老师教得都很认真，小组里教画国画、年画、素描画石膏像等。

　　因为我住在母亲的机关大院里，所以跟我父亲的设计院工作并没有太多的接触。后来有一年的暑假，我到父亲迁到兰州的单位过暑假，宿舍旁边的邻居是沈三陵建筑师，她来家里看到我在画画，说这孩子有此兴趣挺不错的，又知道我受过一点儿中学美术教

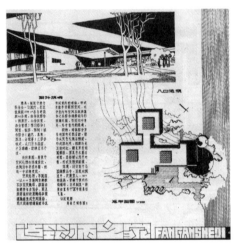
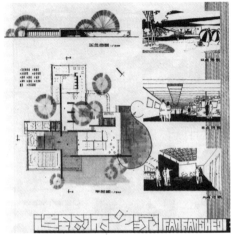

育，便建议我可以学建筑。但是她也说，建筑学专业跟美术专业是不太一样的，要讲究结构与逻辑。她画的草图也是很漂亮的，给我留下了很深的印象。

　　高中毕业后，我到农村劳动了三年。后来国家恢复了高考招生制度，当时高考报志愿的时候是想报清华建筑系，但是清华第一届没有招建筑学专业，我就报了清华物理专业。实际上，当时我的兴趣有点泛，也愿意学文学，由于我母亲在中学教书，她把我写的作文拿到他们学校给语文老师看，说这孩子学文也不错。所以，当时我的兴趣还是有点发散，不太精，但是，我的个性比较文静。

黄：您从小生活在北京，当时北京有许多建筑，包括古建筑和20世纪50年代末建成的北京十大建筑（人民大会堂、中国革命历史博物馆、中国人民革命军事博物馆、全国农业展览馆、北京火车站等等）。在您儿时到大学前的成长过程中，您对于所谓的"建筑"是如何理解的？

崔：最早接触跟建筑直接有关的事是在农村盖房子，因为我在插队的时候参加过很多农业劳动。农闲的时候要盖房子，给生产大队盖大队部，给知青盖宿舍。当时没有图纸，完全靠老农来带领，叫庄稼把式，就是几个比较聪明的庄稼人，村里的房子都由他们几个合计怎么盖，告诉人家应该备多少料，要几条檩、几个梁、买多少椽子。全都备好后，就召集一些年轻人，大家一起来施工，而我们几个知识青年也一起参加，应该说当时是无意中接触到"建筑"，觉得挺有意思的，干的主要是和泥、摔土坯的力气活儿。

黄：您当时是直接选读建筑学专业的吗？

崔：是这样，当时最想学航海，因为那时中国很封闭，只有海员可以出国，那时并不知道船员是非常辛苦的，而且有个亲戚在海运学院，好像也有点方便。但家里还是希望我学一个更稳定的专业，所以第二志愿报了天大建筑。考试时数学错了一道题，没去成清华大学，就到了天津大学。

黄：1977年恢复高考，您因缘际会选择了天津大学建筑系就读，就我的了解，天津大学建筑系在20世纪80年代非常的出色。一是当时天津大学把"文革"前的五年建筑教育计划适当地压缩为四年的建筑学专业；二是天津大学当时把许多在外地的优秀教师都调回天津大学任教，如黄为隽、聂兰生、屈浩然等教师，加上原来的教师，包括徐中、童鹤龄、冯建逵、彭一刚等教师，以上组成强大的教师群，使天津大学的教学实力大增。

崔：对。

黄：所以，20世纪80年代，天津大学建筑系是引领中国建筑学教育发展的一股主要力量，得到外界的肯定与认同，培养了不少专业人才，能谈谈您在天津大学求学期间的收获吗？当时天津大学建筑学教育是如何培养学生的？我更感兴趣的是，您参加了1981年第一届大学生建筑设计竞赛，并获得一等奖。从您提出的方案中可以解读出是一个"现代主义"（Modernism）的建筑设计，倾向于密斯·凡·德·罗（Mies Van der Rohe）的自由平面与流动空间的布局与表述，强调开放性，室内几乎没有墙体围合的空间，墙与墙之间、墙与柱之间都是脱离的，同时制造出缝隙，带来空间的渗透与流动。这其实反映出当时的一个现象，就是您接受并关注到"现代主义"建筑思潮，能谈谈这个部分吗？

崔：那时上学能够看到的国外建筑杂志很少，即使有一般也不给学生看。当时也没有复印机，老师们都自己用钢笔画很多国外建筑的照片及透视图，并编辑成册，印成油印本给我们看，而同学就用小钢笔及硫酸纸做一些描图的工作。那时天津大学的钢笔画是基本功。

　　当时看到国外建筑接触更多的是"现代主义"建筑思潮，就觉得很特别，跟平常周围看到的建筑非常不一样，有一种好奇心。另外，在外国建筑史的学习当中也更多地了解到"现代主义"建筑运动发展，逐渐了解到"现代主义"建筑师在建筑史上的作用，对他们的作品也特别崇拜。记得当时我经常在资料室临摹这些杂志上的建筑，然后画一些钢笔画，有一阵儿给家里和朋友寄信时，都要在信封上画建筑，挺有意思。

黄：这样子其实挺浪漫的。

崔：对，当时就建立对建筑的情感。至于密斯的建筑，那时觉得非常轻巧，流动空间，觉得把空间解放出来是很有意思的。竞赛时，做过一些其他的方案，最终觉得应该用

"现代主义"的建筑空间去反映建筑师的一个理想，另外"建筑师之家"的功能用流动空间的做法会相对简单与灵活。还有在当时美国的建筑杂志上有一些作品用抽象方法去表现黑白色块的对比，也很吸引人，所以竞赛时建筑图的画法就不完全是天津大学的传统画法。

黄：您的研究生导师是彭先生（彭一刚），能谈谈彭先生对您的影响吗？

崔：我在本科时，彭先生（彭一刚）给我们讲过一些课，也带过一些设计，当时就觉得彭先生治学比较严谨，很严肃。后来我报考研究生时报的导师是张先生（张文忠），张先生是和颜悦色的，很儒雅的一位学者，他又挺喜欢我。我说要报考他的研究生，他很高兴。后来我就考上了张先生的研究生。不巧，一年后他要去美国做访问学者，当时张先生跟我说，你就跟彭先生学习，彭先生水平更高，我听了既高兴又有点儿压力。

实际上跟彭先生学习时，心理压力蛮大的，每次让彭先生看图都非常忐忑与不安，怕彭先生批评。让彭先生表扬两句不容易。写论文时，有些问题总要跟彭先生讨论与汇报，就到彭先生家，当时我非常紧张，感觉彭先生那时也不太愿意说话。

黄：是一种师徒制吗？

崔：是。我后来想了想，彭先生当时在写几本书，比如《建筑空间组合论》。当时我去彭先生家，家里很拥挤，床边上放一张桌子，每次他都趴在小图板上，画了很多图，书稿一版一版都是手画出来的，很不得了。所以，彭先生接待学生的时候，他脑子里还想着书的事，我问他什么，他就简单说说，回答几句，然后就不说话了，我也就待不住了，说完事赶紧道声谢离开。不是很放松的一种状态。当然现在跟彭先生交流就比较放松了，但多少还有一点紧张。

黄：能谈谈其他的老师吗？我的印象中当时塘沽火车站是张先生（张文忠）设计的。

崔：当时老师做工程的机会并不多，塘沽火车站记得是张先生（张文忠）设计的，他画的渲染图也很漂亮，当时带着我们去参观过。当时在天津，经历唐山大地震之后，房子都很破了。有几个建筑对我们影响很大，一个是塘沽火车站；一个是天津水上公园熊

上研究生时与导师彭一刚先生合影（左一为同学张萍）

1982年上大学期间重回插队劳动的北京平谷华山公社麻子峪，背后的梯田是我们插队时参加修筑的

毕业二十年部分同学返校时合影

为恩师彭一刚先生祝八十八寿,大瓷盘后面有
六十多位彭先生弟子的名字

猫馆，是彭先生设计的；还有另一位张先生（张敉）设计的一座高层办公楼。而胡先生（胡德君）主要是做住宅研究的，他设计低层高密度住宅，我们曾参观过，住宅间距很小，且密度很高，层层叠叠的体量非常丰富。

聂先生（聂兰生），她是从天津房管局设计院调回来的，我最开始是在系资料室里见到她：是位女老师，穿着一身黑衣服，不怎么说话，每天都在资料室里阅读资料。后来我听别人讲，才知道她是聂先生。聂先生给研究生讲过课，她讲得特别好，对日本建筑也有研究，她讲过日本现代建筑方面的课。上设计课时，也给我们做过辅导，她的教学是属于启发性的，她画的草图非常秀气，很有灵气，看上去很漂亮。聂先生有一个习惯，没事的时候，会参考着很好的小人书或名画集去临摹，经常练习自己的建筑表现。

还有一个老师非常重要，就是童先生（童鹤龄）。在本科时，他经常来教我们的设计课，治学非常严谨，但脾气很大。童先生常说，别看我脾气大，我一坐在书桌前面，马上心就安静下来，进入一种设计的状态。童先生的水彩画漂亮极了，他看你的图画得不错，便在上面给你加一棵树，这样图面上的颜色、动态、姿态都变得很好看，所以让童先生在图画上加棵树是大家觉得很得意的一件事，也让画变得蓬荜生辉。

黄先生（黄为隽）是从新疆调过来的，做过工程，是位建筑师，让学生们特别敬佩，他的教学方法比较务实。高年级时接触过他，实际上正面接触不多，研究生时会听他讲讲课。他人很和善，爱跟学生聊聊天。毕业后在学术会议、评标会上有时见到黄老师，他特别高兴，对我们一直很关心。

黄：就我的观察，20世纪80年代，天津大学毕业的学生有一大批都进入到设计院工作，比如：天津大学建筑设计规划研究总院执行总建筑师张繁维，深圳大学建筑设计研究院总建筑师覃力，中国建筑设计研究院副总建筑师刘燕辉，天津大学建筑设计规划研究总院副总建筑师张华，中国城市规划设计研究院副总规划师戴月等。您后来怎么看待这个现象？

崔：我还得提到童先生（童鹤龄）。记得有一次到童先生家里，他说天津大学毕业生是挺能干活的，但是话不多，号称"哑巴建筑师"。当时我不太理解这句话的意思，多年以后我有了一种感触，就是天津大学毕业的学生比较务实，比较踏实，但是说实在的，可能也比较保守。比如那些年有很多机会，可以去创办公司或者出国，但是天津大学的学生大部分都比较踏实，毕业后分配到设计院就没离开过，之所以现在很多人能做到总建筑师的位子，都是因为熬的年头久了，长了，成了资深员工了。我觉得天大毕业的学生在这一点倒是挺有共性的。总体来讲，天津大学的学生对工作、对建筑是比较执着，在做人与做事上比较有忠诚度，也比较实在。

黄：提到出国，我就引申到下一个问题，您在天津大学毕业后，放弃留校执教，也放弃出国留学，而选择留在国内发展，分配进入到部院[中国建筑设计研究院（集团）]工作。所以，您是改革开放后最早一批进入部院工作的学生，能说下当时您为何会这样选择？是时空背景的原因，还是个人的因素？请您谈谈当时选择的原因。

崔：实际上，进入部院工作是我非常庆幸的一件事情。刚才说我父亲以前的一位同事——沈三陵建筑师，沈老师后来调到部院工作。当时部院有很多著名的建筑师，比如戴先生（戴念慈）、林先生（林乐义）、龚先生（龚德顺）等等，那时我觉得部院可以做很多重要的项目，包括国外的项目，非常有吸引力，使得我特别想进去。暑假时我就到部院去看建筑师们做设计，当时正好在设计北京图书馆，建筑师们在那儿画大幅的渲染图，很震撼，蓝图也画得很细，印象特好。的确当时学校想要我留校教书，听说清华大学也曾要我去教书。但是，我就想到部院去做设计，我想既然学了设计，还是要做设计吧。而当时部院也需要人才，因为"文革"十年，没有建筑学毕业生，而我又是研究生毕业，是比较优秀的学生，部院就到学校里来要我，于是我就选择进入到部院工作。

黄：刚才您提到部院有很多著名的建筑师。20世纪新中国成立后，部院里有几个代表性建筑师，比如：陈先生（陈登鳌），他曾设计过军委北京北海办公大楼与北京车站等作品；林先生（林乐义），他代表性作品为北京的中央电报大楼与国际饭店等作品；戴先生（戴念慈），他最有名的作品是北京的中国美术馆与山东曲阜的阙里宾舍；严先生（严星华），他曾设计过北京中央广播大厦与中央彩色电视中心等作品。龚先生（龚德顺），他曾设计过北京建筑工程部办公楼。以上这几位当时著名的建筑师，实际上都活跃于20世纪50年代到90年代间，也是属于部院早期的代表性建筑师。接着在改革开放后的20世纪80年代又产生一批部院骨干型的青年建筑师，比如：孙大章、熊承新、梁应添、蒋仲钧、沈三陵等等。以上这些建筑师，想必您都曾接触过吧？

西安阿房宫凯悦酒店，对传统大屋顶的象征

北京丰泽园饭店,对老字号建筑的一种地域性符号的表达

崔：有一些接触过。梁先生（梁应添）算是我的师父。

黄：好，以上这些部院的著名建筑师，能不能谈谈他们给了您什么样的影响？您在部院工作期间，从中获得什么样的经验与启发？

崔：前面的这些老前辈都是非常显赫的，我对这些老先生都特别的敬仰。

陈总（陈登鳌），在这些老前辈之中，是我第一个见到的。当时我刚到部院时，没有直接分配到所里，而是有一段时间跟着总工在二层。当时的石总（石学海）参加天安门规划，我便在旁边帮忙，陈总就在旁边的办公室，有时候他会出来看看，跟我聊聊天，他口音很重。当时我对陈总是非常敬重的，他设计了北京火车站。至今我很喜欢他设计中处理空间与造型、比例之间的关系，我也问过他关于长安街规划与北京火车站的想法。他是个稳重的长者，话不多，但很有耐心。

接着是戴总（戴念慈），我接触的也不多。知道他早年设计了北京饭店和中国美术馆，很有品质。我参加工作时，戴总已经是建设部副部长了。有一次，戴部长（戴念慈）组织一个座谈会，找了一些在京工作的研究生参加，主题是专门讨论"中国的社会主义新建筑是什么"。当时我发言说中国社会主义新建筑应该是要创新，如果10年或20年以后，还要去盖一个牌楼来代表中国的话，那就比较悲哀了。当时戴部长总结说中国的社会主义新建筑应该是传承，要有文脉的延续，一定要在传统的基础上创新，不能把传统给遗忘了，也不能够照搬西方的那一套路数。我知道他特别擅长这方面的设计，实际上他当时正在设计阙里宾舍，当时阙里宾舍设计得非常细，也画得非常细，从建筑设计到装修设计全都在部院里面完成，现在找出来的那些图都是范图，非常的经典，很有功底，这是我对戴总的一点儿认识。

再就是林总（林乐义）。最初我见到林总时他身体不好，走路拿着拐杖，常到建筑图书馆看书。我读研时来查资料，偶尔会看到林总，一坐就是一上午。当时我不认识他，也没有直接的接触。参加工作以后，有过一次机会，当时有一个美国越南战争纪念碑设计竞赛，在耶鲁学习的华裔建筑学生林璎（林徽因的侄女）所提的方案中标，之后她第一次到中国来，在我们部院开了个座谈会。由于林总与林璎有亲戚关系，所以他就请林璎吃饭，我们几个青年建筑师作陪。那天林总特别高兴，因为他看到他的晚辈在美国有这么大的成就。林璎当时年纪还很小，一个小女孩，成天游泳，晒得黑黑的，虽然得了重要的奖项，但是她说她的老师对她的要求仍然非常严格，并没有因为获得大奖而对她另眼相看。饭后，我们还到林总家里去了，看到他收藏多年的许多老照片。后来我去深圳华森公司（华森建筑与工程设计顾问有限公司，是1980年由部院和香港森洋国际有限公司，联合创办的中国第一家中外合资设计企业）工作后，就没再见到林总了。后来他又主持设计了国际饭店，只可惜去世得太早了。

接触比较多的是龚总（龚德顺）。我刚参加工作时，龚总是设计局的局长，在部里工作。后来局长退下来以后，他就到深圳华森公司当总经理，我刚好是他的部下，所以接触比较多。龚总对设计很感兴趣，功底也很好，经常参与方案的讨论。他早年设计过建设部大楼和蒙古的几个重要建筑，后来他出国多，见多识广，常和我们年轻人聊聊设计创作的经验，虽然当时他年龄挺大了，但是身体还是很好，对华森公司的经营与管理也做了很多的工作。

黄：好，再谈谈您的师傅梁先生（梁应添）？

崔：与梁总接触最长的时期是设计西安阿房宫凯悦饭店时期。那时梁总是项目主持人，公司内部组织方案评选，最后我的方案被选中，业主也同意了，所以我就是工种负责人之一。当时，我对功能复杂的豪华酒店完全不了解，在设计过程中，基本上酒店内部功能的组织是跟着梁总学习，还要去香港和甲方不断地开会讨论与参观，而在立面的造型语汇上，我起比较大的决定作用。西安阿房宫凯悦饭店的参与过程是我设计生涯中一个非常重要的经历，我从梁总那学习到很多东西，从设计制图到协调组织、从做事到做人各方面。梁总是个非常认真与优秀的建筑师，跟在他旁边学习，对我后来的成长帮助不小。

黄：就我的观察，在凯悦饭店项目中，您当时其实是拒绝全然照抄"大屋顶"的古典形式。

崔：对。

黄：可是您用具象却又抽象的符号与隐喻的象征，来构成建筑的体量关系。

崔：是象征主义的一种想法。

黄：好。20世纪80年代"后现代主义"（Postmodernism）建筑思潮来到了中国，当时以历

在香港华森的工作照　　在深圳华森工作时工作照

史文脉、乡愿式、怀旧式的倾向于"后现代主义"的建筑作品居多，您当时是不是受到了"后现代主义"建筑思潮的影响？之后北京南城老街中的丰泽园饭店，也是此倾向的操作模式，这个设计您以叠加阶梯式的形体，削弱原本六层楼厚重的体量感，而在立面上采用本土民居的门窗元素，作为本土文化的符号象征，这其实有点传统与地域方面的设计思考，您怎么看待这两个项目之间的关系？

崔：西安阿房宫凯悦饭店，这个项目我做设计时，并没有到现场去看过，都是在深圳蛇口的公司里进行的。那时刚毕业投入工作不久，特别喜欢形式感强的设计。另外，当时西北院与香港其他建筑师也做过不少方案，但是业主都不太满意，后来找到我们，业主希望设计上有一个创新，要我们放开来设计，后来扬总（扬芸，原名殷承训）也给了一些设计方面的意见。总的来讲，还是以我为主完成的，还有几位同事也先后参与了。那时梁总（梁应添）也设计了一个方案，但是业主最后选中了我的方案。梁总非常好，放弃了他的想法，在我的方案基础上研究和探讨里面的空间与细部等设计，做了很多工作。

所以，这个项目在形体上所用的象征性的语汇，实际上是延续我上学时对"现代主义"建筑思潮的热爱与影响，但是当时"后现代主义"建筑思潮已经出现，在华森公司时，我又能看到一些香港买来的建筑书而让我受到一些设计启发，这是一点；另外，我是1985年底去的华森公司，那时华森公司负责设计的南海酒店项目正在建造，此项目是陈世民建筑师主持设计的，在形体方面，我多少受到他设计上的一点影响。

而在北京丰泽园饭店设计时，我对城市环境有了一些理性的思考。场地原是个四合院，要盖一个宾馆，层高5层，体量比较大。我当时想怎么跟周围的比较低矮的老商业建筑有机结合，后来就设计成前低后高、层层叠落的形态。而立面上花窗的使用，是受了北京香山饭店的影响，因为以往对中国传统建筑的表述都是官式建筑偏多，比如宫殿、庙宇等，而贝聿铭先生设计的北京香山饭店，他重新解读了江南民居的符号，给我印象特别深刻。香山饭店竣工时，我还跑去看，特别喜欢这栋建筑，所以在设计丰泽园饭店时，就参考了一点民居的装饰性语汇。

黄：现在看的话，其实很地域。

崔：对，你知道年轻人做设计时，注意力总是在不断转移，会受到不同的影响。

黄：西安阿房宫凯悦饭店，在当时的时代背景下，其实是一个很创新的设计。

崔：是很新的设计，因为是香港人投资的，由香港人来确定，而西安当地并没有提太多的意见。这栋建筑一直是西安当地品质最好的酒店，有许多国家的总统住过。经过这么多年，内部装修几乎没变过，说明创新也已经承受住了时间的考验。所以，我觉得让专业的酒店管理参与到设计顾问团队当中，在他们的指导下来做设计，是一个不错的策略选择。

我再补充一下，其实当时在设计上，我还受到南京金陵饭店的影响。金陵饭店的形体是菱形的，也坐落于街的路角，跟阿房宫凯悦饭店与路角的关系相似。所以，通过扭转，也变成是一个开放的多面体。在方位上，金陵饭店跟阿房宫凯悦饭店的主立面入口都是朝北，朝北通常比较阴，所以设计成菱形的形体，可以让光线从北边照进来，这样北边的入口就不会显得很压抑。

黄：谈谈当时在深圳的生活？

崔：那时，深圳还在初期建设阶段，所以人还不是很多。我住在蛇口，每天晚上吃完饭后，我都和同事们外出散步，一路走到南海酒店。晚上蛇口已经没有旅游的活动了，显得特别的安静。散完步以后，就回到办公室继续加班，直到晚上10点才回宿舍休息。生活很有规律，工作又很充实，还能去香港开阔眼界，是我成长的好地方。

黄：您当时还参加了青年培训班。

崔：对，去培训中心学习。那时蛇口是全国思想最开放的地方，在改革开放方面走在最前面，很多有追求、有理想的青年人都跑到蛇口去发展，所以，蛇口成了来自全国各地年轻人大聚会的地方，平时晚上常去上各种学习班，周末时还相约出去跳舞。蛇口的培训中心当时很热闹，我学了一些外语，还学了政治经济方面的新思维，那种积极向上的求学氛围一点儿不比大学差，有人说蛇口那时就是个大学校。

黄：就我的观察，1997年北京外国语教学与研究出版社大楼建成，此项目您沿着一条"符号—隐喻与体量关系"的路线，在满足功能需求前提下，将多余的面积从中间减掉，形成巨大洞口，高低错落的墙体与方形框架暗示着书与书架，砖红的色彩呈现突显的建筑体量，从洞口隐约看见内部空间层次的延伸与变化，这个项目您表现得更朴实无华，去除繁琐与花哨，偏向暗示的表述，所以不管是阿房宫凯悦酒店的"官帽"或是屋顶的暗示，还是到外国语教学与研究出版社大楼书与书架的暗示，其实您在设计上的操作保持着一致性，符号暗示语言也都比较多，也比较直接，而且允许相当程度的装饰及象征，色彩也趋近于统一，这部分您的看法如何？

崔：那时，建筑界经常讨论如何继承传统文化及关于"神似"和"形似"的话题，当时，我就有一些不同的看法。总体来讲，我倾向于对"神似"的探索，追求一种神韵与神似的建筑，希望体现得更抽象一点；另外，北京在文化与传统方面的负担更重了一点，因为北京古都风貌的原因，那时的设计，都会被要求有大屋顶的形式，所以很多建筑师都往这方面发展，而老一辈建筑师也觉得这是一条正确的道路，表现出传统与现代的充分结合。但是，在那样的环境与氛围当中，我不太甘心于只有这样的做法，所以，我就往另一个方向去思考，开始在我的设计中强调一种象征性的表述，外研社的象征性，就是这么思考来的。

其实，外研社在设计上更主要的是在探讨建筑与城市、环境之间的关系，以及建筑与文化、氛围之间的关系。但是，在形体上、在符号语汇上，我则试图朝向某一种象征性的表述，让人容易去解读。所以，在当时是一种设计策略的操作，迎合大众对建筑欣赏的需求。

黄：您当时已经思考到建筑与城市、环境之间的关系。

崔：对，建筑的形体，不单单只是设计出一个造型，还要把建筑放在一个大环境中去研究。

黄：大部分城市中的办公建筑，都强调一种私密性，建筑被大面积墙体围起来，而您这个项目则强调一种开放性，是面向城市的开放。

崔：对。这个开放性跟内部功能与空间布局有关系，也更希望让建筑空间与城市空间相融合，从城市可以看到建筑从外部到内部的空间变化。

黄：所以，还是一个功能性的设计最后产生出形体。

北京外研社大兴会议中心,介于园林和聚落之间

北京外国语大学综合体育馆,在狭小场地上的立体空间叠合

北京外国语教学与研究出版社,对空间和形的隐喻

德胜尚城办公小区,延续老北京城市空间序列的一次尝试

北京韩美林艺术馆,一次建筑与艺术的对话

北京西山艺术工坊二层交往小街——"圈子"

北京西山艺术工坊用空间和材料表达功能逻辑

山东广电中心,以现代构成表达山东的"石"文化

崔：我觉得功能也可以是一个宽泛的概念，功能的表述既包含建筑内部使用的功能，也包括为人们提供活动场所的室外环境空间，也是一种功能。我还是喜欢"形式追随功能"这句名言。

黄：据我观察，您对功能的理解与坚持一直都在演进。在北京外研社大兴会议中心项目中，您的姿态变得比以前更为开放。这个项目是"现代主义"（Modernism）中标准的功能设计倾向，注重群体建筑之间功能的合理布局，以几何形体作不同的组合，平面布局依功能的增加而扩增，逐渐地向外扩展，体现出单体与单体之间构成的组织排列的关系，是一种形随功能而生的设计，这部分您有何看法？

崔：这个项目的场地，开始是外研社的一个仓储区，功能是周转书库，后来甲方李社长想加点培训的功能。由于场地的限制，布局很难做，周边又都是工厂、仓库，很难形成积极的室外空间。后来有一天，我比较随意地勾画草图，把功能空间打散、扭转，将室外空间和室内空间混在一起，突然发现有些灵感了，有点儿像中国传统园林的布局，也有点儿"解构"的味道。于是传统和现代在这儿交会了。

黄：这个项目也曾思考到中国园林的方面？

崔：对，我一直都有着中国情结，在设计时，常常会考虑中国性的问题，传统园林是个大宝库，总会从里面找些东西。

黄：做外研社时，您思考到建筑与城市、环境之间的关系，设计德胜尚城办公小区时，可以更明显地看出您的这部分意图。在这个项目中，您回应了城市历史的延续，保持原有城市中胡同与院落的肌理与脉络，将德胜门作为场地的焦点，拉出一条轴线来进行布局。而写字楼拥有的庭院是不同形式的传统合院式布局，斜街与胡同、内庭院与建筑的院落关系更是呼应了与北京原始胡同肌理的联系。所以，这个项目考虑了基地上旧有城市遗留下的肌理与新建建筑、环境之间的融合关系，更大方面是关注到建筑与城市，等于是从建筑设计扩大到城市空间设计。我的解读是，您这样的操作类似现代建筑发展中"TEAM 10"（20世纪50年代成形的建筑学术组织。TEAM 10的建筑师提出对城市规划和建筑设计的各种理论，并呈现出开放与批判的视角与观点）的"涵构主义"——指的是设计能充分反应基地环境，回应城市纹理与脉络，反应基地的人文价值，最后将建筑与环境融为一体的设计。您自己对于这部分有何看法？

崔：你的解读，确实是我当时的一些想法与转变。德胜尚城办公小区是一个转折点，我的城市的立场越来越明显了。其实这一方面也受一些建筑大家的影响，比如日本建筑师丹下健三，他早期做单体建筑比较多，后来做到城市规划，手笔越来越大，视野越来越高，令人敬佩；另一方面，我通过到国外旅行、开会，在那些有特色的城市中游走，体会那些经典的城市空间，对城市越来越感兴趣了。我觉得建筑是渺小的，建筑只是城市当中的某一个片段，真正伟大的城市，让人的感动还是城市空间。而且，现代城市空间和传统城市空间相比的话，我觉得传统的城市空间更有味道，尺度适宜，让人们可以驻足其中，而大尺度的现代的城市空间，好像只为了开车，缺乏人的尺度的感觉，也缺乏丰富性。

黄：我感觉到，您的历史情怀还是蛮浓重的。

崔：是。到了这个年纪，开始有点儿恋旧，许多以往的经历都会影响我的设计。换句话说，做设计时我常常会想起那些令我感动和记忆深刻的经历，比如我曾经在香港的工作和生活。

黄：香港，是一个非常现代化的城市。

崔：是，也有很多老街很有特点，但是我当初并没有意识到，因为那时还不太关注城市，而这几年再去香港就勾起了我许多回忆。1995年之后，我陆续有机会出国考察，一开始去看些经典建筑，没有关注到城市，到了1999年之后，我参加国际建协的活动，在一个城市中要开好几天的会，那时才有机会去慢慢体验，逐渐从观察建筑转向观察城市，对城市开始感兴趣，也开始勾起我小时候的一些回忆，让我突然意识到我生活的北京城里那些胡同文化、大院文化同样特别值得珍惜，它是城市的魂儿！

后来在我开始设计德胜尚城办公小区时，实际上我是在重新寻找解读北京城市的一个方法。怎么说呢？前些年，北京的大部分建筑，大都是关注单体方面的思考，把建筑当成是雕塑来设计，可是实际上老北京的一大特色就是丰富的城市肌理，以及宏伟的城市空间序列，而建筑是千篇一律、不强调个性的，有封建等级制度管着呢。以前一般人很少提出这样的观点，所以在设计德胜尚城办公小区时，我加入了对城市肌

在台湾大学举办的空间母语讲座论坛上的讲演

参加国际建筑师协会的理事会活动

以"本土设计"为题讲演是近两三年参加最多的学术活动

崔愷建筑作品展在深圳开幕,深圳的建筑界朋友前来捧场

应邀参加在巴西举行的"Living in Steel"国际竞赛评审会

理与城市结构的思考,做城市分析时,有意识地通过体量组合把原有的胡同给保留下来,通过院落空间组织、传统建筑和地区的片段修复给人留下一些城市记忆。

在设计时,我将胡同作为一个导引,然后切出一些不规则的建筑体量,再将这些体量组合在一起。同时,我又根据自己从小在胡同里的生活经验,将传统胡同的路径序列重现在流线当中——楼门开在院子里,外面比较闭合,形成较为内向的环境,就有了点儿京味了。

黄:在设计德胜尚城办公小区时,开始思考"本土设计"了吗?

崔:实际上,还没有。在设计完德胜尚城办公小区之后,张永和请我去台湾参加一个《红楼梦》的建筑展,展览地点在台北当代艺术馆,当时我展出的项目就是德胜尚城办公小区,同时我写了一篇文章,题目叫"大观园",主要内容是阐述北京城市的蜕变,胡同是北京很重要的社区文化的场所,该如何重新建立起一套新的城市秩序与规范。所以我觉得是在设计德胜尚城办公小区的过程当中,我才慢慢地对城市文化的载体有了一些全新的认识,才引发了我对地域特色的一些思考。

黄:就我的观察,您其实在"本土设计"基础上,用一个持中的态度接受不同设计语言的思,仍然是在功能性的考量下,体现作品多元和多面貌的形态。所以您的"本土设计"范围是非常广义的,其实是总结所有设计的思考。

崔:很广义的。当我起了这个名字以后,重新去解读我自己的设计,实际上都是跟某个特定场所、跟特定环境的地域文化有关。"本土设计"就是这方面。

黄:我所理解的"本土化"是在主体不明确且思想不清楚的情况下,对应于全球化在世界上日渐趋同产生的一个反义词,或者说是对抗的手段,有种临时性与被迫性,也是另外一种倾向于文化("本土"与"外来")表述的语言、趋势或潮流,而"本土设计"是您个人对外表述的设计思想与说法,想必您也想要把它作某方面的提升?

崔:实际上起初我说"本土设计"时,一些外国朋友不太能理解。觉得你是一个有国际视野或者有开放心态的建筑师,为什么会谈"本土设计"?有一个法国记者,听我讲"本土设计"时,我说我的"本土设计"不是排外、不是市场封闭。她说是吗?

你真确定你有这样一个想法？可能是因为当时我用的是"Native Design"这种译名，让人觉得是一个跟种族、领土有关系的说法。用"Native"这个词，我自己也觉得有点不准确，后来用"本土设计"当主题参加过几次国际论坛演讲，用这个词时候我都要跟别人解释，觉得有点别扭。有次朱剑飞老师来拜访我，我说"本土设计"这个词的英文我一直很纠结，我想一定要在国际交流当中让人明白你说的是什么，不要有误会。他回去后给我发邮件，改了几个译词，最后我选了一个词叫"Land-based Rationalism"，反译回来是"以土地为本的理性主义"。讲到理性主义，在设计当中重视理性思考是现代建筑发展中很重要的一个基本思想。

黄："理性主义"都带有一点古典性格，一开始我们所说的理性主义可能是密斯等人一路演变过来的，或者意大利新理性主义。

崔：我觉得是一种思维方式，讲道理、有逻辑。在密斯时代，理性主义是关注到工业化生产方面，更多的是工业化、标准化与极简主义，从这方面发展出一种新的美学。今天的理性主义更多是关心环境、人文这些方面，可能跟那个时候在具体倾向上不太一样。"Land-based"立足于土地的理性思维，"Land"在土地与地域方面的含义比较容易理解。

黄：传统、文化与地域都包括在这里面了。对其他人来说，其实有一点点矛盾，我们通常说"本土设计"，观念上都会觉得是属于某个地区范围内，关注当地环境、历史、文化等方面的思考与设计，听您说来，您这个"本土设计"在中国境内的设计思考下，解释是相对的广义，这有一种您想向别人解释清楚对这一概念认知差异的意思，所以您解释起来会特别累，您认为您做得非常广义，可是人家会认为就是某个地区范围内，偏向于狭义解释的"本土设计"。

崔：我觉得有些事总想更容易让人理解。我可以把这四个字拆开来解释："本"肯定是本质、本源、根本，跟理性主义的基本立场是一致的；"土"当然是强调地域、强调资源、强调环境；把"设计"两字也拆开了，"设"实际上就是设置一个策略；"计"实际上就是策略、计谋，用这四个字的中文解读方法把它变成一个比较通俗的道理。

黄：我在您所提出的解释中发现，不仅包括设计，也包括计划这部分。就是说，您似乎认

在成都建川博物馆参加中国当代建筑师联展

2007年与王小东先生一起获"梁思成建筑奖",黄卫副部长和宋春华理事长颁奖

"左、右、左"中国当代建筑师三人展在烟台,向宋春华理事长介绍设计作品

由于为中法建筑交流做了一些工作，荣获法国文学与艺术骑士勋章，在法国驻华使馆出席颁奖晚会

建筑师个人照

为建筑设计是一项综合性服务事业，不单单只是主观地表达个人情感的纯设计，似乎还有客观所需的考量成分在，必须综合考量其他环节。

崔：对。我有一个观点，今天在大规模建设当中，最重要的是原则和立场以及使用的策略，这个正确与否是很重要的，也是最基本的。在这个之下发展出来的造型、表皮、建构，都是在这个基础上的更高的艺术层次。对我来讲要应付比较多的设计项目，我觉得最起码要做到策略是对的。

黄：就是跟您所处的环境有关系。

崔：比方说这个建筑需要向城市开放，那这个立场在整个设计当中是贯穿始终的，至于具体的设计方法，我觉得是可以有弹性的。有时候策略对了，只是完成度不够，但比较踏实的是这件事做对了，只不过建筑不那么完美，不那么艺术。反过来说，有些建筑师把自己的建筑做成艺术品，确实做得非常好，但是往往跟城市的关系是不对的，对应该关心的基本问题反而忽视了，造成长久的难以弥补的遗憾。所以我觉得应该提倡重新回到理性思考的路径上来，建立起建筑师基本的价值观和责任感。

黄：未来您如果被写入建筑史，肯定还是会归属于一个基本的流向或者流派，历史学家会定义您的。而您所提出的"本土设计"可能就会被表述成植根于地域文化中的设计思考，您的作品中有部分也具有地域性的特质，您曾思考过运用当地的民族文化资源作为建筑设计语言的一种转换与呈现吗？

崔：也有人给我提过问题，问："你这个跟'地域主义'到底什么关系？""地域主义"在我看来是在现代主义建筑发展的鼎盛时期，在国际式风格到处蔓延的时候出现的。

黄：在20世纪四五十年代发展与蔓延开来。

崔：总的来说它多呈现在一些欠发达地区的建筑活动中，如印度、墨西哥等第三世界国家，是主流之外所发生的现象，所以理论家赋予它一个名字——"地域主义"。但我不觉得中国应该被边缘化，我们一直试图重新回到主流，但实际上这也需要一个过程。

黄：中国被世界边缘化已经两三百年了。

崔：但是作为中国建筑师来讲，我不希望我们提一个口号是自我边缘化的。我觉得从概念的基本出发点来讲，我们中国建筑迟早会站在中间的位置上，而不是总把自己边缘化，就是这样的一个想法。另外也有人问"本土设计"跟"文脉主义"有什么关系？我认为"文脉主义"比较关注对现代城市的反思，重新研究城市尺度的问题和与传统城市的空间价值。但后来它转向一些视觉与形式符号，过于形式化，最后走进了死胡同，不再有创造力，也很快过时了。我觉得"本土设计"不应该单纯强调形式，其关注的也远远不止形式问题。如果说"文脉主义"跟我们在学术思潮上类比的话，那就是20世纪七八十年代争论不休的民族形式的问题：形似呀还是神似？

黄：可能也不能只说神似，因项目当中还有形式。

崔：形式实际上不是关注的重点，而是产生的结果。有些时候可能需要具象一点，有些时候抽象一点，也有时候完全不需要从形式上去解读环境。

黄：您虽然强调"本土设计"，但若先撇开"本土设计"的论述，就我对您的观察，您的设计路线似乎一直在变，在满足功能性思考的前提下，近期作品变得更趋近于干净化、简单化的倾向，如山东广电中心、北京西山艺术工坊，但体量关系还是很明显，而这种改变似乎还一直处在摆荡与摸索的状态，无法从单一的作品表述中看出是您的设计。
我换个问法，建筑实然是一个感官物体，它也代表着建筑师个人的标识性语言与符号。您是否仍在寻求设计上的自明性？

崔：这是我特别要强调的一个设计原则，就是我不认为建筑是属于个人的作品，这跟其他艺术很不一样。

黄：因为以往艺术作品被认可，作者往往已死，艺术家总是在作品生产到创造过程中逐渐自我消亡，然后作品就独立于一切之外，只剩下作品的形式。

崔：刚才您从建筑史角度对建筑师的归纳确实很有意思，有些建筑师强调建筑跟自己的关系，可以叫"图章式建筑师"。不管在哪儿做，风格是完全一致的。就像你说的，可

拉萨站,向藏族文化传统致敬　　北川羌族自治县文化中心

青海玉树康巴艺术中心

泰山桃花峪游人中心

苏州站,追求一种"苏而新"的特色

能这个社会发展到一个阶段，把建筑当成是一种表现，可能跟艺术有关，跟消费文化有关，跟品牌有关。以前教堂就应该是这样的，不管谁设计都是这样，只不过谁设计得更好。而现在流行消费文化，品牌变成了很重要的载体。

我自己对这个有不同的看法。首先我觉得要产生一个特别有价值的或者特别有独特性的视觉语言是非常不容易的，并不是所有人都能做到。因为他们创造了一个建筑学的艺术语言，带动了一个时期建筑的发展，让所有人追随他，引导了潮流，这是极少数建筑师才能达到的高度。不能要求所有建筑师都能这么做。

另外还是回到"本土设计"的问题，我觉得建筑产生于特定场所，建筑跟谁来做这个设计，按理说没什么关系。当然每个人对这个场所的解读会不一样。我一直希望是一个客观的角度，我每次判断这件事的时候，我给大家讲道理的时候，都讲的是实实在在客观的道理，而不是我觉得怎么样。有些建筑师跟我讨论时说我觉得如何如何，我还纠正他，我说，你陈述你在现场看到了什么，不要太主观。我个人认为"本土设计"的基本立场，来自于对场所真正的发自内心的尊重。所以，建筑呈现的形态应该更多的是去表达这个场所本身应该有的一种状态，我觉得不应该片面强调个性化，尤其是不应该为了个性去作一些不恰当的表达，这是我的看法。

杭州杭帮菜博物馆

崔恺工作室的老门板和绿墙,表现对文化和自然的尊重态度

崔愷工作室的室外平台

崔愷工作室成员合影

内部开会

指导设计,这是工作的一种常态

齐欣
Qi Xin

齐欣建筑设计咨询有限公司
董事长、总建筑师

访谈时间——
2011.09.30

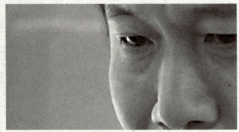

代表作品——

北京国家会计学院

东莞松山湖科技产业管委会

杭州玉鸟流苏商业中心

江苏软件园

北京奥林匹克公园下沉广场

杭州西溪会馆

1959年出生于北京。1983年毕业于清华大学建筑系，1988年毕业于Belleville建筑学院城市设计专业研究生班，1991年毕业于La Villette建筑学院建筑学专业。1984年，在ARTE Jean-Marie Charpentier建筑师事务所实习；1986-1988年，在法国建筑科学院实习；1987-1989年，任职于Philippe Jonathan建筑师事务所；1989年，任职于Jean-Louis Bouscarle建筑师事务所；1989-1993，任职于SCAU城市建筑设计院；1994-1997年，任职于福斯特（亚洲）香港公司；1997-1999年于清华大学建筑学院任副教授；1998-2001年于京澳凯芬斯设计有限公司任总设计师；2001-2002年于德国维思平建筑设计咨询有限公司任总设计师；2002年至今任齐欣建筑设计咨询有限公司董事长、总建筑师。2002年获WA建筑奖，2004年获亚洲建筑推动奖与法国文学与艺术骑士勋章。

印象

拥有法国文学与艺术骑士勋章的齐欣,曾长年旅居国外,他于1990年前后开始在不同规模的境外设计事务所里实习与工作,并积累了丰富与厚实的经验。

在法国思构(SCAU)工作期间,齐欣练就一身基本功。基于国内工科学校打下的基础,他所提出的结构建议解决了不少疑难问题,从而获得事务所的高度认可。当时齐欣经常与一位美籍建筑师搭档,齐欣负责解决功能问题,而美籍建筑师则负责创意与造型。那位美国人出手就能画出优美的线条,设计十分飘逸。这一特质,对日后齐欣的设计产生了某种影响——他的作品中时常隐藏或浮现着某种随意、自由与飘逸,带有独特的优雅和魅力。

齐欣也曾工作于诺曼·福斯特(Norman Forster)事务所。诺曼·福斯特是"晚期现代主义"中有高技倾向的建筑师,作品中体现了材料与工艺、技术结合的纯净与张力。从齐欣设计的北京国家会计学院的主楼中能感受到来自诺曼·福斯特的影响,这是一个带有技术倾向的设计:近似椭圆形的平面既简洁又典雅,虚化的玻璃与金属构件相搭配给人一种大气之感,同时又极富诗意。而后面的生活区则带有浓浓的法国现代建筑的浪漫气息。

诺曼·福斯特对齐欣的影响还在于设计前做大量的基础研究,并在研究、推理与逻辑衍生的基础上寻求突破。诺曼·福斯特强调整体性,无论项目大小,都将其视作一个物件来设计,这也许对齐欣影响最大。齐欣的设计中,哪怕建筑的体量很碎或很错落,却都带有很强的整体感。如武汉融科天城售楼处,他用一张铸铝网把原本掰成两块的物体蒙了起来,形成一个完整的建筑;再如杭州良渚的玉鸟流苏,在保证每个商铺个性的同时,他用一个屋脊将所有商铺串了起来,形成一个连续的带状商业街;在北京奥林匹克公园的下沉广场里,他用连续的钢构件来表述中国传统建筑的预制装配体系;在杭州的西溪湿地会所中,他则将一个抽象的图案覆到变化和错落的几何体上,构成一幅整体的图画。哪怕有时刻意先将大体量东西击碎，齐欣也不会忘记最终建筑的整体感，将破碎的物体完形。

20世纪90年代中期回国后，齐欣先到高校任教，之后进入设计市场。2002年，齐欣成立了事务所，任董事长兼总建筑师，开始以个人的名义从业。但由于北京国家会计学院的设计并未完全摆脱诺曼·福斯特的影响，所以齐欣对自己并不十分满意。他未必觉得诺曼·福斯特不好，只是认为笼罩在别人的阴影下，无法实现自己。他开始关注如何在当今世界的建筑语汇与思潮中确立自己的位置，但又不愿意采用唐突的方式，为树立个性而不遗余力。因而，齐欣对"新"的追求是不间断的，不断创新的秉性使他每次去尝试不同的设计方向。

对于每个项目，齐欣都会有一套深思熟虑的独到想法，切入点会是文化、城市、结构或表皮。在做武汉融科天城售楼处的设计时，齐欣启用了外皮的语汇；在北京的贝克特厂房中，齐欣引入了中国元素；在南京的秦淮风情街和良渚的玉鸟流苏项目中，齐欣制造了一个生动的城市场所；在杭州西溪湿地会所的设计中，齐欣营造了一种虚幻的现实；在北京奥林匹克公园的下沉广场中，红色的圆环呼应了奥运的象征，而广场信息柱的设计则为树状，与鸟巢和水立方两个仿生建筑相呼应。

从齐欣的设计中，可以发现每个项目都有不同的切入点、不同的思考，并且非常注重逻辑，有自成一体的研究分析方法以及对设计的表达。在设计倾向上，齐欣从早期的关注技术转向关注舒适与自然，可你又不知道他下一步往哪儿去，又有什么引人入胜的招数。给不同项目以不同的回应，这就是齐欣的路、齐欣的特色。他可以关注社会、城市、环境、材料或技术……但只要已经做过了，就会改变。这意味着他很有艺术家的原创个性，忠于作品、更忠于作品的"变"。"变"是他建立的建筑哲学观与价值体系的基础。而"变"，又可以不温不火，优雅自在。他说他没思想，但没思想，其实也是一种思想。

访谈

采访者
黄元炤

受访者
齐欣

时间
2011.09.30

地点
齐欣建筑设计咨询有限公司

黄：齐总您好。听说您从小喜欢美术和音乐。高考时，还差点报考了中央音乐学院，但最后考了建筑学。我知道您父亲是位建筑师，喜欢美术是否与您父亲是建筑师有关，并最终导致您选读建筑学专业？

齐：所有正常成长的人都会受到家庭的影响。我母亲是钢琴老师，父亲曾经是建筑教师。父亲就读的学校是之江大学（在上海，是一所教会大学）。1929年设立土木系，1940年成立建筑系。他是1938年入学，1943年毕业。我就读的学校是清华大学，1978年入学，1983年毕业，整整比父亲晚了40年。父亲毕业后从事过一段建筑师的工作，1948年跑到解放区投奔革命了。解放初期，他在江西当政工干部。大概在1954年左右，吴先生（吴良镛）请他到清华教书，好像搞的是建筑史和园林方面的研究与教学。

  我1959年出生，4岁时父亲就离开了清华，去外文局做编辑工作了，所以我并没见过父亲做设计。他对我唯一的"建筑"影响就是，当家里想调换家具的位置时，他会按家具的尺寸剪成小纸片，然后让我跟他一起在平面图上来回摆。小时候，父亲还喜欢带我去串门儿。由于家住在清华园里，见到的那些叔叔阿姨后来都成了我的大学老师。但

学龄前与父母和姐妹　　　　　吹长笛

小学宣传队同学　　与中学好友合奏

我当时并不清楚建筑是怎么回事。

中学的一段时间里,我喜欢拿粉笔刻些小玩意。父亲看到后,就带我去跟清华的周先生(周维权)学篆刻。又有一段时间,我吹起了竹笛,母亲嫌太吵,就买了个长笛让我学,还找了中央音乐学院的首席长笛教授——朱同德老师给我做辅导,他挺喜欢我,高考时,曾建议我去考音乐学院。

黄:后来为什么会选学建筑呢?

齐:从小学到中学,我基本都在玩,对理工方面毫无兴趣。恢复高考时,要在几个大门类里作出选择:理工科、文科、艺术或体育。那时我的音乐基础很浅,只是瞎玩;再者,学长笛好像也没多大出息。问题是我的文理也不怎么样,从父亲那里我了解到搞建筑不怎么需要数理化,更偏向艺术。但在中国,建筑学专业算是理工科。所以我选择了拿数理化当跳板,通过数理化的考试学习建筑,以达到永远不碰数理化的目的。当时清华附中的老师都很棒,在他们的辅导下,我恶补了一年多的功课,终于蒙混过关了。

黄:钢琴是什么时候学的?

齐:我没正经学过钢琴。我的姐姐小时候学过一点,但我并没有印象。有印象的是我母亲逼着我妹妹学琴。她比较听话,在母亲的督促下,边哭边练。我可受不了这份罪,我母亲管不了我,就放弃了。初三以后,我自己开始对音乐发生兴趣,就瞎弹,从未按部就班地练过什么练习曲,只要感兴趣,再难也敢弹。

尽管如此,父母对我的影响还是挺大的:我现在上班做的是父亲曾从事过的设计工作,下班后喜欢在家弹弹琴,这又是母亲的职业和爱好。

黄:美术与音乐,一个是通过色彩与线条诉诸人们的视觉感官,一个是通过音响诉诸人们的听觉感官,都可以培养人的素质与涵养。您做雕刻、学篆刻、弹钢琴、吹长笛等兴趣爱好,是否对以后的设计创作产生影响?

齐:肯定会有。但创作的影响来自方方面面。音乐、美术所占的比例多少,很难作出具体的评估。今天咱们聊了一会儿天,可能就会对我待会儿的设计有影响。

黄：您给人感觉是性格内向却不复古，反叛、随性、自由却不张扬。听说您的家庭教育很开放，尊重个人的选择与兴趣。这种开放式教育是否也造就了您的性格？

齐：你的观察还挺准。一般中国的家庭是家长制，要尊重长辈。而我们家却没大没小，家中的成员平起平坐，我们家也不遵从社会的习俗。比如过春节，家家都要去办年货，但是我们家的人都懒得去排队，以至一到过年就没饭吃。这些都造成了我从不看重约定俗成的东西，甚至有些叛逆。至少比较随意与自由。

我父亲虽然进的是洋人开办的大学，但他从小却就读私塾，念四书五经，受的是中国传统教育；而我母亲接受的却是纯西式的教育：在教会里参加唱诗班，学钢琴，英文也很好。父母的教育背景各有所长，平行地影响着我，以至于我不觉得中国比西洋重要，或西洋比中国重要。它们同等重要，或不重要。

黄：1978年，您考进清华大学建筑系，成为恢复高考后清华所招收的第一届建筑学生。当时有两个班：建八一与建八二班，还有个建专班。那建八与建专的差异在哪里？所学习的内容一样吗？

齐：建八班与建专班有一些共同课。建专是两年的学制，拿大专文凭；建八是五年学制，拿本科文凭。

清华大学建筑学专业的录取分数线很高，但高分的学生往往不知道建筑学学的是什么，稀里糊涂就考进来了。当时能上大学就不错了，我们班里有很多数理化很拔尖的同学，但未必对建筑学感兴趣。但是建专班就不同了，他们都来自北京，哪怕数理化不是特好，却大概知道建筑学是怎么回事儿。学校好像只在我们那个时候设过大专班，以后就没了。

黄：你们这一代的人，无论现在是在做设计、教学、科研，还是在搞房地产或管理，是否都有较强的社会与历史责任感？您怎么看自己在建筑界的影响力？

齐：我就是一个绘图匠，属于那种没出息的人。有出息的都去干别的了，或当官或发财。我在建筑界也没什么影响力，由于"文革"期间建筑学教育停办，改革开放初期，社会上缺乏建筑专业人才，我们这一代人是第一批恢复建筑学教育后的毕业生，自然就

高中毕业　　　与中学乐队的老师和同学

大学时参观实习

大学实验室

大学班级教室

大二水彩写生

与大学毕业设计的老师同学

与同学合照

刚到法国时的法语集训班　　　　在巴黎与吴良镛先生及朋友聚餐　　　　与清华校友在巴黎接待吴良镛先生

法国小镇钢笔写生

巴黎水彩写生

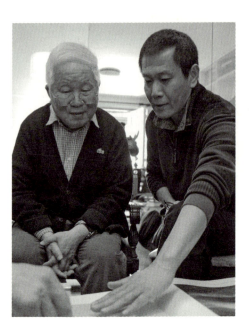

与吴良镛先生合影

与关肇邺先生合影　　　　为关肇邺先生贺寿

与江欢成院士在其作品——东方明珠下合影

有用武之地，算是捞了一个大便宜。

　　至于责任，主要还是做好自己该做的事。我不觉得从事建筑设计有多重要，上大学时，老师会强调建筑的重要性，让学生有些不着边际的理想，以为把建筑做好了，城市也就好了，社会也就好了。但实际上建筑的影响力非常小，一栋好的房子顶多也就能影响到一小块地方。建筑是一个相对微观的专业领域，不像搞政治或经济。

黄：本科毕业后，您考上了出国留学。那时大部分人都想去美国，您为何却选择去了法国？

齐：当时确实有些同学想出国，但我没敢想，我从来都不那么自信。考大学时，我填的垫底志愿是南京某工程学院的水泥专业，觉得这还比较靠谱。但我的母亲却对我充满信心，非让我把第一志愿填清华。我当时觉得这肯定是浪费了，结果却给蒙上了。考研究生时，我觉得肯定考不上，更别提出国了。但报考时，要填表，问想不想出国留学，大家都画了个勾，我也没例外，结果又让我歪打正着，考了个第三，正好有三个出国名额，我就被选中了。

　　去法国跟我也没关系。清华是美国人创办的，吴先生（吴良镛）认为清华人对美国已经有了一定的了解，但对欧洲却知之甚少，所以想送学生去欧洲求学。那时的三个名额里，两个去了欧洲，一个去日本。我属于乖孩子，服从命令听指挥。学校让去法国，我就去了。

黄：法国似乎与您很有渊源？

齐：这是后来才意识到的：我爷爷的爷爷是清政府最早派到法国留学的学生，回国后在福州开办了最早的海军学校，帮清政府建立起海军水师。据我父亲回忆，他儿时的家里摆了很多法文书和海军的望远镜。接着，我父亲的爷爷娶的还是当时清政府驻巴黎外交官的女儿，从小在法国长大。

黄：您在清华读书期间，吴先生（吴良镛）、汪先生（汪坦）、关先生（关肇邺）、陈先生（陈志华）和其他先生给过您怎么样的影响与启发？

齐：吴先生没教过我，但他跟我父亲是好友。小时候，父亲常带我去他家串门，更多聊的是文化和时事。吴先生特别刻苦用功，家里总是堆满了书。

关先生带过我的毕业设计。他很潇洒，只做设计，没什么野心，甚至有点玩世不恭的味道，喜欢调侃人。关先生的天赋很高，感觉上好像并不用功，设计完全靠自己的悟性，状态很放松。他可以听京剧，也可以欣赏西洋古典音乐，生活的营养就是他设计的原动力。我觉得在很多方面我挺像他的，只是没他那么高的修养和天赋。

陈先生属于少有的敢于作尖锐批评的学者。听他的课很过瘾，很合乎年轻人口味。后来在法国，这种批评就听得多了。法国人最喜欢批评，横挑鼻子竖挑眼，什么都看不惯。受这种思维影响，逐渐形成了辩证的思维方式和自己独到的观点。

汪先生的太太马思琚是中央音乐学院的大提琴教师，和我母亲是同事。马先生一家都是音乐家，马思聪是著名的小提琴家，马思云是著名的长笛演奏家。我们小的时候，清华只有一两个家庭有电视，母亲偶尔会带我们去汪家看电视，看国外的交响乐团演奏的转播。上大一时，我们八个来自北京的同学有个伪学术团体，每隔一两周就会去找汪先生聊天。他的思路特发散，喜欢把事说得挺悬，而且眉飞色舞。

黄：好像吴先生对您的影响很大。20世纪80年代末，由于当时国内的学术环境不好，吴先生曾建议您留在国外发展，获取更多的工作经验。而20世纪90年代末，又是吴先生邀请您到清华任教，回国发展。

齐：我的存在都跟吴先生有关。如果他不把我父亲调到北京来教书，我的父母就未必结婚，也就没我了。

黄：也是吴先生建议您去法国留学的。

齐：对。

黄：您就读的是法国的南锡建筑学院吗？

齐：我在法国换过好几所学校。一开始，吴先生请华先生（华揽洪）给我指导。华先生认为要想了解法国，最好先去外省，然后再去巴黎，因为"巴黎不是法国"。他跟当时南锡建筑学院的校长较熟，那所学院也不错，就先去那儿读了。在南锡待了半年不到，我就找机会到巴黎去实习了，之后再也没回南锡。

在巴黎，我先注册了一个研究生班，是由Belleville和Villemin两所学校合办的，读的是城市建筑，之后又到La Villette拿了建筑师文凭。

黄：您去看过华先生（华揽洪）在法国设计的建筑吗？

齐：去法国前，我没关注过华先生的作品，只记得吴先生请他来清华做过讲座。到法国后，他送过我一本他写的关于中国城市与建筑的书。他在北京的代表作是北京儿童医院。早期，他好像是在法国的马赛工作。

黄：读完建筑学专业后您又读了城市设计专业？

齐：在法国，开始读的是建筑，中间又去读城市建筑（不是城市设计），之后又回来把建筑读完。我读的那个研究生班的研究课题有两种叫法，一个叫Forme Urbaine（城市形态），一个叫Architecture Urbaine（城市建筑），两种叫法都对。研究生班里不做设计，开的课主要是关于城市发展的历史和理论以及案例分析。做的作业也往往是自己选中一个老城街区，研究其历史变革。

黄：法国的建筑教育不归教育部管，而归文化部，等于把建筑学划归到艺术类里了。这与国内的情况不同。您既受过国内的教育，又受过法国的教育，能谈谈对这两者的看法么？

齐：中国的建筑学专业往往设在理工科大学中，基本是在培养工程师。法国的建筑学以前一直设在美术学院里，咱们讲的布扎学派（Beaux Art），就是指巴黎美术学院。1968年学潮后，建筑从美术学院里分了出来，但还是独立于普通高校系统。法国前总统德斯坦曾在联合国教科文组织的大会上有句名言——"建筑是文化"。基于这一认识，法国的建筑教育始终归文化部管。两个教育体制的最终差异体现在：中国培养出来的人能干活，法国培养出来的人善思考。

在法国，学生总有一种"造反"精神，偏不按老师说的做，并证明自己是对的，说服老师。在法国有的老师褒"巴洛克"（Baroque），有的贬"巴洛克"，有的赞扬"现代主义"（Modernism），有的批判"现代主义"。而清华在讲建筑史时，老师会明确地告诉你"巴洛克"和"洛可可"（Rococo）是颓废的，装饰不对，"现代主

卢浮宫留影

参观苏黎世柯布西耶的建筑

在巴黎的工作室

毕业设计图及模型表现

思构(SCAU)公司工作时负责项目

在福斯特事务所接待费菁

福斯特指导设计

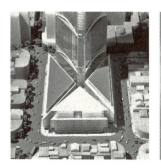

福斯特公司时参与的项目

香港新机场工地

考察台湾

义"运动特对，等等。更有意思的是，中国在批判"巴洛克"建筑的同时，又在推崇"巴洛克"音乐，而它们同属一个时期，来自同一思潮。当然，建筑史老师在讲"巴洛克"建筑时不会谈及音乐，问题是他甚至不会谈及城市，而"巴洛克"的城市具有很高的成就。而"现代主义"在解决了一些问题的同时，也给世界来了不小的灾难。

我曾批评过清华的教育，其实问题不局限于清华，更不局限于建筑学专业，甚至不局限于高等教育。在中国，从小到大，给学生灌输的都是黑白分明的观念：什么对，什么错；什么美，什么丑。这么一教，学生根本就不用思考了。而对与错却是相对的。教育应着重对学生分析和解决问题能力的培养，启发学生积极思考，全面看待事物。

黄：您曾经在法国的建筑科学院实习过，能谈谈这部分吗？

齐：我在法国建筑科学院实习是因为他们能提供一个工作室，或叫画室。你在里面既可工作又可休息。那栋楼叫艺术城，云集了来自世界各地的青年艺术家，面向塞纳河，躺在床上都能看见对面的巴黎圣母院。吴先生（吴良镛）来巴黎时，就在我那待着，并画了巴黎圣母院的水彩画，还收录到他的作品集里。住在那里不用付租金，唯一的要求是每周去科学院整理两个半天的"二战"前法国建筑师的档案。至于去法国建筑研究院实习，做的工作也就是帮他们整理一些关于上海法租界的资料。

黄：您在境外事务所的工作经验非常丰富。其中有法国巴黎建筑与城市规划设计院（SCAU），能谈谈这段经历么？

齐：我在SCAU工作时，那里有五个合伙人，实际上是五个小事务所共享资源，我只跟着其中的一个叫Zublena的合伙人干。事务所里名气最大的是另一位合伙人，叫Macary，他很会做关系，所以境外来的大腕都跟他合作，有丹下健三、贝聿铭、库哈斯（Rem Koolhaas）、博塔（Mario Botta）等。这样，我就间接认识和接触了一些当时的知名建筑师。

我的老板也教书，并成了我做法国建筑师文凭毕业设计的导师。由于他整天忙于经营和教学，所以设计的事更多由下面的人完成。我先是以临时工的身份进去的，清华的训练使我能解决一些实际问题，所以一个月后就转正了。那时，老板安排我跟一个叫Tomas Sheehan的美国人搭班。他早我两三个月到，管创意和造型，我来落实平面

与父母和妹妹

与父母一起　　　与病重的母亲一起

回国后生活照

指导儿子弹钢琴

以及和各工种的配合。我们俩一起投过两个标：一个是斯特拉思堡科技园，一个是南特矿业学院，都中了，也盖起来了。这段时间里，我天天画平面，练了基本功。那个美国搭档属于特飘逸的那种人，瞎画一根线就特漂亮，他那松弛的态度和艺术的风范对我日后的工作产生了一定的影响。对受过工科教育的人来说，严谨容易，飘逸难。要跳出严谨的框框，其实是件挺有挑战的事，但有了工科的基础，又益于将飘逸的东西落到实处。

黄：自1994年起，您又在诺曼·福斯特的香港公司工作过三年。诺曼·福斯特属于高技派（High-Tech）倾向的建筑师。据我观察，您早期的作品也有技术主义（Technologism）的倾向。比如北京的国家会计学院，您用虚化的玻璃与金属搭配，创造出精致的建筑和新的空间感观。东莞的松山湖管委会项目也有此类倾向。这是否受到了诺曼·福斯特或其他有技术主义倾向的建筑师的影响，比如让·努维尔（Jean Nouvel）？

齐：把诺曼·福斯特归类于高技派，也许因为他的成名作是香港汇丰银行。这个建筑还让他背上了一个黑锅：好像他只会做贵的建筑。在福斯特那里，我发现他有几点特别自豪：一是不向业主说不（业主提出的要求是设计的起点，在此基础上出绝活儿才是高手）；二是不超工期；三是不超预算。有一次诺曼·福斯特得意地给我们介绍一个在英国做的厂房，外墙用的是瓦棱板，形式简单甚至简陋。他得意是因为业主的限价极低，谁都做不出来，他却做出来了。汇丰银行贵，是因为业主要求做个全世界最贵的建筑。当年在《中英联合声明》签署后，香港资金外流得很厉害，而汇丰银行占有香港90%以上的资金。为了表明他们不打算走，以留住资金，安定人心，汇丰就要盖一个最贵的房子。此外，他们还要求做一个可迁移的房子—万一香港没戏了呢？这才引出了诺曼·福斯特的高技派建筑。

从汇丰银行起，诺曼·福斯特就同做工业设计的设计师合作，后来其中的一两个人还成了他的合伙人。

"高技"实际有两层含义，一个是"高"，一个是"技"。

"技"只是指将功能构件视作美的东西，未必"高"。按这一标准，从欧洲的哥特式（Gothic）建筑到中国的古建都属这一派。而"高"，则相对于"低"。诺曼·福斯特并未一味追求高端技术，也不刻意夸张技术的表现力，而更注重于利用现有技术和对结构的忠实。对我来说，他是不是高技派并不重要，重要的是他把大小项目都当成一个物体去做。香港的赤腊角机场是当时事务所里最大的项目，也是当时全世界一次建成的航站楼里最大的一个，而那时事务所里所做的最小项目，是给一个意大利的五金商设计门把手。两个项目都是一笔做完，整体感非常强。

和法国人不同，英国人做设计很讲求逻辑。出手前，要搜集很多资料，进行分析、推理。在中国，推理多了就容易僵化，做不动了。而诺曼·福斯特的强处恰恰在于无论有多少限制，都能在遵循逻辑和满足限制的前提下，做出一个意想不到而且非常富有诗意的建筑。

跟像理查·罗杰斯（Richard Rogers）这样的高技派建筑师相比，诺曼·福斯特的设计更强调整体感、更优雅。伦佐·皮亚诺（Renzo Piano）和诺曼·福斯特有点像，不光整体感强，而且有诗意。哪怕到今天，哪怕有时我会先将物体剁碎，也不会忘记建筑的整体性。这多少来自诺曼·福斯特的影响。

我喜欢有逻辑、有灵气、有诗意又大气的房子。

黄：确实，您做的北京国家会计学院让人感受到一种典雅、简洁、稳重和大气。

齐：在北京国家会计学院项目上，我受到了双重的影响：前区公共建筑的影响来自福斯特，后区的宿舍建筑更多受到的是法国的影响。

黄：1997年，您参加了北京SOHO现代城的设计竞赛。您在方案中提出了绿色、节能的概念，利用太阳能，并将绿植引进超高层建筑。之后，您也做了些生态城的规划和设计。有些规划项目还找景观团队合作。从中我注意到您对自然、生态、节能、环保以及可持续发展的议题感兴趣。您能对这部分作一些说明吗？

齐：绿色建筑是人们普遍关注的一件事。我在这方面的关注跟福斯特有关，因为他是最早获得欧洲专项资金去研究小能耗与绿色建筑的建筑师，并开发了很多相关的技术。但设计毕竟是一件综合的事，设计师要关注方方面面的问题。对建筑师来讲，只要有这个节能、环保的概念就行了，剩下的事要请更专业的人来完成。把绿植引进建筑，也只是个概念。现代城在长安街的南侧，露在街面上的是北立面。这么大的墙面常年不见阳光是件很"背"的事。为了把正北立面缩到最小，我在北侧画一条弧线。这样，自然光就几乎能进到所有的办公室了。做总平面也能节能，这不需要什么技术。

知识分子应始终抱有批评或批判的态度。某些事，别人都不想，你就要去提醒；

北京国家会计学院(方振宁 付兴/摄)

东莞松山湖科技产业管委会

北京用友总部

北京贝克特厂房方案

武汉融科天城售楼部

天津鼓楼区

而当大家都在做的时候，你就不用太关心了。现在是人都在讲绿色建筑，讲节能、环保、低碳。我觉得在这方面的使命已经完成了，可以去关心别的事了。

黄：如果说北京国家会计学院的设计有高技派的倾向，您后来的设计似乎就有了明显的转向。比如北京香山的传城和东莞松山湖的管委会。这两个项目好像更关注建筑与周边环境的结合。2007年后您似乎又关注起建筑的表达，倾向表象性的设计。更严格地说，在2003年的和平丽景项目中，您就有塑造商业街区立面的不同表述，2004年的用友总部也思考到窗洞的有机组合。您怎么看这些转变呢？

齐：像所有国际大腕的事务所一样，在诺曼·福斯特事务所里，他的设计几乎变成了一种宗教。身在其中的人都觉得只有这玩意儿好，其他都是狗屎。从那里出来后，要花很长时间去逃脱诺曼·福斯特的阴影，这是自觉或不自觉的事。

　　转变是自然、必要和漫长的。

黄：当时你似乎想很快地跳出来。

齐：至今我也不认为诺曼·福斯特不好。但被他的阴影笼罩，就找不着自己。除非你坚持认为他就是上帝，永远按照他的方式去做，那你就永远是上帝的奴隶。福斯特在20世纪八九十年代是世界上非常重要的建筑师。到了21世纪，新出现的建筑明星是赫尔佐格与德梅隆（Herzog & de Meuron），他们在打表皮的主意。你会问，自己是不是掉队了？现在扎哈·哈迪德（Zaha Hadid）又把人们的目光引向造型。要不要跟着动呢？

　　人总受到方方面面影响。一方面这表明你还没找到自己，一方面证明你还活着，否则就按照一种方式做就完了，想都不用想。我从来不那么自信，也不想在一棵树上吊死。看到这些年建筑潮流的起伏，会感到任何事物都有好的一面，但又不绝对。跟风显然没意思，但旧的东西对我又没刺激。所以每次都在测试新的途径。这种活法未必轻松，却有意思。

黄：算是喜新厌旧？

齐：从事创作行业，喜新厌旧是必要条件，否则就别干了。你要卖包子，就每天做同样包子去卖就完了。

黄：我认为您转向了对表象、表皮的操作与表述。比如北京的贝克特厂房，在一个立方体上开大小不一、随机排列的方窗，形成抽象的几何图案，这是对表皮的单纯思考；武汉融科天城的售楼处，您在建筑外围蒙了一层表皮，构成内部空间与外部环境之间的介质，这是对表象、表皮正反两方面的思考；江苏软件园项目中，您在一个方正体外加上了一层竹帘及花棱窗；天津鼓楼区的商业项目，您用细柱创造出虚实相生的立面。这都说明您从高技的设计转向表象、表皮。南京风情街其实也是一个倾向于表象、表皮的设计。您自己如何看待这个转向？

齐：你说的不全错，也不全对。当下的中国很浮躁，我又属于自己不会找项目的那种人。人家找你，就期待你做出吸引眼球的东西。这时，所谓的表象就变得重要了。这一现象叫做逼良为娼。几年前，我的小孩在法国幼儿园里的一个小朋友的家长弄了块地，要盖房子。我利用春节长假，按功能要求给他们做了个很简单的设计：除了平面是个三合院外，该开窗的地方开窗，该开门的地方开门，立面简单朴实，结果就盖起来了。建筑其实做到这一步就够了。但你在中国要这样干，人家就说你没用心干，或没能耐。

具体问题还要具体分析。

我去武汉接洽融科天城售楼处项目时，开发商说这个房子是广告，一定要吸引眼球。还说做什么风格没关系，但千万别做中式的。在武汉，特别是汉口，都是些殖民地时期留下的折中主义房子，确实跟中国没啥关系。售楼处旁边还将起一堆超高层住宅。因此，只有把房子做整了才能大，大了才不至于被那些巨魔镇住。剩下的是如何把建筑做花，不花人家就不找你了。当时景观设计的概念已经出来，铺地用的是冰裂纹图案。而把冰裂纹图案用到建筑的立面上，正好还能解决西晒的问题。开始，我想找一百个老太太用柳条去编个大筐，将编筐本身做成行为艺术。结果没弄成，倒让世博会的西班牙馆实现了。最终冰裂纹的图案是用铸铝做的，因为武汉那边有造船厂，让他们做这东西很容易。

北京的贝克特厂房则恰恰相反。业主是美国人，起先我还担心他能否接受中国概念。但图一出来，他欣然接受。人家在美国待腻了，来中国就想换个口味。你光关注表象不行，将厂房人性化、地方化、院落化才是这个方案的实质。此外，如何解决大跨厂房里的采光是我关注的重点。方案利用了金属桁架的斜撑，错落布置也能起到均匀采光作用的侧高窗。从屋顶上看，判若一副棋盘。屋顶的方形图案逐渐散落到立面，并开始跳跃，打破了以往厂房建筑的呆板。方形的办公楼、方形的庭院、方形的

江苏软件园

良渚玉鸟流苏商业步行街

北京奥林匹克公园下沉广场

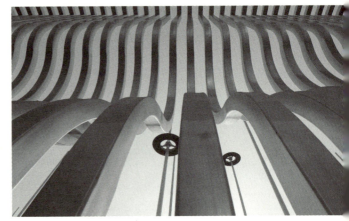

奥运树-广场信息柱

窗子和方格的屋顶构成了一个整体。

黄：我还是认为您在表象、表皮上做了不少的思考与尝试。在秦淮风情街中，为与场地发生关系，您把那里的民居聚落用抽象化的图案反映在墙面上；在杭州的西溪会馆中，您开始探讨表皮与空间的关系，形体挤压出的天井解决了采光通风的问题，被解放了的外墙用树枝状的图案来隐喻自然山水；而良渚玉鸟流苏的商业街，也是经由形体挤压创造出的一种形态，同时衍生出带状柱廊般的骑楼和街道。西溪湿地会所与玉鸟流苏似乎都在用整合碎片的手法。您怎么看这两个项目？

齐：你总盯着建筑的外表。秦淮风情街项目的灵魂不是那张皮，是规划。当时有个总规，街道是直直的，广场集中而庞大。我其实是在用房子挤压街道，制造建筑之间的张力和有意思的场景。这是个夜场，夜场有意思的地方是不断发生意外的故事。这里的街道忽窄忽宽，一会儿在地上，一会儿在空中，时而在建筑里，时而又转到建筑外。目的都是拨正反乱，把人弄晕。让人们在微醺的状态下摩肩擦背，巧结良缘，巧逢艳遇，簇生出拥挤的城市魅力。这是一种城市策略，是对任务的解答，而不是表皮这么简单的一件事。

　　玉鸟流苏是在做一条商业街。但我只负责街道的一侧，另一侧归张雷管。雷爷压根就不想做街道，或只想做他自己内部的街道。我的地块呈带状，非街不可。问题在于如何既顾及建筑的整体性，又反映不同商铺的个性。骑楼前的细柱在人视点上塑造了街道的整体感，而且上面可以随意悬挂广告。柱廊后面的房子在扭来扭去，其内部空间也各不相同，反映着每个商铺的个性。一条延续的屋脊，把扭动的房子们又串了起来，再一次建构了整体。这是城市的概念，有别于简单的单体建筑设计，或如你所说的表象、表皮设计。想着城市的事去解答具体问题，才能相对周全。

　　杭州西溪湿地的会所设计不需要跟别的建筑呼应，只要关注自然。我认为不应向自然方面去靠。因为再怎么靠，也做不过自然，而且是伪自然。所以，我干脆就坦荡做人，做人工，做几何。但几何形体被附上了光洁的表面，天空、绿植映到上面后被反射出来，被变形，被抽象化。随着季节或时辰的变化，建筑可以即时地与自然对话，有点像同声传译。人还在，自然也在。

黄：用镜面转换的手法很抽象，也很中国。从镜面中不仅可以看到自己，也能看到四周景物，而四周景物代表着现实，也代表着过去，好似把过去与现在融为一体，成为凝固

杭州西溪湿地会馆

的意象，就如同绵纸的迷蒙、铜镜的朦胧、玉的透与不透、书画中的淡与浓墨或线到点之间的层次。这种凝固体中产生的迷蒙反映出一种文化和这种文化的深度。这种由镜面表皮引发出的抽象意境是否是一种对中国性的表述？

齐：我没你想得那么多。如果这个项目中有什么中国韵味的话，也是从命题来的。确实，以前文人墨客们在这里盖过房子，留下了诗篇。为回应这段历史，西溪的一、二期建设中做了些复古建筑。我们参与的是西溪的第三期建设。我拒绝只想明清这段历史。第一次去看地时，我们看到的是成片的农民新村。杭州一带的农民房特有意思，用浅灰和深灰的瓷砖错落拼贴，构成一种发晕的图面。这里的人还喜欢用不锈钢做防盗网和护栏，特别是把房顶的天线兼避雷针做成一个闪闪发光的不锈钢球。

　　历史是一条长河，不应说只有明清那段历史有价值、要继承，农民新村就算了。我把历史给拍平了，让前后辈们平起平坐，具有相同的尊严与价值。接着再寻找他们的共性，以便踏着先辈们的足迹前进。不管明清文人还是当代农民，都用一些简单的几何体塑造房子，都是坡屋顶。单元在组合中的变化和错落，使群体变得丰富了。方案用一个12米×12米的方形作为基本单元，它还沿用了祖宗们喜欢的坡屋顶。单元在组合中发酵，产生了变化、混乱或自然。我也只设计了一个立面，上面全是洞。将这一基本立面用在方体的不同方位上。不需要开窗时，就把洞给堵上。

　　几何语言可以属于明清，也可以属于中华人民共和国；可以属于过去，也可以属于未来；可以属于中国，也可以属于世界。我并没刻意想中国这件事。但要说镜子，我印象特深的是阿姆斯特丹的河水。在水里，建筑变形了，树变形了，灯光变形了，人也变形了。我在用实在的物体构筑虚幻的影像，稍微脱离一点过于写实的现状。

黄：让我们回归建筑学，您有没有自己独到的设计思想或信仰？

齐：没有。设计理念是媒体关心的事，所以每个事务所都要给自己编个理念。让我一看，全对。只是有的偏重社会、政治或文化，有的偏重城市、空间或几何，有的偏重建造、技术或材料，有的偏重光，有的偏重色，有的偏重可持续发展，有的偏重服务，有的偏重人。你要把所有这些理念加在一起，就成了我的理念。

黄：那您的事务所的"个性"体现在哪儿呢？

齐：有些建筑师，比如安藤忠雄、弗兰克·盖里、扎哈·哈迪德等，有很强的个性。但我不想有什么东西能限制住我，想去哪儿就去哪儿。刚才你一不小心把让·努维尔搁到诺曼·福斯特那帮人里了。但实际上，让·努维尔是个总在变的建筑师，你想不到他下一步要干什么。我更倾向于这种做法。

黄：您在避免落入常态。但看您的作品，还是一眼就能认出这是您做的，您的效果图也很有特色，这也是一种风格。尽管您拒绝固定的风格，外人依然能感觉到您风格的存在，而且还很明显。

齐：趁你不注意，唐僧给你画了个圈：那是佛掌，那是你所处的社会、你的阅历和文化，你永远跳不出如来佛的掌心。

黄：这是一种没思想的思想？

齐：也许吧。

黄：不能开条自己的路么？

齐：我一直在走自己的路，每一步都是自己迈出的。只是我更愿意随缘，所谓见机行事，所以我并不知道以后会往哪儿走。让每一个项目的具体情况诱导出为其特制的、合宜的建筑。

黄：最后一个疑问——回顾历史时，人们会把某一时段的建筑分成若干流派，再让建筑师们对号入座。您不给自己订座，是否想让后来的评论家换一种方式来描述历史？

齐：恐怕很少有建筑师喜欢被人贴上标签。评论家和建筑师最好还是各行其是，各尽其职。

与一众建筑师合照　　　　　　　　　　　　　交流场景

获法国文学与艺术骑士勋章　　　　学术演讲

个人照

齐欣事务所环境

齐欣建筑设计咨询有限公司全体合影

朱小地
Zhu Xiaodi

北京市建筑设计研究院有限公司
董事长、总建筑师

访谈时间——
2011.10.12

代表作品——

"川"——山水楼台会所
"秀"——银泰中心南裙房屋顶花园
"旬"——旬会所
"池"——池会所
中国石油天然气集团公司总部大厦
奥林匹克中心区规划与设计

1964年出生于北京,1983年考入清华大学建筑系建筑学专业,1988年大学毕业后,在北京市建筑设计研究院工作至今,2000年入选国务院政府特殊津贴专家,2003年任北京市建筑设计研究院总建筑师、院长,2012年任北京市建筑设计研究院有限公司董事长,2012年兼任北京市建筑设计研究院有限公司党委书记。2013年任全国首批"国家级工程实践教育中心"(北京市建筑设计研究院有限公司与清华大学建筑学院共建)联合主任,2013年被清华大学建筑学院聘为教授,现为BIAD艺术中心主持建筑师。

印象

朱小地是北京市建筑设计研究院院长、总建筑师，他一直致力于推动建筑设计院的改革，使之从传统的事业单位走向市场化发展的道路。同时他也坚持建筑创作，不断地通过建筑实践表达自己对世界与人生的领悟。

在20世纪90年代初期，朱小地经历了当时下南方的建设大潮，他在海南分院期间参与了一些项目，其中代表作品就是海口寰岛泰得大酒店。这个项目在满足酒店基本功能需求的基础上，空间设计试图营造出一种热带的度假氛围，因此，"氛围"开始成为朱小地设计思考和系列作品的一项重要特征。

"氛围"——是一种空间气氛与情调的营造。在北京银泰中心顶层的"秀"吧与"旬"会所这两个项目中，朱小地运用了水、树木、植栽、音乐、灯光，试图塑造出时尚、休闲、轻松的氛围及中国特色的意境，企图将深远的中国文化体现在现代空间之中，让人的视觉与感受进入一场仪式化的过程，用氛围去影响人的行为与观感，这两个项目又因各自所处的环境与条件，而有不同的设计表述："秀"吧，朱小地运用传统序列的布局，将建筑处于"一进一落"、"一虚一实"的状态，并将宋式屋顶置于房子之上，让传统宅第于现代再现后，试图创造出在现代时尚情调下带点中国古典的形态与氛围；"旬"会所，朱小地用水、植物与步道隔开建筑内外的关系，用墙与廊组合起来的片段，将人的视觉与动作处于"一转一折"、"一停一留"的过程，创造出一种转折或是端景式的路径，设定许多抽象性的隐喻，把传统的游园移动过程表达出来，从旧与新的融合中塑造出现代时尚的氛围。

朱小地常用的设计概念是"散点"。"散点"是编辑"层次"的概念，企图破除室内室外之分，反复寻找转向的可能性，并落实于建筑的各个角落来对应"层次"的关系，注重整理后的取舍。因此，朱小地常将项目中各种大小物件散点布置于场地中，用散点去打破整体，使建筑没有内外之分，空间挣脱束缚，介于退隐与自由之间，而散点设计出来的心灵轨迹，是他想让人来行走并体验着，所以朱小地并不会刻意去追求形式的夸张，在该有的语言下，能让建筑尽量表达出一种精简、沉寂与宁静。

在编辑"层次"的概念基础上，"层"论成为朱小地日后研究的课题，也成为他实践和评论的重要依据。由于建筑越来越依靠工业化生产，由品种繁多的材料构筑起来，并以类似的形式在城市中形成聚集，导致建筑形式限定的"内"与"外"已难界定。因此，朱小地认为在建筑密集的城市中，被"多重层状界面"划分构成的空间已逐渐成为人们感知城市的基本印象，所以必须建立与之相适应的理论体系才能正确地开展设计与评论。

除了"层"论的钻研，朱小地的设计也常出现"传统"与"现代"的冲突与融合，而时间成了冲突与融合的制造点，因此把时间轴作为设计的主线，是另一个关注朱小地设计的重点。他用轻松与简单的方法创造出"停留"的意义，让新、旧元素在时间轴上找到重新集合的机会，这样就既冲突又融合。而如何寻找重新集合的机会有几个明确的特征：首先是"方位"，包括轴线对位、左右对称，是中国传统建筑空间营造的根本，如"秀"吧的传统序列的布局；然后是"院落"，是中国传统建筑的精髓所在，体现人与建筑的一种从低到高的对应关系，使人意识到处于一个什么样的关系与位置之中，如哈德门饭店中的立体四合院、中石油大厦中几个框构成的立体的院；最后是"层次"，建立在庭院与建筑之间多重的空间演绎，是中国传统建筑的意境，如"旬"会所的传统游园过程的演绎。

可以这样看朱小地的设计思想与作品，他是站在传统建筑文化的角度，期望通过现代的方式将传统建筑文化的价值表现出来，这不是复古，而是一种新的尝试与诠释，对应的是"传统如何走向现代"的历史命题。另外，他又把建筑定位在城市空间尺度的出发点上，找到适宜人的尺度与环境，然后再从环境的角度切入设计，运用研究成果与手法处理空间，最后塑造出一个场景与氛围，让人们从中去感受，这才是他理解的建筑设计。

访谈

采访者
黄元炤

受访者
朱小地

时间
2011.10.12

地点
北京市建筑设计研究院有限公司

黄：朱院长您好。就我的了解，您小时候画画的功力就很好，那是曾经正统学习过，还是您个人对画画比较感兴趣？画画的这个兴趣是否是影响您后来读建筑学专业的原因？谈谈您的成长背景及与您后来选读建筑学是否有关系？

朱：我出生在一个教师家庭，父母都是北京师范大学毕业的中学教师。我们家还是比较幸运的，父母亲没有被分配到祖国各地，而是分别到了北京的两个郊区县中学工作，后来父亲又从房山县（今房山区）调到了母亲工作的昌平县（今昌平区）。我是在昌平镇出生的，那里是昌平县政府所在地。前几年由于工作的机会，接触到房山区的领导，打听了一下原来父亲工作过的河南中学（创建于1954年，1955年命名为北京市第69中学，1958年改名为河南中学），得知那所中学还在，本想找机会带上父母走一趟，再去看看河南中学的模样，可工作一忙，这件事也就放下了。

　　因为我父母亲都是中学老师，又是在一个地方工作，因此虽然那时的昌平县属于北京的郊区县，相对于城区来说较为落后，但我小时候接触到的长辈们多是一些从全国各地、特别是江浙地区分配来昌平工作的教

照片拍摄于48年前，照片中有父母、外婆和母亲的奶奶，还有两个姐姐，最小的是我。父母1958年毕业于北京师范大学生物系，分配到北京郊区不同的区县做中学教师，最终两个人调整到母亲工作的昌平县。我是在昌平县医院出生的，日期是1964年5月25日傍晚9时，懂易经的朋友可以给我算算。据母亲讲，我生下来的时候体重8斤，应该是挺壮实的，可不知为何，没多久就一直闹病，身体很单薄。从照片中可以看到后面租住的是昌平镇二街一户朱姓农民家的住房。

1969年的冬天,我家从东关一户农民家终于搬入了房管局管理的居民房,位于昌平镇西大街91号,是一个大院的临街的两间房。原来的房子应该属于一个大财主,这两间房应该是他家做买卖的门面房。但是现在用作居住之需的话,临街的门窗接不适宜了,在我们迁入的时候,已经在原来的窗台之上砌筑了一节砖墙,从地面算起应该有一人高。我记得很清楚,也许屋内的地面原来的地砖被人启走,留下了湿漉漉的土地面,高低不平,现在的人已经很难想象,居住在这样的房间内,如何清洁卫生。原来的西大街91号应该就在这两栋建筑之间的位置。

1972年的冬天,我上学了。小学是昌平县八街小学。所谓的八街小学,就是八街大队办的学校。校舍是原来的两个地主大院,分别在一条胡同的两侧。我那时候个子很小,上学的第一天,我背着小书包躲在地主家四合院门楼正对的影壁旁,看着陌生的环境。一上学,班主任老师就惊讶于我的字写得非常好,以至于后来,到学校观摩教学的其他学校的老师将我的作业本每本撕下一页,回去做样板。

很可惜的是,我小时候生活的地方如今早已变了模样,当我有意识想去拍照做个留念时,就连我自己都很难确定原来老房子的位置了。照片上这片平房的位置应该是昌平八街小学的校址。

小学三年级在家门口留影

师、医生、工程师等，所以昌平县还算是一个有文化的环境。

1969年的冬天，我5岁的时候，我们家从租用的东关一户农民房中搬到了昌平镇西大街91号的房子里，这是个南北两间的老房子，应该是一组铺面房，与后面的两进院子共同组成一大套四合院。这应该是过去昌平县有钱人家的房子，不知什么时候变成了昌平县房管局拥有的公房。前些年我回昌平，本想再去西大街看看那所老房子，遗憾的是那里完全改变了模样，平房全拆了，建起了几层高的新建筑，以至于不能找到当时房子的位置。

至于画画的兴趣，我记得小时候有一天晚上，看到父亲的一个本子上用铅笔画的一只暖水瓶的素描稿，当时就非常喜欢，赶紧照着画了一幅。可能是画得还比较好，父母发现我有一点这方面的爱好或天赋，就请了我父母的一位好朋友，美术教师——米志寰先生（当年昌平书法家协会发起人之一）教我画画，他应该是我的第一位美术启蒙老师吧。后来我还向另一位美术教师——张有为先生（当年昌平师范学校美术教师）学习过绘画。但说实话，我学习绘画也是断断续续，并没有认真刻苦或拜过哪位老师系统地学习过。同时我还跟着父亲学习过书法，自己也琢磨着练习篆刻，也多是三天打鱼两天晒网。等我上了小学，由于自己有一点美术功底，所以派上了用场。比如班上要出板报，需要写也需要画。从小学直至高中我好像一直在负责班里的板报工作，这给了我很多锻炼的机会。我的毛笔字写得还不错，谈不上什么书法，就是那时候打下的基础，现在有时还练一练。

到了要报考大学专业的时候，我仍然感到很困惑，也不知学什么专业好。就因为自己在美术方面还有点优势吧，听说报考建筑系需要加试美术，估计可能是合适的方向，就申报了建筑系。

黄：当时是工民建专业吗？

朱：不是工民建专业，而是建筑学专业。因为要学建筑，就报考建筑学专业，但是还不清楚建筑系的毕业生未来要做一名建筑师，我当时还不知道有建筑师这个职业。

我从昌平一中考上师大附中时，学制刚好从两年改为三年，所有北京学习比较好的学生，都集中在三年制的高中里，我这一届的同学，有不少人考上了清华大学和北京大学。当时我填写了清华大学建筑系建筑学专业的志愿。

黄：能谈谈您中学时办板报的情形吗？

朱：读高中时，我们班的板报就在教师南侧的走廊墙面上，同学们在课间都可以围着板报调侃几句。所以，办好板报还是要花一些工夫的。比如今晚有中国队参加的足球比赛，如果中国队赢了，通常当晚就要将板报内容重新换过，出一版号外，告知大家足球比赛的信息，并表示祝贺。当时我住校，平常也没什么事，办板报也成了我业余生活的一部分。

黄：中学时，您就非常的活跃。

朱：是挺活跃的。

　　回过头来说，我小时候是很认真、严格地要求自己的。在初中时，我的五门课考试总成绩都接近于满分，有一次得了500分。我虽然是家里最小的孩子，但很要强，也愿意把事情做好。

黄：我感觉您从小就很要求自己，而且对自己期望很高。您家里有几个小孩？另外，在那个年代里，您对于所谓"建筑"的理解是什么？谈谈您的一些事件是否与"建筑"有所关联？

朱：我们家里面有三个小孩，我有两个姐姐。

　　在初中时，自己曾经学着做过书架，盖过鸡窝，做过衣服，修理自行车。所以现在回想起来，小时候对材料的性能与制作方法的一种直接的体验，也成了我后来对建筑构造和材料特性的基本的认知经验。

　　后来，我也曾当过小工，堆过沙子与砖瓦，帮人家盖过房子。我同学家里要盖房子，也找我去帮忙。从中我学习到一些建造的基本方法，了解材料的尺寸、截面尺寸等。所以我对结构与材料是很感兴趣的。

　　上大学时，清华大学建筑系基础教育的训练是很严格的。一开始就训练学生的基本功，画线条、画渲染、画素描、画水彩。我在基本功训练的部分，还是下了很大工夫的。

　　工作了以后，现在我也还在画画，有时也跟孩子一起去画水彩。空余时间自己也关在家里，练练书法，随着年龄的增大，我更加觉得书法之中蕴藏的艺术魅力正在越来越强烈地吸引着我。

黄：听您这样说来，您在小时候似乎就对所谓"建筑"的行为、材料与方法感兴趣，这样的兴趣使然似乎是自然而然形成的。

朱：对，而真正慢慢理解建筑是什么，是在上大学以后，后来是真正喜欢上这个行业了。

所以，读建筑学对我来讲是一个正确的选择，或者说我还是非常幸运的。可以让我通过建筑学的学习拓宽自己的知识结构宽度，进而关注到社会的层面。我喜欢从社会学的角度，研究建筑及其背后隐藏的东西，进行深度的思考，这也促进了我对建筑相关的艺术门类产生兴趣。

黄：那上大学时，您对"建筑"就有了一种对未来性的追求吗，或者是现在对"建筑"仍然有着一种追求？

朱：我很清楚我自己，我确实对建筑有一种执着的追求，而这种执着地追求和自己的价值观、正义感与责任感是紧密结合在一起，这一点是我以前没有注意到的。随着年龄的增长，这一点越发显得突出。实际上就是对建筑怀有一种奉献牺牲的精神，有一种专注、执着的追求。

为什么会有这样的执着呢？其实是反映一个真实的我，就是我的态度始终是真诚的，不管是对一件事、一个学科或对自己从事的业务，我都用一种真诚的态度去面对。我觉得这也是一种艺术的天赋，就是说一位艺术家，不仅仅只是展现他的才艺与技能，他也对任何事情都有着一份执着的追求，愿意表达出真实的一面，而不是加以掩饰或者面面俱到。所以我很愿意用真诚的态度去对待每一件事。

但是，我越是有一种执着的追求，而且这种执着的程度越来越大时，实际上，我所受到的打击就越重，自己得去承担这一切。但是我的思考、思想与行动的程度还很年轻，也还在努力地追求着。

黄：通常高校的建筑学教育，在低年级时注重基本功与设计创作的训练与思考，到了高年级时，就注重专业课程与建筑设计的培养。想请您谈谈清华大学的建筑学教育对您产生了什么样影响？

朱：在清华大学建筑系读书时，我当了五年的学习委员，负责督促同学交作业、交学费和书本费，协助老师安排不同的学生小组。在大学五年里，我的学习成绩还不错。2011

> 1976年冬天我上初中了,学校是昌平县第一中学,在昌平县城的东北角,原来是建于明代的关帝庙所在。现在在昌平一中的校园里还保留了几栋建于明、清两代的古建筑,上学时我们曾在这里上室内的体育课,我记得原来的空间好大,可后来我再去考察时,已经完全改变了旧时的尺度印象。入学后第一次期中考试,我的成绩就在全年级第一,学校的广播喇叭里学校校长提到了我的名字。此后,我在期末考试时曾考出五门功课500分的记录。

初中参加物理夏令营

1983年初中升学考试，已经有了政策学校，可以在全北京市招生，我考入了位于宣武区（今西城区）和平门外的北京师大附中。每个班都有几名远郊区县来的同学，也包括我，因此必须住校。我们的宿舍就在学校的正对面，我住在三楼的一间朝向学校的房间，同宿舍还有其他五位同年级各班的同学。我记得我们班的同学有：赵杰，后来考上了清华大学计算机系；叶以民，后来考上了北京大学计算机系。

高中三年是在辛苦读书的过程中度过的，以至于基本上没有什么业余活动。在考完大学之后，学校组织我们到刚刚开放不久的北京旅游景区——十渡活动了一次，在那次活动中我们照了一些合影。这要感谢班主任胡永生老师，他的照相技术很好，而且所有照片都是他自己亲自冲洗的。

高中毕业时与同学到十渡旅游

高中时的宿舍现在已经改成了餐馆和旅店

年4月底是清华大学建校100周年，也是我毕业离开学校22周年，我应邀回母校，无意中在建筑学院的走廊里看到墙面上还悬挂着我在校期间完成的一项设计作业的图纸，作为向学生展示的范例。但是客观地讲，那时我对建筑的理解还很模糊。

所以到了毕业时，准备要进入社会，我就有一点茫然了。虽然接受了几年建筑学教育的培养，但是真正要做设计时，好像也还不太清楚该如何去做、从哪里开始，或者不知道怎么样才能把设计做好，自己缺乏必要的观点和评判标准。从这一点看，我觉得当时的学校教育是相对落后的，学生所能受到的启发太少了。但不管怎样，我算是毕业了。

黄：清华大学建筑系的老师都非常的优秀，学术涵养与造诣极高，包括吴良镛、关肇邺、陈志华、汪坦、汪国瑜、李道增、吕俊华、单德启、冯钟平、栗德祥等老师。能谈谈当时哪些老师教过您，对您影响最大？老师的教导给了您什么样的收获，是否对您日后的建筑创作产生影响？

朱：王炜钰、单德启、冯钟平、栗德祥等老师都曾教过我。关先生（关肇邺）没有直接教过我，但做图书馆设计作业时，他教过我们班的其他同学。汪先生（汪坦）只给我们上了一次大课。总体来说，教过我的这些老师，大部分是梁先生（梁思成）的弟子，都是早期清华大学毕业后留校任教的老师。通过观察他们讲课与判定成绩的导向，我认为学校的教育还是比较固定与僵化的，关注建筑形式可能会多一些。

上大学时，国门渐开，大量的信息从国外涌入，学生们都想去欧美国家留学。所以那一阵子受国外的影响挺重的，这是在20世纪的80年代后几年的现实情况，也形成了我们班里将近一半的同学毕业后选择出国的原因。当时，老师们有机会出国看看，回国后便拿一些带回来的国外建筑杂志、胶片与幻灯片，简单地放给学生看。所以我们得到的信息都是被炒热的或者被过滤的。一方面是我们了解到大师的作品是很有限的，即使了解，也是停留在建筑的形式部分；另一方面我们学习的是一些传统的技法（画线条、画渲染、画素描、画水彩），对现代材料与构造知之甚少。

那时自己对设计有所追求，但也是很模糊的或者是找不着路数，要建立自己所谓的评价体系、标准与方向都很难。所以那时我不管在学校后期帮老师做点设计，还是后来到了工作岗位做设计，还都处在一个尝试的阶段，抄袭的痕迹比较明显，而自我创造的设计，那时或许还不是很成熟。

实际上，我觉得我们这一代人，不管是在国内还是国外，必须真正熬到20世纪90

年代末期的时候，才会在工作上有一定的成绩，或者是逐渐定型，而有了自信心。所以在创作方法、设计理念与设计手法等层面上，我是经过了一段很长时间的摸索与沉淀。

黄：好，你们这一代的建筑师，不管是在设计机构、教学单位、房地产、政府管理、研机构等，包括您，现在很多都在社会上有着相当的名声与地位，您觉得你们这一代的建筑师有什么样的社会与历史责任？您怎么来看待自己在建筑领域内的影响力？

朱：我是1983年入学，1988年毕业，我觉得从我们这一届开始应该是一批"承上启下"的学生群。前面几届属于较传统的一代，为人处世比较保守，受过去的教育影响更重一些，他们大多是"文革"恢复高考以后的学生，有些人有过一定的工作与社会经验。而我是"文革"后那一年上的初中，后来生活条件很快就改善了，社会的开放程度也有很大变化，新的思想、新的观念逐渐被年轻人所接受。因此，从我们这届学生开始，应该说是真正比较完整地生活在改革开放之后的年轻人。虽然是这样，但是从父辈那里继承下来的中华民族的优良传统还是根深蒂固的，因而也是最痛苦的一代。

　　为什么说痛苦呢？因为就是两个字——认真，将认真变成一种天性。我是被训练出来的，又是一个闲不住的人。我工作于北京院（北京市建筑设计研究院），一干就是二十多年，每天基本上都是忙于工作，休假对我来说简直是梦想，即或能够休假几天，要么是被手机、电话吵得不行，要么回来后同样的工作等着你去干，我已经明白了自己一生的宿命——除非学会放弃，重新开始。时至今日，我仍然没有找到一个真正的归宿，实际上是有点孤独的感觉。以这样的状态前行，我不知道走到哪一天是一站，不知道尽头是哪里。

黄：您的这种孤独感，是不是也是因为您正处于一个世代衔接的中间状态而产生的？

朱：对，我的价值观是很矛盾的，生活正在发生变化。然而工作一忙起来，却又失去很多改变的机会。痛苦包括两个方面：一方面是面对前辈、旁人，包括我父母亲那一代的人，我似乎仍然肩负着解放全人类的一种责任感；另一方面又看到社会在变化，我的价值观已经跟现在年轻人的价值观有了一定的距离。所以确实我有一种孤独感，是正处于一个世代衔接与过渡的中间状态。

1988年，我考入了清华大学建筑系，住2号楼2031房间，转角处的那个房间。当时低班上课在焊接馆，高班上课在主楼的8、9、10层。大学的生活还是丰富多了，每天都要去跑步锻炼，我常去的地方就是圆明园，当时圆明园没有围墙，谁都可以随意进出，确实是一处废墟公园。周末也有同学自发组织些郊游活动，拍了照片之后可以自己冲洗，当然都是黑白胶片。学院有自己的冲印室，可以租借，管冲印室的同学是高班的马明坚，后来他毕业后也分配到北京市建筑设计研究院工作，而且与我在同一个设计所。

大学期间与同学在香山公园的合影

黄：1988年，您从清华大学建筑系毕业后，放弃留校与执教，也放弃出国留学，选择留在国内发展，转而分配进入北京院工作，能说下当时为何会这样选择？时代背景的原因，还是个人的因素？

朱：客观讲，改革开放后的政策，我这一代的人都赶上了。比如读初中时，冬季入学改成夏季入学，我多读了半年，也就是初中读了三年半；高中时，两年制改为三年制，我又多读了一年；大学时，我读了五年制的建筑学，比起一般的大学本科学制又多读了一年。大学快毕业的时候，已经打算去工作了。清华当时正好提出了保留研究生资格，先到社会上工作2-5年后，再回来读研。所以，当时我就决定保留研究生的资格，去工作了。当时也是考虑既然是要回学校读研的，只是到工作岗位锻炼一下，也就选择到大设计院去了。

黄：那之后有回清华大学继续读书吗？

朱：没有，设计院会有各种办法把我留下来，因为当时的环境大家都知道，学生一旦回学校后，也就要重新更换新的工作单位了，回原单位的机会是很渺茫的。后来我走上领导岗位，就完全走不了，一直在设计院工作到现在。

黄：好。北京院原是1949年成立的北京市公营永茂建筑公司，当时是由地方筹建的公私合营建筑公司，后改名为北京市规划管理局设计院，后又改名为北京市建筑设计研究院。所以北京院有它的一个历史演变过程，从公私合营的大建筑公司转变为公有制的大设计院，对这一过程您有什么看法？就我的了解，您进入北京院时，有一位清华大学的学长朱先生（朱嘉禄），您曾跟着他完成不少设计任务，想必朱先生对您影响很大？

朱：提到北京院历史，我的体会是，北京院真的不像纯的国营企业或科研单位，它是从民营事务所，然后公私合营，最后转变为国营设计院的。新中国成立以前从事建筑设计行业的人，社会各基层、各种文化背景都有，当设计院一成立，集合了当时权威的老一辈建筑大师们，形成这样一个设计单位。所以北京院是包容了社会各个层面、文化背景、知识结构人员的机构，当时有一种"百家齐放"的状态与氛围，现在也是，这是我对北京院的看法。

20世纪80年代，"后现代主义"建筑思潮来到中国。在我大三时就开始接触到所谓的"后现代主义"的设计与思潮，关于乡土建筑、艺术与文化方面的事。毕业后，我经过考试进入北京院，是考的快题。清华大学建筑系快题设计的工夫是通过在图纸上的炭笔画来表达设计的，而当时快题考的是徐悲鸿纪念馆的设计，在设计时我在纪念馆后面设计了两个亭子，一个是中国的四角亭，一个是西方的柱石亭，最后我得了第一名。然后，当时的熊院长（熊明）看了我的设计，他很喜欢，就把我安排给朱先生，所以我一毕业就跟着朱先生学习。

当时有一个现象，就是"文革"前毕业的那一代人，比如我清华的学长朱先生等人，从20世纪80年代开始，他们的创作欲望是被激发出来。仔细分析他们的背景，几乎都是清华大学建筑系毕业的，抱负也很大，属于知识分子，平常看看书，但一毕业就赶上"文革"10年，没有设计可以做，改革开放后一下子解放了，创作机会变得很多。有一个现象就是他们原来在学校设计的是别墅、小商亭、小幼儿园，忽然间有创作机会后，建设量也变大了，从原本设计小商亭变成设计大商场，项目从原本两三层的小办公楼变成二三十层的大办公楼，创作欲望也跟着被激发出来，我也就跟着他们做设计。当时人民大学对面的当代商城项目，就是我跟着朱先生一起设计的，那是一个以追求造型为主的设计。

然后，那时大环境下，评判建筑的标准包括两个方面：一个是要高低错落、错落有致；一个是要明暗对比、对比强烈。所以，可知当时对应建筑设计任务的是一种"形式"——是一种由大脑主管的思考模式，有很多非建筑的语言引入到建筑活动中来，使得出现很多造型夸张的建筑。

黄：我观察你们"这一代"或者"上一代"建筑师，高校毕业后进入北京院工作的，清华大学占绝大多数，有之前的三任院长，57届建筑的熊明、62届建筑的吴观张与62届暖通的吴德绳；有首席总建筑师，62届建筑的何玉如；有总工程师，62届暖通吴德绳（兼）；有工程院院士，65届建筑的马国馨。而熊明、刘力、何玉如、柴裴义、马国馨皆是当时的全国建筑大师，且都属于"上一代"建筑师。而您是北京院现任的院长兼总建筑师，是清华88届毕业的。除您之外，现今北京院也有很多清华大学毕业的建筑师，所以，这似乎说明了清华大学建筑系为北京院培养了不少骨干型的人才，您怎么看待北京院与清华大学之间的关系？

朱：北京院最早的清华大学毕业生是张先生（张德沛），是1946年抗战结束后，清华建筑

肉大厦

系招的第一届学生，于1950年毕业（50届）。而清华大学建筑学院退休老教授朱先生（朱自煊）是张先生的同班同学，皆师从梁先生（梁思成）与林先生（林徽因），他们有一个共同的称号——"老玄武"。张先生后来毕业后分配到中直修（中共中央直属修建办事处）工作，1953年调北京市建筑设计院，1957年下放支援水利建设，1960年又回院工作至今。据说民国时期，张先生在重庆应招加入飞虎队，他的英文很好，所以担任翻译工作。

　　从张先生开始，院里逐渐有了熊明、吴关张、朱嘉禄、刘力、马国馨、何玉如、柴裴义等人，都是清华大学毕业后进北京院的学生，可以看得出清华大学的人才优势，学生来源比较优秀，培养的师资力量也比较强。后来，也因此在院里面形成一个"清华帮"的说法，但我不承认、也不认可所谓"清华帮"的说法，这些清华大学的毕业生在实践部分有的偏学术方面、有的偏实践方面、有的偏管理方面，彼此之间的成见和矛盾有时比起与其他大学毕业的人来说可能还要厉害得多，怎么会有什么"清华帮"之说呢？

黄：谈谈您进北京院后，去海南分院之前的工作情形与状态？

朱：刚到北京院工作的时候，条件比较差，我都是自己在摸索。画透视图，没有尺子，有了尺子也不好使用，太软，画透视图都不行。特别是一些较大图幅的效果图，我只好用绳子来求透视线。那时我的老师朱先生（朱嘉禄）正在设计北京西客站方案，与马先生（马国馨）分别组织设计团队进行竞赛。他设计的方案在车站建筑的两端有很复杂的体型，要我画一张效果图，图纸直接裱在一张1.2米×2.4米的三合板上，我就在上面画水粉，画了好长一段时间终于完成了。后来就到海南工作了。

黄：您进北京院两年后，就被派往海南分院工作，当时去的动机是什么？刚去时，是不是有着想一展抱负的想法？能谈谈当时海南的建设市场吗？

朱：1988年海南建省，1989年北京院在海南设点，后来陆续有人过去工作。那时在北京的年轻人挣的钱不是很多，所以到外地去锻炼是有一定吸引力的，对我也是。还有一段插曲，当时我决定去的时候，熊院长（熊明）很不高兴，不想让我去，因为他一直将我视为他的学生，我那时不懂事，觉得自己想去就去吧，没有多想什么。我记得有一天熊院长亲自来到我们第一设计所办公室外边的休息区找我谈这件事，他问我为什么要去，我解释了一番，没有什么结果，最后我还是去了。这件事我后来每每回想起来，总觉得做得不妥，心里很是内疚，觉得我应该在做决定之前与熊明和朱嘉禄两位先生商量一下，多听听他们的意见再定。这件事使我对老一辈知识分子给予人才的无私爱护理解至深，现在我也同样对设计院或同行中的青年才俊尽可能地给予关注，这不是简单地源于我自己，也是一种榜样的力量。

在海南时，我独立工作，得到了很大的锻炼并打下了坚实的基础，对能力的提高有很大的帮助。但是在海南工作的四年，也有一些问题，就是在生活中只有工作，没有别的事可以做，更没有机会去与别人交流或者看看展览，到海南就是努力工作。那时项目设计，还是以满足甲方为主，不知道自己是一个建筑师，还是一个画图匠？

在海南分院的第一年，我画了一年的效果图，当时因为已经有好几个建筑师在做方案，我就只能帮忙完善方案、画效果图，一个项目的机会都没有。到了第二年，突然分院的项目多了，而其他建筑师都在忙自己的项目，所以我就有机会主导一个项目了，这就是我主持的第一个大型公共建筑——海南寰岛（泰德）大酒店。

那时海南分院的年轻人很多。第一年，过春节前，没有人愿意留下来值班，当时我表示愿意留下，于是与夫人一起就留守在海南分院过春节。过春节时，海南的街上，几乎没有什么人，很凄凉，我记得白菜4块钱一斤，这样的价钱在当时相当贵的了。到了第二年春节前，还是没有别人愿意留下来值班，我又表示愿意留下来值班。到了第三年，当时的海南分院副院长要退休，领导要决定接任人选，于是就让我担任了海南分院副院长的职务，这是1993年的事。到了1994年，我就被调回北京。回来以后不到一年，1995年第一设计所的副所长要退休，我又接任了副所长的职务，后于1997年又接了正所长的职务。到了2000年，设计院一名副院长要退休，我又担任了副院长的职务。2002年，老院长退休了，我又接了院长的职务。2006年，老书记要退休，我又接任党委书记的职务。

黄：您从海南调回北京后，陆续接任副所长、正所长、副院长，最后接任院长，这一路以来经历了许多年的实践与积淀。您既是大院院长，又是当代著名建筑师，这两者之间的角色与定位，要怎么拿捏？您自己有什么样的看法？

朱：进入北京院工作，我一点也没有后悔。从院长的角度来讲，我肯定为工作付出了很多，但是从建筑师的角度来讲，建筑师确实需要一个更综合的眼光来看待建筑的问题，只是停留在专业的层面，我觉得都很难真正理解建筑。而建筑师的专业学识，在毕业后基本上都有了一定的标准，若想要逐渐成熟，一定还要有更宽广的视野与知识的积累，甚至包括"否定自己"的能力和经验。建筑师有时候自己看不出来自己有什么问题，往往认为自己是最好的。所以，"否定自己"——就能看得出来自己的问题是什么。做设计院的院长，让我有机会看到更多，有勇气挑战自我。

黄：海口寰岛（泰德）大酒店是您在海南时期的代表性作品。这个项目给我两个印象：一个是您对自然有所设计，充分体现海南地区偏向于热带的特色，而似乎从这个项目开始，您将植物运用到建筑之中，另一个是在建筑形体上，您设计了一个高达27米的四棱锥网架结构大堂，给室内提供充足的光线与亮度。而直指蓝天的三角塔形尖顶，像是西方古典教堂钟楼或是中国古典塔楼的感觉，带有点抽象化的符号象征意义，能谈谈这个项目吗？

朱：对于自己的设计，我有这样的感觉，建筑建成后，很少有摄影师能将房子的实地感受表达出来。我想原因主要在于：我的设计希望环境能跟人结合，而不是将建筑和人对立起来。我希望营造一个场所、一种氛围，把人放到那个场所和氛围中去，并让身在其中的人们体验和感受。我认为在建筑设计中，建筑师并非主角，相反，身在其中的观者、使用者才是重要的，只有你设计的建筑与环境影响到人，使人产生感受，人才能注意到建筑设计的初衷，才能形成真正的对话关系。

　　基于此，我的设计有时候会让人感到有点"碎"，我擅长从某一点开始，追求某一种氛围，并让其充斥在环境中。相反，我不太习惯于西方建筑师的设计方式，比如盖里、扎哈的设计，或者我还没有掌握那么一种能力，那种无中生有、通过简单的塑形去影响别人的能力。我做酒吧这类房子，还有点路子，也比较在行；要让我做那种很夸张的体型，并强迫用材料去表达这样的造型，我找不到感觉。

黄：您说到弗兰克·盖里（Frank Owen Gehry）与扎哈·哈迪德（Zaha Hadid）的设计，夸张的体型，通常属于个性化的那种。我想，这种对于设计的掌握与无法掌握，放在现实层面上，很难有定论。

朱：设计上个性化的东西，可能跟每个建筑师个人的价值观有关。我从小在一种正统的教育中成长，中学里是第一批团员、大学中做班级的学习委员，集体观念在这样的成长过程中变得根深蒂固，擅长并习惯于以一种群体意识来处理问题。我发现用这种方

海南博鳌金海岸大酒店

式，很容易跟我的客户以及周围人建立一个比较好的社会关系，这也可能是我的一个优势。

黄： 您刚提到希望有个场所，去营造一个氛围，让别人去感受，没错，据我观察您的作品，确实有要塑造一个氛围。比如说寰岛（泰得）大酒店，您企图塑造一种热带的氛围，这是一种空间氛围的设计倾向。比如说银泰中心顶层的"秀"吧也有点类似，有清浅的水池、有树、有植物、有音乐、有暖黄的光与间接的藏光，也是要塑造一种时尚、休闲、轻松的氛围。所以，氛围是您设计中的重点，但"秀"吧的平面布局还是从功能考虑的，带有点中国传统序列空间的轴线布局与方法。而当看到"秀"吧的宋式大屋顶后，中国古典的氛围又油然而生，仿佛是传统官方宅第或乡绅员外宅第的现代再现，加上情调空间氛围，您似乎想在传统建筑形态中体现现代时尚的氛围，这部分您的看法如何？

朱： 我这些年的建筑设计中，对几个方面的问题做了研究。

一是城市空间的研究。城市不是一个简单的专业。城市的比较研究、城市经验的获取，这是我对城市研究的部分内容。其中，动态规划强调的是公共利益，对应的是公共空间，公共空间具化为一个自由开放的步行系统。对这方面，我做了新的理论阐述。

二是传统建筑空间的研究。我对传统空间有几点理解：首先是方位感。中国传统建筑的特点是建筑与礼制结合在一起，中西方建筑在这一点上有明显的分别。中国建筑空间强调方位感，有中轴线、左右对称，由此产生的层次、层级，并建立一种从低到高的对应关系。人一旦进入这个建筑空间中，会立刻意识到自己的位置，意识到自己在这个建筑里处于怎样的关系中。方位感是中国建筑的一个特点，这个特点在西方建筑中很难找到。因此我特别喜欢用一些轴线关系，用一些明确的空间提示。此外，在我的建筑设计中希望达到的程度是没有室内和室外之分。我习惯于从环境的角度和尺度切入设计，先思考院落格局，然后是建筑，然后要跟室内空间发生关系；我所理解的建筑，是通过多重的空间关系，从室外到室内不断演进的过程。于是必须先注重环境，特别是院落的关系，注重"院"在建筑中的位置。

三是建筑空间层次的研究。空间的层次、递进、反复演进的过程，与我提出的"层的编辑"的设计方法完全对应。你所提到的"氛围"，实际上是一种场景感。好的建筑是可以对人产生影响的，那身在其中的人如何被影响了呢？我的方法是利用

"层"。什么是"层"？比如一个建筑立面，可以分成若干层，每一层可能是同一种材质，也可能是不同的材质，并且形成一定的分隔比例，这种层次可以达到一定的秩序感。一个立面我们可以这样来理解，相对的，一个空间也如此。人在现代建筑中的感受是什么，我的理解，就是穿越层次的过程，以及所得到的感受。你不要把现代建筑理解成为一个"房子"，"房子"只是工程师和施工人员围起来的东西。你要体会在一层层的过渡中穿越的感觉，这种体验是一个不断向前的过程，与现代人的生活一致。而建筑师追求的目标是什么呢？就是人在空间中停留的意义。不是简单的留点沙发家具，而是要启发人的联想、感受和思想，他的思想或心灵要跟建筑空间有所对话。这样的对话关系，就是"氛围"。从我个人的创作体验来看，这种"氛围"的塑造，不是一件事重复了很多次，而是散点的。

黄：您说到的散点，我有注意到，您都用一些比较零碎的物件去构成所谓的场所与氛围。

朱：这就是设计需要考虑的东西，能不能将零碎的物件整理起来，让别人进入建筑的时候，也能够按照你的心灵轨迹来体验；而不是仅仅将建筑方法、形式的东西搞得很纯粹。我觉得这种"散点"的概念，这种相互搭配的影响关系，是很有价值的，也是我在设计中经常使用的。尽管最终实现的建筑还不多，建筑设计中也使用了其他的处理方法，什么扭转、叠加、材料的相互对比等等，但在这些实现的作品中若能达到这种效果，都还是有这种关系的存在。

建筑师在这里要习惯于编辑这个"层次"，不同的方向与角度该如何考虑，如何反复寻找转向的可能性来对应"层"的关系。这种设计是要慢慢进行的、一点点体验的，因此非常消耗精力，它没有室内室外之分，建筑的各个角落都要考虑到，因此设计变得很复杂。思想过程中的亮点、好的东西，要把它们串在一起，你想的很多很累，但关键的是你要能把它们整理好，有取舍，这很难。

黄："秀"吧，白天去跟晚上去的感觉是不一样的。白天去的时候，可以体会到经由这个节点转到那个节点，看到另外一个场景，有种步移景异的效果。然后看到宋式大屋顶后，当时现场的记忆被拉回到久远古老的年代，仿佛游走在宫城的大街上或是穿行在大院宅第之间，近观宋式屋顶的形态结构之美；可是到了晚上，音乐一放，灯光一打，吧里的爵士舞曲响起，各种酒味与庭院里的休闲座椅，是一种在视觉、听觉与味觉上都处于非常时尚、现代的氛围。所以白天与晚上的"秀"吧感觉是截然不同的，

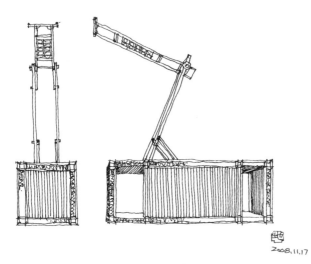

可移动城市家具

这让我产生非常强烈的冲突感,由此可知,您的设计总有一种"旧与新"、"传统跟现代"的冲突与结合的关系,就像您说您想打破室内与室外的界线,而传统和现代的界线是不是也是您想打破的,或者更是一种旧与新的融合,这部分您的看法如何?

朱:你说的"打破传统和现代的界限",我的理解是怎样把建筑的时间轴作为设计的主轴,让人在这个地方能待得住,有停留的意义。在确立这个主轴后,建筑的形式设计就可以放松到最简单的状态了。我觉得除了"秀"吧外,我的其他设计方案,都存在旧与新、传统与现代的冲突感。白天去时会怅然若失,但到了晚上,尤其有活动的时候,你会发现各种现代元素都跑出来了,新、旧元素在时间轴上又找到了重新集合的机会,感觉非常奇妙。

黄:所以,您的设计会先强调轴线关系,创造出一条似真似假的路径,有着不同的场景,加上一进一进的层次逻辑,最后用散点的方式营造出特有的空间氛围。这当中会有很多转折的过程,比如说我看您另外一个作品——"旬"会所,进去时会先经过一个钢构的大门,这也是一种转折。

朱:"旬"会所的门,相当于四合院宅邸的正门,人并不从这里进入,而是往两边走,从边上绕。这个东西,说到底有什么设计呢?其实就是那么一点点设计,就是把中国四合院先抑后扬的感受传达出来。

黄:我又观察到在"旬"会所和"秀"吧,您对于水的运用特别明显。在"秀"吧,建筑是体与体的组合,中间有一处水池,旁边摆一棵树,您似乎想用水与植物创造出一种东方意境,在"旬"会所中,水在旁边,有一个过道通过去,利用水区隔开内外之间的关系,加上几道墙与游廊组合起来的片段,创造出一种转折或是端景的路径或轴线。所以,您是不是特别想用水、气与植物去制造出一种中国特有的意境,让视觉与感官产生一种仪式性的行为,您对于这两个项目怎么看待?

朱:水,一般在商业项目中都会用。生意场上,水就是财,我们的客户一般都喜欢。实际上,你刚才讲的水,是时间的引子。水是流动的,可以让你意识到时间在这个过程中的作用。然后,水和灯光、和焰火、和激光结合起来,效果会更好。我总是强调,你可以透过这种景色想到过去、也可以想到未来;时间轴非常重要。这样的时间轴,贯穿了我的"城市收藏"的一系列作品，时间在建筑作品中的作用非常强。它无法通过摄影镜头来捕捉，平面图片是无法表达的，即使我自己去拍照，也是徒劳，它需要亲身体验。

黄：在"旬"会所中，可以看到一些古建筑的局部物件，或是古建筑物件元素藏于玻璃盒子之中。就我的了解，您在清华读书期间，曾拾到一块砖雕一直收藏至今，这勾起了您收集传统建筑构件的兴趣。1998年，您到山西等地区考察古建筑遗址后，意识到必须要认真学习传统文化。后来，您担任院长后促进了中国文物局与北京院共同组织"重走梁思成古建筑之路"等传统文化考察活动。您对传统文化的体会与认识，从一个点到一个面，再扩展到形成一种机制，能谈谈这部分的转折吗？能谈谈收集古建筑构件的经历与经验对您个人的设计思想有什么样的启发？

朱：已经很多年没有收藏古建筑构件了。我强烈地感到一个很有意思的事情，如果你在收藏中有了感悟，那么你到了一个真正的传统建筑环境中，就会感到传统的存在，而且会去细细地观察、品味它，进而感悟它。但只要你一离开这个环境，就没有了这种感觉与感悟，即使当时当场你看得很清楚，即使你手中拿着当时的照片，也很难体会那个环境给你的感受。你会发现，传统的东西，就是一个氛围、一个环境。也就是说，中国建筑就是人和建筑的二元关系，没有人就没有建筑，建筑就是为了人而存在的。因此没有必要简单地强调某一方，你强调人或强调建筑，其实没有意义，因为实际上这是一个二元的关系。这是我对传统建筑的一个理解，这种对二元关系的理解，也应用在我的设计实践中。我希望形式上表现得尽量放松、尽量简化，但人还是在建筑物中使用着它，比如SOHO现代城、中国石油大厦等项目，还有一些未建成作品，轮廓都非常简单，不需要过多的形式。

另外，我所有的项目都有"院落"的概念，或是平面的，或是立体的，院落的概念与我所说的二元关系有着直接的联系，那就是一旦这个建筑固定下来，就变成一个新的躯壳，不需要建筑师的表演，生活在其中的人们自有他们的精彩。所以我的设计可能和其他人不一样，我希望作品越干净越好。哈德门饭店中的立体四合院、中石油大厦中几个框构成的立体的院，都是这个院落概念的演化。现在正在施工的深圳的一个高层建筑项目，南北各是一大片绿地，房子在中间，我的策略是将建筑首层的混凝土核心筒放在两边，剩下的墙体全部采用玻璃，南北相通，就是一个院子。这里什么都没有，就是一个大堂，进去后，感觉十分干净，室内外是一个共同的空间，我就是

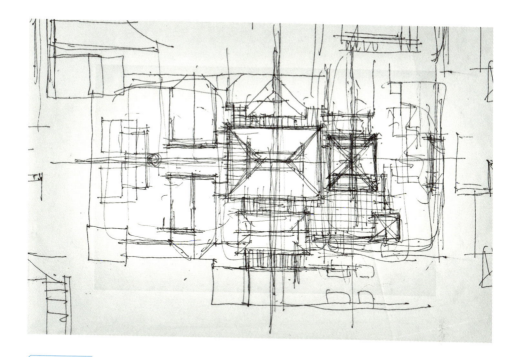

北京银泰中心"秀"吧方案草图

北京银泰中心"秀"吧

北京银泰中心"秀"吧

中国石油大厦

工地现场

要做这个。

黄：您现在还有出去考察古建筑吗？

朱：很少了。前几年有名的地方，我都去过了。另外，就如我刚才说的，要真的考察，就要真的认认真真进行。这个我现在做不到了，比如像清华陈志华先生那样带着学生去考察，大家风餐露宿，半个月、一个月地在当地，我觉得现在的我根本干不了。

黄：我为什么提到考察，我来做一些回顾，20世纪上半叶，在中国近代建筑发展历程中，有许多建筑师对于传统建筑的喜爱与热衷远远超过现在的人，也许是那个年代里，中国社会正处于"传统"转向"现代"的过程中，所以相对当时距离中国古建筑比现在是接近了点。而我又观察到，中国近代建筑的调研与考察部分可以分为两种：一种是以汉人正统价值观去考察，比如考察石阙、崖墓、佛窟、楼阁、寺庙、宫殿、木塔、桥等，这部分占了绝大多数；另一种是考察少数民族民居，比如考察村落，这部分占少数，对于偏远山区的村落与聚落，着墨很少。我想，这仍是当今中国建筑领域所存在的问题，我想问问您对这部分的看法？

朱：我们经常讲"继承传统"，但是继承传统，真的不是一件容易的事情。我们投入到"继承"这方面的精力太少了。我本人对"继承"的认知也停留在一个肤浅的层面上。传统建筑，如果你不进入到那个环境中去，不真心投入进去，你几乎没有任何心得。传统建筑考察，就像画画写生一样，你真的好好去写生去画树，以后回头再画树，那个树就真的印在脑子里。因为你认真地写生过，你才知道松树的树干是怎样的走向，为什么在这里要拐一下、在那里要拧一下，转过去又转过来，为什么老松树的下面盘根错节、乱七八糟，但是上面的部分要转折一下才能上去，你知道这就是松树的那种劲儿。如果你没有写生过，你永远不知道松树到底是什么样。

建筑更加复杂，你要不去了解或你根本就没有做过传统建筑，你最好不要去碰传统的东西，一碰就要露馅儿。没有投入，不可能有产出。所以你看中国近代建筑师，他们这些人，真的是下了很大的工夫。像梁思成，他的父亲是梁启超，我觉得他们这一代人对皇家的东西、对正统的东西的研究下了工夫。但客观地说，中国传统建筑非常浩瀚，千差万别，皇家、官式的东西一定是在大量的民间建筑的基础上的一种提炼。梁先生的研究，大部分是关于皇家官式建筑的研究，但大量存在于民间的各种千

北京"句"会所

北京"匐"会所

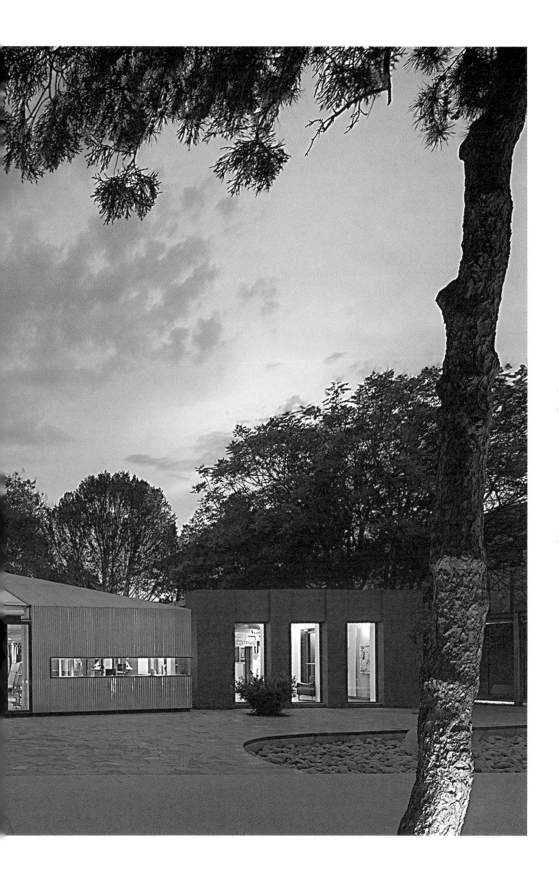

北京"旬"会所

差万别的东西，恰恰是中国传统建筑的核心部分，那就是因势利导、因地制宜。这种变化，才是我们中国传统建筑文化的精髓。传统建筑并非是固化的、形式上的东西。

黄：回到项目来，回到建筑史的视点，观察您的作品和后期的表述，可能会把您归到跟地域、传统稍微契合的这一条线上，那你自己怎么看待呢？虽然说您提到您的设计是强调建筑与环境的关系，但这只是您自己设计时的操作手法，若客观来看，不是每个项目都跟环境有关——比如"秀"吧，看到的是宋式大屋顶，且因为它又放在一个非常现代时尚的躯壳上，以至于非常吸引人，但若从建筑学的视角会观察，这是一个强烈的传统语言的现代再现，然后空间的路径与场景也偏向于传统的轴线布局，用步移景异的方法塑造，这更会把您推向地域、传统的这一条线上，您自己怎么看待？

朱：传统文化的现代化发展，是一个永恒的题目，不仅建筑师要回答，任何一个行业、任何一个艺术门类都必须回答。传统如何走向现代，是我们当代人的责任，也是我的责任。我作为中国建筑师在国际设计竞争的氛围中，更应该主动承担起这样的责任。我们不能跟在别人后边盲目地跑。我到了这个年龄，更没有必要去尝试别人做过的事情，我还是愿意尝试、兑现一些我对传统的责任。你说的将我归为"地域、传统"这一类，我是认可的。我试图把传统的建筑文化通过现代的方式表现出来，而不是复古，希望能够对传统建筑文化的价值有新的尝试、新的诠释，在这一点上我一直在做。

　　你刚才提到的房子，实际上都跟传统文化元素有关。我不会把老房子照搬进来，或者直接将传统空间复制，而是考虑我的形式到底是什么。我能够一直把这个过程作为主线来研讨，后来我找到这个问题的关键点，那就是"放松"，怎么能够放松地来表达。

黄：您有没有一个自己设计的中心思想与信仰？问得比较形而上就是您自己所追求的设计高点，是意境或者是境界，或是现阶段还处于摸索与摇摆的阶段？

朱：首先，我是一个真实的人，愿意以真实的一面来面对我所遇到的问题，所以希望能够回答设计的真相，而不是简单地去用我个人的设计方法。我做设计院的院长也是同样的，有各种各样的方式可用来做掩饰，但我还是愿意追求真实的东西，这是做学问的学风，或者说这是一个基本的态度。在这个前提下，我觉得所谓真实的东西，不是我个人主观的东西。建筑生成的因素跟周围的环境有关，包括物理环境、自然环境、人文环境、历史环境，刚才谈了很多，这些东西都可能成为我做设计的参考系统。设计并不是简单的、个人的独断专行。

　　这个参考系统，我会认真对待，去分析建筑所处环境的特殊性。在真正设计的过程中，我会在头脑中搜寻一种类型学的、解决问题的最基本的样式，这个样式可能是中国或外国曾经有过的解决方案。我会参照一些东西，比如院落，可能是从历史方面得来，可能通过院落关系找到了解决设计的问题与方法。既然强调历史跟人文的关系，我愿意从历史与现代的关系中找到他们之间的一个关联。比如，我把现代建筑寄希望于城市，建筑成为城市尺度扩大过程中的标记；现代建筑，由于其超大的尺度，从某种意义上讲，体现的是现代城市的关系，特别是在我们中国，跨街区的大项目，已经没有了建筑本身的意义，人来观察建筑时，已经没有建筑和人进行完整对话的可能性。所以，我将建筑定位在城市空间尺度的大的变化上，以这样的定位找到一些环境的要素，来体会人和尺度的关系；在城市空间尺度的大的变化中，找到适宜人的尺度和环境。这是我设计的一个方法，或者说一个理念。

胡越 全国设计大师
Hu Yue

北京市建筑设计研究院有限公司
总建筑师

访谈时间——
2011.10.13

代表作品——

北京望京科技园二期
北京五棵松体育馆
北京五棵松棒球场
上海青浦体育馆、训练馆改造
上海2010世博会UBPA办公楼改造
北京建筑大学新校区学生综合服务楼

1964年出生，北京人，1982年考入北京建筑工程学院（今北京建筑大学）建筑系，1986年本科毕业后，在北京市建筑设计研究院工作至今。1999年以来任北京市建筑设计研究院副总建筑师、总建筑师，2003年入选国务院特殊津贴专家，2003年入选北京市有突出贡献的科学、技术、管理专家，2006年入选北京市新世纪"百千万人才工程"，2006年入选全国工程勘察设计大师，同年荣获全国首届设计行业十大杰出青年称号，2007年荣获全国"五一劳动奖章"，2009获WA中国建筑奖优秀奖，同年获中国建筑学会建筑创作大奖，2011年获清华大学建筑学院博士学位。现为全国勘察设计大师，教授级高级工程师，北京市建筑设计研究院总建筑师、中国建筑学会理事，中国建筑学会建筑分会理事，胡越工作室主持建筑师，中国建筑学会体育建筑分会理事，建筑师分会理论与创作委员会委员，北京土木学会理事。

印象

胡越是北京市建筑设计研究院总建筑师，他的创作步伐不曾减缓，持续性地爆发，从对材料研究到关注城市空间，再到关注方法与编写任务书，胡越努力发现独特的观点，通过观点来创作出一系列独特的建筑。

北京国际金融大厦，是胡越在20世纪90年代的代表性作品，体现的是尊重当地城市既有街廓与肌理的设计，建筑以规矩方整的体块出现，而体块之间也形成虚实扣合的形体。在立面上，胡越用现代的建筑材料——铝合金窗式玻璃幕墙去表现传统民族图案的组合，他试图在允许局部装饰的背后表述出传统寄居于现代的状态。但是，胡越其实是不太赞成传统的符号、隐喻、暗示的表述与地域性的设计倾向，有时是迫于现实的无奈而表现出这样的设计。

对材料和构造的关注与研究，是胡越早期设计时的一个重要特点。在北京国际金融大厦中，他采用窝式幕墙系统，这是他对材料的初步尝试。之后20世纪90年代末，他出国探访与游历，看了许多国外优秀建筑并作了一些思考，同时翻阅了不少建筑杂志，这时期成了他思想上的重大转折点。他开始对玻璃感兴趣，有意识地去做研究与探索，而后运用在设计创作当中。望京科技园二期，就是胡越对玻璃幕墙研究后的成果展现，因玻璃材料的使用而让几何体量之间的关系与对位更加清晰。

望京科技园二期，除了玻璃材料的使用外，在建筑语言上，胡越倾向于一种极少性的设计表述。他将建筑还原到最原初的状态，只表现简单的几何体量构成。建筑顶部，他设计了大悬挑的体量，在当时中国建筑界还没有类似的设计出现，这是受到了当时先进的建筑思潮的影响，可见胡越是个比较追随潮流的建筑师。

胡越是以单纯研究、试验与开发材料的视点切入设计，并逐渐带出建筑的走向，材料的选择是影响他的作品最终的表现形式。胡越之于玻璃、金属网、聚碳酸酯板材、铝合金方管、钢筋混凝土，就如同安藤忠雄之于清水混凝土、坂茂之于纸、远藤秀平之于波形钢板。也因为关注材料与构造的倾向，他开始尝试与创造出了一条偏向于表象的设计路线：在既有结构体外新增一层皮，但不单单只是皮层的体现，有时皮层也会带出与内部空间相互的联系与关系，或者形成一个皮层的造型体，在上海青浦体育馆与训练馆改造中就是如此体现的。

北京建工学院新校区六号楼，是胡越近期的新作品，他似乎想从这个项目中跳出之前尝试皮层设计的外在印象，转而关注功能与结构。为了创造出大的空间，而去思考结构的应用与适宜性。

虽说胡越的作品都带有点表皮的设计倾向，但他自己并不会刻意去突显这一点。他的作品与作品之间的差异都很大，他会根据每一个项目采取不同的措施，根据具体的状态去思考设计的过程与结果。胡越似乎不想把自己定性，当每一个项目建成后，他都想要赶紧跳脱开来，因为他觉得设计应该与时俱进，不应该墨守成规，只选择做一样事。他更觉得设计应该要跟上潮流，要缩短与最先进文化之间的差距，应该关注时尚与未来，他认为建筑都是在设计未来。

方法论，是胡越的博士论文主攻的研究领域，他想让他的方法论朝向探索未来的发展趋势与社会的需求方向，他认为方法是建立在最开始的需求上，是为了解决问题才有了方法。所以，在项目进行前，胡越会编写任务书，从中发现独特的观点，通过这些观点表现在建筑上，让建筑具有一种独特性，有他自己的价值判断与哲学视角。

另外，胡越的作品都有强烈的视觉性，除了材料的表述外，也有鲜明的色彩展现：如望京科技园二期的幕墙上的蓝、银相间，上海青浦体育馆与训练馆的白、灰、黑、黄的各自存在，上海世博会 UBPA 办公楼外墙上的深灰、淡灰、红的活泼混搭……在色彩上给人一种很强烈的个性化与风格感。但是最终，风格并不是胡越所要追求的东西，他更愿意去创造室外空间的舒服与轻松的状态，这是他的一个终极目标，也是他的设计追求。

访谈

采访者
黄元炤

受访者
胡越

时间
2011.10.13

地点
北京市建筑设计研究院有限公司
胡越工作室

黄：胡总您好。美术是不是您从小的兴趣与爱好？您曾正统地学习过吗？而这个兴趣点，是否影响您后来读建筑学？您本身的家庭背景是否也影响您填报志愿时的选择？

胡：我从小喜欢美术，但那时候没有培训班，我也没有找老师专门去学，只是自己随便画一画。我父母亲都在国营单位工作，是有色冶金设计院的工程师，他们单位里面什么专业都有，当然也有建筑师。因为这个原因，我从小就看过设计院建筑师画的图，觉得挺有意思的，对建筑有了第一印象。

上小学时，我有一位同学，他的父亲是建筑师。他家里有画图用的制图板，还有一些建筑表现图及建筑类的相关书籍。我经常去他家里玩，无意间看到这些东西，慢慢地也引起了我的兴趣与关注。

上中学时，由于我对建筑感兴趣，我母亲就帮我订了《世界建筑》杂志。到了高二时，我对建筑就比较了解了，我记得有一本书对我影响挺大，就是童先生（童寯）写的《新建筑与流派》一书，现在还在我的书架上，我是1981年买的这本书，特别喜欢这本书，它也启迪了我对建筑流派的初步认识。

考大学时我想读的专业只有建筑学，别的专业都不想考。于是我父亲建议我用个保险的方法：就是不填报一类学校，直接填报二类学校，只填报北京建筑工程学院，而且只报建筑学专业。因为当时各个高校建筑系分数都比较高，而报考时还要填是否服从分配选项，要是填不服从分配，对录取会有不利的影响，要是填服从分配，有可能被分到其他专业去，所以，我父亲的建议是一个明智的策略。

黄：就我的判断，您当时选读建筑学专业，是一种您个人主观性的选择，而且蛮笃定、蛮坚决的，不同于其他人，他们即使读了建筑，都还在摸索与模糊的阶段。所以，您很清楚自己未来发展的路子——就是建筑，而且您对这门学科也有一定的了解。

胡：对，我是很清楚建筑学这个专业是干什么的。

黄：所以，您读本科前，似乎对世界著名建筑与建筑师，都有了一定程度的了解。

胡：对，我是有些了解。

黄：谈到这部分，我挺感兴趣的。我的了解，您当时对艾瑞克·古纳尔·阿斯普隆德（Erik Gunnar Asplund）、朱塞普·特拉尼（Giuseppe Terragni）等著名西方的现代建筑师，都有所了解。那么，您当时对他们了解到一个什么样的程度？

胡：还是一个比较粗浅的了解，主要是对他们设计的建筑感兴趣。我当时通过看一些建筑杂志和书籍，对他们的作品有一些了解。其实上述两位建筑师是我上大学以后认识的。而上大学以前，基本上就只认识勒·柯布西耶、贝聿铭等一些建筑师，信息的来源就是童先生（童寯）写的《新建筑与流派》一书。

黄：您当时怎么会选择进入北建工（北京建筑工程学院）就读？上大学前，是否对北建工就有所了解与认识？

胡：当时，是为了保险起见才选读北建工。实际上我读大学走了一些弯路。事情是这样的，我上高中时，刚有重点中学，我读的那个初中希望我不要考其他的重点学校，因为学校要争取高考升学率，但我想考一个更好的学校，结果没考上。学校规定考重点中学落榜的学生，一律要从快班调到普通班，我母亲就帮我转到了另一所学校——

北京市二十八中学（现已与北京市六中学合并为北京市长安中学），现在已经不存在了。

  我在北京市二十八中学读了两年。读书期间，我的几个同学对中国古典文学特别感兴趣，大家在一起读了好多中国古典文学方面的书籍。我把精力全都放在这上面，天天去琉璃厂闲逛，找一些古书看，我一度还想去学考古，以致当时我就这样把学业荒废了，结果第一年考大学没考上。第二年，我父亲建议我，还是学建筑，别学考古，所以我又绕了回来，第二年又报考建筑系，就考上了。

黄：您是江苏宜兴人，从小在北京成长。从儿时到大学期间，在那个年代里，您对于所谓的"建筑"是如何理解的？

胡：我的籍贯是江苏，生在北京长在北京，按现在的概念是北京人。那时还谈不上对建筑有什么理解，只是比较欣赏世界知名建筑师的作品，加上年轻气盛，很看不起当时的国内建筑师，认为将来一定能超过他们。

黄：年轻气盛也代表着对生命、生活的一种热忱。好，我们知道北建工原为一所北京市普通高等学校，1952年改为北京建筑专科学校，有过数次的改名，经历了高工、建专、中专与大学的过程，1977年经国务院批准升格为大学，定名为北京建筑工程学院，1980年正式成立建工系，招收四年制建筑学专业本科生。谈谈当时北建工的建筑学教育是如何培养学生的？求学期间，学校给了您什么样的启发？

胡：我觉得在那个年代里，全国高校的建筑学教育几乎都差不多，教学的内容与方向都大同小异。当时，我记得许多北建工的老师都是从清华大学建筑系毕业的，个个都非常的优秀。另外，当时社会还比较简单，老师和学生都没有多余的想法，老师好好地教书，学生认真地学习。日复一日，那种单纯的学习环境与氛围，对我的影响还是挺大的。

黄：好。您刚说到当时北建工师资力量比较优秀，因为北建工早期的发展离不开北京建筑业的大力支持。从当年的北京院等单位抽调一大批骨干投入教学当中，也为了更加充实师资力量，还从外地调来一批老师。我查了一下，当时的老师有从美国讲学多年的南舜熏老师，从建研院请来的王其明老师（梁思成的弟子），从重建工（重庆建筑工程学院）请来的周人忠老师（大型公共建筑设计专家），从北京院请来的樊书培老师（早年毕业于圣约翰大学），从清华大学请来何重义老师，还有英若聪老师、王贵祥老师，中国古建筑领域的老前辈臧尔忠老师，美术与雕塑领域的刘骥林老师等等。能谈谈当时您与这些老师接触的情形吗？哪些老师对您产生了影响？

胡：你刚提到的这些老师，有部分我接触过，但印象深刻的还是带过我的班主任，韩老师（韩金晨），他是清华大学毕业的，是北京院何总（何玉如）的同学，岁数挺大了。当时韩老师在学校时，我们班好多同学都不太主动接触他，其实我当时也说不上多喜欢他，但是他对我还是有一些影响的。

　　韩老师是个狂热的古典音乐爱好者，据说他家里有一面墙的书柜，里面全放的是唱片和录音带。他经常给我们讲一些古典音乐方面的知识和理论，使我受益匪浅。另外韩老师常说建筑师应该是一位绅士，他对我们管束也很严，所以我在做人与做事方面，也受到他的一些影响。

　　南老师（南舜熏）是另一位影响我的老师。他教的是建筑初步，我对建筑的初步认识与理解，南老师起到了很大的作用。

　　王老师（王贵祥）他也当过我的班主任。大二时的设计课，就是由王老师带我们，还有另一位王老师（王丽芳），她当时刚从学校毕业就分配到这来，也带我们设计课。这两位在当时是青年教师，同时对我在设计上的启蒙起到了很大的作用。

黄：刘老师（刘骥林）曾教过您吗？

胡：刘老师是我们的美术老师。由于受客观环境的影响，大学之前我基本没有系统地接触过西方艺术史，而刘老师对欧洲的美术史相当了解，他给学生介绍了好多画家，我也因此对西方艺术史有所了解与认识。我记得当时做毕业设计是两个月的时间：第一个月是刘老师带我们去外面参观；第二个月是何老师（何重义）带着我们做毕业设计。所以，我对这两位老师也是印象深刻。

黄：就我的了解，当时北京院（北京市建筑设计研究院）因建设急需人才，于是与北建工建立起合作关系。有两个部分：一部分是北京院提供资金给北建工用于科研工作，同时培养不同类型的专业人才；另一部分是北京院在每个学期派两位大师亲自指导学生的设计课。您当时有接触到北京院派来的建筑师吗？有受到什么样的影响？

胡：我的印象中没有接触过。那时，北建工系主任是付总（付义通），是北京院派来的，但是我从来没有见过他，实际上只是挂个名，因为当时付总在社会上德高望重，而当时学校老师都还比较年轻，所以需要找一位德高望重的人来挂名领衔。

我现在想起来，当时有一个北京院的建筑师对我产生了很大的影响，就是刘总（刘开济）。那时刘总办了一个学术讲座，主要是介绍当时世界上正流行的建筑派别，这个讲座那时在全国高校是很热门的课程，他曾经到北建工去讲过一次，听讲时，全场都座无虚席，走道上全站满人，我当时印象特别深。

黄：1986年，您北建工毕业后，放弃留校与执教，也放弃出国留学，选择留在国内发展，转而分配进入北京院工作，您算是改革开放后早期进入北京院工作的学生，当时有想要出国留学吗？

胡：想出国。当时是出国潮，为了出国这件事，搞得我有点心烦意乱。在学校时，已经刮起一股出国留学风，但是还不是很强劲。到了北京院后，这一股出国的风潮愈演愈烈，到院里工作的三四年后，我接触到的人，几乎大家都想要出国，包括念过大学的与没念过大学的，当时都尽量通过关系来寻求出国的机会，那时出国有一个规定，要有海外关系做担保，所以我就很郁闷，家里没有海外关系，就出不了国。但出国这个念头，一直在我脑海里盘旋。

黄：您进入北京院后，正好赶上亚运建筑的建设期。就我的了解，当时北京院分成两组：一组是负责亚运会的奥体中心规划设计的部分，由马总（马国馨）领头；一组是负责亚运村规划设计的部分，由宋总（宋融）领头，您当时参与到亚运会的奥体中心组，能谈谈当时参与的情形？自己负责哪一个部分？

胡：进北京院时，我是被分配在第二设计所，当时二所负责的是英东游泳馆这个项目，我刚进去的时候，亚运会的奥体中心的总体方案已经规划完了，但是，亚运会的奥体中心的单体建筑还在推敲当中，主要有两个项目：一个是英东游泳馆；一个综合体育馆。我正好参与到这两个项目中。

黄：20世纪80年代，"后现代主义"（Postmodernism）建筑思潮来到了中国，当时出现了许多以历史文脉、乡土、怀旧倾向的"后现代主义"建筑作品，也利用这样的思潮，

21世纪初，和付兴去摄影器材商店，用店里的哈苏503照了一张，可惜无底片

2001年在办公室，时任北京院二所主任工程师，有了自己单独的办公室

1987年在北京院时的朋友圈，和朋友骑车去十三陵春游

让"传统"与"现代"进行了嫁接,突破了大屋顶的中华古典形式的复兴。就我的观察,综合体育馆和英东游泳馆的设计,似乎有一点"后现代主义"建筑的设计倾向。当时,您提出了综合体育馆和英东游泳馆的双层屋面,其实是拒绝了传统大屋顶的古典复兴形式,改以一种看似具象却又抽象的符号、隐喻的象征手法,来构成建筑的体量关系,而新的屋顶仍然隐含了传统大屋面的神韵,您对于这部分有何看法?

胡:当时大屋顶的设计方向已定了,是设计的一个前提条件。这两个项目的体量,还是有一点区别,但是看起来差不多,因为大屋顶的尺度比较大,看起来也比较呆板。所以我就提出了一点变化的构想,只是一个造型变化的小技巧,没有经过深思熟虑,也没有想要强调一种传统文化的内涵,实际上就是新增了两片大屋面附在原有的大屋顶上,一个项目是中间对称的方式,一个项目是向一边偏一点的方式。

当时,亚运会的奥体中心的总体规划设计,主创是马总(马国馨)。他曾于1981—1983年间在日本丹下健三都市与建筑事务所研修过,回国后,1986年就开始负责亚运会的奥体中心的总体规划设计。

我觉这一组亚运建筑跟"后现代主义"没有太大的关系,因为当时中国建筑界,很多人认为"后现代主义"是一个不健康的东西,属于西方的一种颓废的建筑表达方式。我觉得马总当时刚从日本回国,风华正茂,而且他在日本工作并接触过当时日本的现代建筑,我猜测他当时受到丹下健三的影响比较大,企图体现一种民族韵味与现代材料、技术结合的设计,而我只是做了一点形体设计上的小改变。

黄:把大屋面修饰与调整一下。

胡:没错。

黄:好。就我的了解,您在北京院时,在工作之余有与几个同事形成一种朋友圈的氛围与组合,分成20世纪80年代与20世纪90年代这两圈。20世纪80年代的朋友圈,当时有郑风雷、苏娜、张工、赵方、喻进与您,后来他们这些人都出国了,只有您留在北京院;20世纪90年代的朋友圈,当时有阎少华、苑泉、陈民、周宇舫与您,后来他们这些人,有的去从事房地产,有的也出国,也有的仍留在北京院。这两拨朋友圈,当时你们经常聚在一起讨论与交流,能谈谈当时的情形吗?在交流当中,您有获得什么样的收获和思考吗?

胡：20世纪80年代的朋友圈，我们谈论更多的是生活和社会方面的事，大家常聚在一起，当时正好流行台湾的校园民谣，我那些朋友都特别喜欢民谣。刚开始我并不是特别喜欢，后来才慢慢喜欢的。而我从小其实就特别喜欢音乐，但是，因为我父母亲在"文革"时受到了一些冲击，他们不敢让孩子接触艺术方面的事，其实那时有好多的父母亲让孩子去学手风琴、小提琴等，或去学一点美术。

在1986年到1990年间，那时项目不是特别多，所以就空出了很多的业余时间，我们经常聚在一起，唱歌、聊天，或出去郊游。而当时在社会上也兴起了一股文化热，所以我也读了一些关于哲学和文化方面的书，比如让·保罗·萨特（Jean Paul Sartre）、弗洛伊德·西格蒙德（Freud Sigmund）等思想家的专著。还参加一个中外文化比较学习班，交了300块钱，在中国社会科学院上课，师资阵容相当强，有梁漱溟、冯友兰等著名思想家，囊括了当时中国文化界的精英，最后还得考核，写一篇论文交上去，并发一个证书。所以当时我对哲学与文化方面是特别感兴趣的，而朋友圈讨论和交流的话题，也都集中在这个层面上，对于建筑专业的讨论，基本上都没有涉及，后来他们都出国了。

20世纪90年代的朋友圈，也都是在北京院认识的，其中阎少华和苑泉都是清华大学毕业的，我跟陈民是北建工毕业的，陈民大我一届，周宇舫是东南大学毕业的，我们五个人在同一个办公室，有些项目是我们五个人一起做的，当时被称为北京院五人组。后来还有吕品晶，他是同济大学毕业的，是办公室里的同事，但是不在同一组，我们经常聚在一起。这一时期的朋友圈，主要讨论和交流的话题是建筑方面的，讨论建筑的好坏，交流设计中应该要把握的方向，什么是有品位的建筑等等。其中阎少华研究过路易斯·康（Louis I.Kahn），苑泉特别喜欢詹姆斯·斯特林（James Stirling）。而路易斯·康与詹姆斯·斯特林都特别注重设计中的几何对位关系，贝聿铭也是一样，他们都强调设计中的轴线关系，这些对我都挺有影响的。

黄：您当时在讨论与交流中，有向大家提出到过自己喜欢的建筑师吗？

胡：当时我通过与大家的讨论与交流，学到了许多对位与轴线方面的知识，但是，我更感兴趣的是建筑的风格与流派的演变。我记得刚毕业时，在马总（马国馨）的办公室里，有一个清华大学的毕业生，他叫范强，当时我跟他经常在办公室里翻阅国外的建筑杂志，主要是《A+U（日本建筑）》（又名Architecture and Urbanism/建筑与都市，是一本日英双语的建筑设计月刊）和《AD》（"Architecture Design"，是一本英国建筑设计月刊）这两本，在阅读中看了好多关于建筑方面的文章，所以，对当时的建筑理论我还是比较感兴趣的。

黄：20世纪90年代，您曾经参加锦一大厦的设计竞赛，能谈谈这个竞赛吗？

胡：那不叫竞赛，是一个方案征集，当时参考了美国KPF（Kohn Pedersen Fox Associates）建筑师事务所的高层商业建筑的设计手法，做了一个全白的纸板模型。

黄：20世纪90年代，当时的中国正经历着改革开放后的社会稳定与经济快速发展的阶段，很多事情开始慢慢产生了变化，而当时南方正处于大发展与大建设时期，因为南方的建设发展契机和机会比较多，有许多人都前往南方去发展，比如到深圳与海南。您当时为何会选择留在北京，而未到南方发展？

胡：两方面的原因。一方面是我比较习惯处于一个安稳的状态，曾经有一位朋友请我去海南，加入他们的工作，我当时是非常心动的。但是后来我下决心准备要去的时候，我父亲病了。还有，要去的话就要辞职，等于是离开设计院体系，对我来讲这是一个挺大的抉择与转变，所以最后我还是没去，选择留在了北京院。

黄：1995年，您接到一个设计任务，即北京国际金融大厦，是个金融机构的办公建筑，且为您获得业界的声誉。就我的观察，这是个尊重当地既有街廓与肌理的设计，由于长安街南北两侧已被分割成大小相近的长方形地块，这些地块皆建有大型的公共建筑，所以，这个项目也恰如其分地以规矩方整的体块出现，而体块与体块之间也形成了虚实相互扣合的关系。这部分您有何看法？

胡：以现在的眼光来看，当时我还是有点糊里糊涂的感觉。虽然不是特别年轻，但是也还没有什么太多经验，因为在北京国际金融大厦之前，没有特别多的项目可以做。实际上这个项目业主当时找了一些境外单位做过方案，但一直不太满意。最后委托到了我们院里来做。当时找的是何总（何玉如），因为何总原来在二所工作，就找了几个二所年轻的建筑师来做方案，没想到我做的方案被甲方看中了。

黄：北京国际金融大厦，我比较关注的是，在立面上您利用现代的建筑材料铝合金窗式玻璃幕墙，去表现传统民族图案的组合。在满足功能的前提下，允许了局部的传统装饰性——即传统在现代的基础上寄居，这其实也回应了"后现代主义"在中国的其中一条路线，以民族形式的构件与装饰手法去重现民族特色与精神。所以，您从早期参与设计的奥体中心体育馆与英东游泳馆的具象而又抽象的符号、隐喻的象征，到北京国际金融大厦的民族形式的构件与装饰手法，从关注大的形式转到关注小的局部，但仍然在功能考量的基础上，这样的转变您有何看法？

胡：北京国际金融大厦主要受到两方面的影响。第一方面因为做英东游泳馆和北京国际金融大厦的时候，当时北京市委书记是陈希同，他有一个口号叫"夺回古都风貌"，因古都风貌已经没有了，所以，所有北京新建的重点项目必须得戴上一个琉璃瓦的帽子。其实，当时所有的职业建筑师都对此特别反感，觉得四不像。我在刚开始做金融大厦的时候，绝对不想搞这种"戴帽子"的把戏，但当时也估计到了，在长安街上设计房子肯定要经过市里的高层领导审批，怕太现代了审不过去，所以当时想到，是不是在细节上做一做这个东西。另一方面，就是让·努维尔做的巴黎阿拉伯中心，这个建筑在玻璃幕墙上的做法给了我很多启示。

黄：所以，一方面是受到国内高层领导审批的影响，一方面可能是受到国外建筑师的设计概念与处理手法的影响。

胡：对。以我个人的考虑，其实我不太赞成那种带有民族符号的煽情的地域主义的做法。

黄：好。就我的了解，1996年的春节您在设计院里面度过，画图赶工，因为甲方要求赶紧交图，之后您为了这个项目经常跑工地，一周跑三次。能谈谈当时从设计到绘图，再到跑工地，给了您什么样的工作经验？这样的过程是否对您以后的工作价值观起到一些影响？

胡：北京国际金融大厦是20世纪90年代后期的作品，已经快要接近21世纪。做这个项目当中，不光是职业技巧方面的转折点，也是我思想上一个重要的转折点。在这中间我出过一次国，去了美国，这是我整个人生当中一个重大的转折点。虽然用现在的眼光看北京国际金融大厦，有很多不足的地方，觉得它有好多很幼稚的地方。但是，当时那个时代，从整个专业历程来说，北京国际金融大厦是一个特别重要的节点，对我是全

北京国际金融大厦

1996年在北京院，和何玉如、汪安华、李阳
商讨北京国际金融大厦的设计

2001年在望京科技园二期工地

望京科技园二期

面影响的，不光是专业上的。

黄：就我的观察，在北京院体制中，除了设计所外，工作室占的比例也非常的大，谈谈您的工作室与这些工作室之间的差异？

胡：每个工作室的性质与内容，肯定都会不同，主要是工作室主持人的价值取向。有些人偏重于市场导向，有些人偏重于设计取向，有些人依靠社会关系，有些人通过专项技术来做项目，有些人通过设计质量和创意来做项目，有些人通过在学术上的声望来做项目……所以，每个工作室的操作模式，肯定是不一样的。

黄：您是属于哪一类？

胡：我跟王昀的方体空间工作室比较像。

黄：那其实您的工作室也等于像是私有化的工作室。

胡：对，我的工作室，除了可以依靠北京院的品牌优势，所有的设计操作与运营模式都跟民间的工作室一样，就像一艘风雨飘摇的小舟。

黄：工作室目前自负盈亏？

胡：对，项目的来源与人事的成本都完全由工作室来负责。

黄：院里还会分配项目做吗？

胡：项目的分配都是自己争取的，不争取就没有。但是，设计院可以帮工作室控制质量及制定一些规则，在这方面还是不同于民间的工作室。

黄：1998年建成的北京国际金融大厦设计中，您使用到了独特的窗式幕墙系统，将幕墙分解成4米×3.6米的单元，采用传统方法将其固定在钢框架中，在中心大厅也采用点式连接钻石型玻璃锥顶技术。然后在2004年建成的望京科技园二期，您根据体形的变化与功能的要求运用了四种玻璃幕墙，且幕墙的玻璃也分别选用了Low-E中空透明玻璃和中空印刷玻璃两种。所以，从幕墙形式的组合到印刷玻璃的运用，您能谈谈对于幕墙的使用吗？当时是否就开始了对幕墙的研究？

胡：我是这样想的，其实在做北京国际金融大厦过程中，出国看了很多建筑，做了好多思考，当时觉得国外有一些建筑师，他的建筑创作是以材料为出发点的。比如安藤忠雄，他做清水混凝土。我就觉得中国建筑师在这方面有个缺失，对材料和构造不了解，完全是被动地使用材料，没有把材料和构造当成是一个创作的动力。我想我是不是能够在这方面做些研究，当时对玻璃比较感兴趣，所以就从这儿开始有意识地去做研究，对那些构造做了一些了解。应该说，在建筑师这个层面上，我是比较了解玻璃材料和构造的，因为专门做了这方面的功课，也订了很多这方面的杂志。

黄：您提到对材料和构造感兴趣，并特别对玻璃做了研究与了解，那我站在一个材料视点来提问。就我的观察，在操作项目时，建筑师有些会从单纯试验材料的设计观点出发，以材料思考带出空间与建筑的走向，材料的选择是影响其作品最终的表现形式。就日本当代建筑界来说，就有一批建筑师是这样表述着。如安藤忠雄，以清水混凝土营造出自然冥想的禅意巨大空间；藤森照信，独钟情于运用一些自然材料进行创作；坂茂，让纸成为建筑的一部分；远藤秀平，用波形钢板去探索廉价材料的可塑性。而我观察到您似乎也是属于此类倾向的建筑师。在望京科技园二期，您采用了密肋玻璃、全透明幕墙及低辐射印刷玻璃，使几何量体之间的关系更清晰与对位；在上海青浦体育馆、训练馆改造中，您用聚碳酸酯板材，以纵向与横向的编织手法围绕在建筑物的外层。从这几个项目观察，您似乎已将视点关注到材料的使用与再研究、再开发上，您自己怎么看待您是属于此类走向的建筑师。

胡：刚才我也跟你说了，我觉得中国建筑师有点缺失，所以我做了一些知识积累，不能说研究，在实践当中也做了探索。用玻璃我是挺失败的，坦白地说，我在望京科技园二期还有五棵松体育馆都大量地使用了玻璃，积累了一些经验后，现在我不太用玻璃了，因为我觉得它不太好把握，特别像中国这种施工状态与工期以及和甲方之间的关系，你做不了特别好的实验。你想做实验的时候，加工订货都还没有定呢，所以做不了，等加工订货后，实验也没法做了。这个就不像国外那样可以反复做实验，我觉得玻璃必须到现场反复做实验，但这点很难实现，所以我现在做玻璃特别慎重，不像原

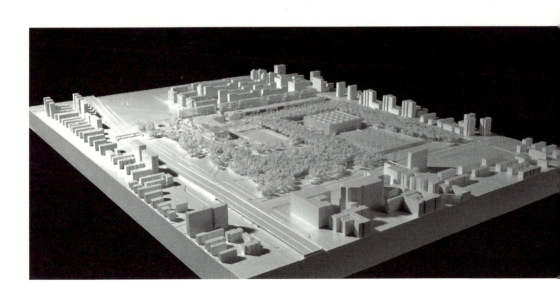

北京五棵松文体中心模型

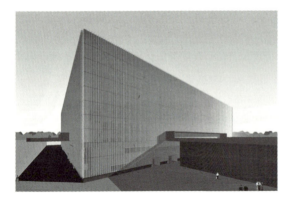

北京五棵松体育馆效果图

北京五棵松体育馆工作模型

北京五棵松体育馆

北京五棵松棒球场临时看台

北京五棵松体育馆

2002年在雅典卫城

2002年在柏林

2002年在伊斯坦布尔

2007年参观路易斯·康的建筑

2008年在西班牙

来那么鲁莽了。

　　另外玻璃的节能环保也有点问题，所以后来我做玻璃是做得比较慎重的。我最近做清水混凝土与木头的多了点，所以我觉得可能向这个方面偏了一些。我觉得建筑设计的构想必须有一个着力点，它包括了很多内容，从社会方面到专业方面的。材料只是我整个一个大的想法当中的一个部分，可能还有更大的范围需要去考虑，现在我正在做这个工作。

黄：就我的观察，在上海青浦体育馆、训练馆改造中，您在既有的结构体外，新增一层外皮，同时以三种材料相互展现，上层是纵向与横向的编织手法围绕在建筑物的外层，下层是铝合金的穿孔板与铝合金方管的组配。所以，您在材料忠实表述下，企图创造出一条偏向于表皮、表象的设计路线，而您在表象这条线上也一直在转变，是一个从硬到软的过程。这部分您自己如何看待？

胡：我还不太同意你说的所谓表皮表象的设计路线。首先，我所处的设计环境并不支持我在一段时间内沿着某一种路线设计，也就是说社会环境不支持我形成某种风格，特别是在国有大院中。因为我经常会接触一些比较大的项目，而大的项目往往建筑师的话语权会很小，因此很难在不同的项目中采用相似的手法。可能有些人不同意我的观点，但我认为形成个人风格除了建筑师个人的因素外，更重要的是社会环境，我觉得我们有时候更像是全科大夫，而不是专科医生。当然我的另一个想法是每一个设计路线都是根据每一个项目的具体情况提出的。

　　比如说，我最典型的表皮设计就是上海青浦体育馆、训练馆。但鄂尔多斯项目，还有上海世博会 UBPA办公楼，包括我现在刚做好的北京建筑工程学院的房子就不是这样了。比如说上海青浦体育馆、训练馆，它就需要外面罩一个罩子，我就给他罩一个罩子。上海世博会UBPA办公楼，它不需要罩这个罩子，我就不给他罩。我就是这么一个简单的想法，我并不想在所有房子上都做同样一件事，同样一个表皮的设计。

黄：您说的根据每一个项目采取不同的措施，就是建筑师个人对于设计都有不同的一个参照面。

胡：我是根据具体的状态去想这个设计的。

黄：那我们回归到建筑史的视点，通常读建筑史会认识到许多流派或流向，而观察您的作品，若客观定位的话，您近期是沿着一条表象、表皮的设计路线在操作，而目前中国当代建筑界确实有部分建筑师关注到表象、表皮这一元素，且路线明显。您怎么看您与这些建筑师在表皮运用上的差异？

胡：也许我的话得罪人。我是这样想的，我还是原来的观点，中国建筑的整体水平，还是比较低层次的，我们总是要往上看，所以我觉得不管是哪种东西，总是跟现代发达的建筑文化里的某些东西很像，这个是我的观点。在我的整个成长历程中也能反映出这样状态，从原来的KPF风格的金融大厦，然后到科技园的风格，其实都跟当时的发达的建筑文化联系着，其实这也是我比较痛苦的一个方面，不光是我的问题，有些人也有同感，但有些人找到了自己的东西。我感觉特别在建筑的形态上，不管你把它说得多么深奥，最后还是要落到建筑的形态上。人家看你，评论你，给你归类也是通过这个形态来归类的，你不愿意这样被归类，人家也给你归到那儿，古今中外都是这样的。

　　总之，我是觉得我一直是一个比较时尚且跟潮流跟得比较紧的人。在设计望京科技园的时候，是1998年，当时玩大悬挑、大体块的中国建筑还很少，我有一种感觉这个大悬挑设计挺有意思，所以就去做这件事情了。从我本意上来说，慢慢地我想逃脱这种感觉，但觉得挺难的，因为这就是形象思维的问题。望京科技园有它的设计特点，但它会受到别人形象的严重干扰。所以我是觉得，作为一个中国的建筑师你要向前看，向上看的话，是很难的一件事情，总是会不可避免地看到走在前面的人的背影，所以我一直想寻找一条路，能够逃脱这种束缚。当然有人说，这样汇入文化的大潮没有什么不好，从另外一方面来想，这也是可以的。但我是觉得是不是能够逃脱后形成一个更独特、更有内涵的东西。可是我并不想从地方主义或是纯情感宣泄的渠道去找，所以现在我特别关注设计方法，也就是这个原因。

　　我还是比较关注时尚的，这跟未来有关，因为我觉得不掌握未来的话，我现在没法做。因为建筑是设计，也就是在设计未来，你盖好建筑的时候，肯定是将来的东西，所以，如何在当下想到将来，能让将来站得住脚，这是设计中一个很大的难题。

黄：您愿意跟上潮流，关注时尚。其实，你还是关注到材料方面，一种用材料去体现现代时尚的感觉。

2007年上海青浦体育馆、训练馆

胡：材料，只是我的一部分，我只能承认我原来是比较关注到材料的，我近一段时间，就比较关注到方法了。你可能不知道，我读了个博士，我的论文就是方法论，这是我主攻的研究领域，仔细琢磨了五年，我在这方面有一些想法。

我现在想的方法论，已经到了一个转折点了，我想把方法论变得更深入一点，向未来的发展趋势与社会的需求的方向去转化，因为方法还是建立在最开始的需求上，为了解决问题，才有了方法，所以我现在在想找问题，把问题找出来，这是我现在的主要的想法。

黄：您想找问题，似乎回归到一个关注到现实社会层面的思考。

胡：我现在先想找问题，然后是材料，最后是专业技巧。我觉得专业技巧肯定需要提高，但是，最基本的东西就是如何采取独特的视角，发现问题，这是我想解决的问题。

黄：其实我有种感觉，您一直不想把自己定性。

胡：对，我觉得应该与时俱进。

黄：您一个项目建成了，您就想要赶紧逃脱开来。

胡：我虽然在大院里，其实我的作品特别少。这是跟我的工作方式和机缘有关系。比如说我做了很多特别大的项目，我难于启齿告诉别人。五棵松体育馆被别人破坏，我也始料未及，没想到会有这么大的干扰，在关键的时候，把形式都给变掉。

我觉得可能每一个大的项目都需要孕育很长时间，这跟大设计院有关系，有特别大的项目一干就是好几年，然后盖不起来，时间拖得特别长，有的时候，干小项目，四五年就已经干了七八个了，但是，大项目可能一个都没干完呢。

因此我在项目上的变化，可能看着像是每一个项目都有一些变化，其实这跟做大项目有关。对于某些人他做小项目的时候，可能已经有好几个项目了，但是我做大项目一干就是好几年，思想已经有些变了。

黄：您自己有没有个人的设计中心思想或信仰？是不是有在塑造自己的设计语言，还是一些表征？这个问得比较纯粹一点，比较形而上的一个话题。

胡：我估计你可能搜索过我原来的论文和发表的文章。有时我都觉得我有了方向，后来发现又没有方向了。

黄：对，跳得非常快。

胡：你现在问我自己的设计思想，我说不出来。

黄：还在摸索或困惑中？

胡：我感觉建筑师是挺自私的人群。搞艺术创作的人都有点这样。他经常想把自己的欲望强加给别人。但是，建筑又不是纯私人表达的载体，所以我觉得一方面你不应该一味地去迎合一些人的想法，因为你是一个专业人士，你要引领别人，另外你也不能只注重个人思想的表达。现在最大的问题不是什么很高深的想法，而是设计的建筑要给人感觉舒服，这是一个最终的理想。就是人在那儿待着的时候，是很舒服的感觉，不管是室内，还是建筑和周边的建筑所形成的室外空间，要给人感觉很舒服、很轻松，我觉得这是一个终极的目标。而不是要一个吓人一跳，特别怪异的建筑。

我为什么有这么一个想法，在年轻的时候大家都喜欢跟风潮的、特别崇拜一些建筑师，可是后来我发现到现场一看，那些房子挺恶心人的，跟由媒体所传达的信息完全是两码事，尤其是现在很时尚的那些建筑师，我到现场去看他们的建筑，都给我特别大的失落感，怎么做成这样，看着真难受，跟古典时期留下的普通房子比起来，有特别大的反差。如果建筑有它的社会的使命与历史的使命的话，我感觉可能更应该是那个给人感觉很舒服的建筑，而不应该仅仅是一种时尚。

当然，建筑应该反映时代的面貌，我感觉先进的东西肯定在时尚里头的。但这些时尚，可能最后大部分都泥沙俱下，大浪淘沙，被历史证明是垃圾。但是肯定有一两个是走在历史前端的时尚的东西，又能给当下的人和后代的人以舒服的感觉，这当然是最高境界。虽然我不一定能达到这个境界，但至少这是一个愿景。

我觉得风格，都是一个次要的东西。你所设计的房子，要让人多年以后去看了，感觉仍挺舒服，那才是最主要的。我认为室外给人舒服比室内更重要，因为我觉得室外是为大多数人服务的。一个房子，你进去的机会很少，只能是那房子的主人，或者在里头居住或工作的人，但是大部分人都是在它外部形成的城市公共空间中穿行，如果这个城市公共空间给人感觉很难受的话，那你就是一个罪人。

鄂尔多斯"20+10"方案

上海世博会UBPA办公楼

北京建工学院新校区六号楼

建筑的一个很重要的角色，是构成城市公共空间的背景。建筑师设计了这个背景，所以我觉得这是建筑师最大使命，应该从这个角度看这件事情，剩下的那些，比如如何去判断未来的发展，如何引领时尚，这是第二个层面，我也想追求这些东西，但是，我觉得这些不是最高层面的追求。

黄：您说的室外比室内更重要，关注到的就是城市公共空间的营造与社会责任。谈到责任，我想到一点，就我个人对于中国建筑发展的研究，您这一代的建筑师，由于信息的缺乏，所以很难全面地了解到以前所发生的建筑史实，或者只知道片断与零碎的记录。而您所处的20世纪80年代、90年代中，传统与现代一直是被争论的话题。但是传统与现代的争论早从20世纪20年代、30年代就开始了。所以，您怎么看待现今的中国现代建筑？那传统建筑又该如何自处于现今的社会中？

胡：我考虑过这个问题。首先，先抛开这个题目，从文化、传统、地域性来考虑这个问题。我对地域性做过一点思考，我采用唯物主义的观点，可以认为先由物质来决定精神层面的东西，为什么在中国形成这样的房子，在希腊形成那样的房子，是有机缘巧合的，但也有很重要的因素，就是当地的气候、材料和文化的传统而形成这些房子。那为什么在古代形成了这么多色彩斑斓、变化万千的文化？我觉得是由于当时的交通，联系不发达而导致的隔阂才出现这样的情况。动物的进化也是这样，澳大利亚的动物跟欧亚大陆的动物完全不一样，就因为彼此间不联系，所以就形成了很独特的东西。

现在的世界不存在这种交通联系不畅导致的隔阂了。另外，差异存在的主要原因是古老文化的惯性，那么在目前的情况下，地域的差异性很难再产生。我举个例子，比如过去北欧的房子，坡顶都特别大，是因为防雪，现在的技术一个平顶全可以解决。所以，我是觉得从物质基础的层面上看，形成一个地方文化的这种建筑不太可能以单纯的形式来表现，可能更多表现在社会需求上。

我碰见过一个中国联通的官员，他说中国有很多互联网的技术，已经在世界上处于顶端了，为什么？就是服务的人群太大了。在国外，可能几百万就是很了不起的数字了，咱们这儿几千万都不算一个大数字。要去解决这么大数量的问题的时候，就会出现一个新的技术。所以我觉得从中国来说，有中国特点的东西不是对过去形式的重现，因为过去那个已失去存在的基础，物质基础没有了，因为一个技术全能完全解决问题。因此解决中国自己的问题变得非常重要，我是不是能够看到中国自己特有的问题,我觉得这是关键问题。所以依我看,方案目标是找一个新的视点去看中国特有的问题。当然现在中国的情况,我觉得文化的惯性还很大,传统的文化起着很大的作用。但是,建筑师不应该刻意地再回到过去,过去除了在感情上的一点感觉之外,除了煽情之外,其他都没有任何意义了。在这种情况下,中国对待自己文化的态度,应该是把中国古代的东西好好保护好,现在保护得太不好了,然后,就好好做个新的房子。你看看建筑文化发达的国家,也有很悠久的历史,比如法国、英国,但他们的建筑师从来不往后看。

  我觉得中国现在的状态,一个就是要好好地保护古代传统的东西,认真地去做新的建筑;另外一个,在文化发展当中应该努力地缩短跟先进文化之间的距离。我觉得只有超越这个东西,达到了先进文化层面,你才会发挥出真正自己独特的东西。因为到那个时候,你往上看的时候,只有天,没有别人了,才能够发展成自己的东西。所以,现在急于发展自己的地域性,我觉得没有意义,我的观点就是这样:就是缩小跟先进文化之间的距离,这是咱们这一代人的努力方向,而不是说从古代里弄点花样,我觉得那个也可以满足有些人的心理需求,但是我觉得那不是大方向,那是主菜里添的那点佐料,可以那么做,我不反对,但是我觉得大方向不是那个路子。

黄:您觉得中国现代建筑应该要缩短跟最先进文化之间的差距,这个缩短差距,就像您说的您要跟上潮流,与时俱进。所以,您想让您的建筑处于一个进行时、未来时,而不是过去时,但对于传统,所谓的过去时,就要好好地保存它。

胡:对,没错,传统要好好保存、好好学习,从传统中汲取养分,但是提取的养料不是为了宣传用的。

黄:好,设计过程中,您是如何产生的想法与构想的?

胡:我比较关心的项目,我都自己再写一个任务书——建筑师任务书。我觉得这个也是这几年比较关注的内容,就是我要从中发现独特的问题,因为我觉得建筑的问题,可能有无数个问题都摆在那儿了,你可以去发现它,但是发现哪个问题,哪个问题作为创作的重点,这是个人的价值判断,我是想努力地发现一些独特的问题,提出独特的解决方法,然后通过这些方法来表达建筑并形成一个独特的建筑,我是这么想的。

2004年获詹天佑奖

2004年工作室合影

2005年参加深圳双年展

2008年在巴塞罗那参加世界建筑节

2004年在家看电视、看书

2004年在家和老婆给朋友拜年,第一次有了自己的家

2007年和远在美国的朋友欢聚

2008年和儿子在苏州

杭州奥体游泳馆方案

工作室合影

李兴钢
Li Xinggang

中国建筑设计研究院(集团)
副总建筑师

访谈时间——
2011.10.18

代表作品——

建川镜鉴博物馆暨汶川地震纪念馆
北京复兴路乙59-1号改造
北京地铁昌平线西二旗站
海南国际会展中心
安徽绩溪博物馆
内蒙古元上都遗址工作站

1969年出生于河北省唐山市乐亭县，1991年毕业于天津大学建筑系，同年进入中国建筑设计研究院工作至今，1998年入选法国总统项目"50位中国建筑师在法国"赴法国进修，2001年任中国建筑设计研究院副总建筑师、教授级高级建筑师，2003年任李兴钢建筑设计工作室主持人，2003年获得中国建筑艺术奖，2005年获得第五届中国建筑学会青年建筑师奖，2007年获得中国青年科技奖；2005年参加中国当代青年建筑师作品八人展，2008年参加第11届威尼斯国际建筑双年展（中国馆）。

印象

　　李兴钢，是北京奥运会主会场"鸟巢"的中方总设计师。2003年他在中国建筑设计研究院（集团）成立自己的工作室。李兴钢对建筑中的"中国性"始终是感兴趣的，所以他关注和思考中国古典园林及其当代性；同时他也关注和运用当代建筑语言——结构与形式、皮层与材料。他企图在这两条主要的路线上，强化个人的设计能量，梳理出自己的价值判断与建筑哲学观。

　　在李兴钢初期的建筑实践中，延续了他在求学时的思考——如何在设计中表述"中国性"的问题，初步总结出"庭"和"堂"、"街道"和"庭院"的关系，并扩大到"城市"方面，形塑出中国"城市"与"建筑"的空间思考模式。之后体现在金阳大厦与北京兴涛学校这两个项目上，在设计中强调由单体建筑延展到建筑组群的过程，着力于空间构成的语法，对形式则是次之，最后阶段性归纳出"中国城市与建筑的复合性"这样一种认识、思考和做法。

　　兴涛接待展示中心是李兴钢初期的一项代表性作品，延续着对"中国性"的思考，更可隐约看到他内心潜藏的设计追求。他把对中国古典园林的关注与片段的感觉，转化成用墙体去暗示与实现：利用墙体的水平与垂直的连续性转折与延伸，界定出内外空间；以墙体的"实"围塑出"虚"的空间，暗示人的视觉与移动，创造出一个出口或路径，把建筑的流线和空间给串起来，这有点园林中步移景异的意味。可以观察到他对园林的关注和思考，已从这个项目开始。

　　"鸟巢"中方总设计师——是李兴钢给人印象最深刻的一个角色，但在参与"鸟巢"设计工作之前，他曾有一个很好的铺垫，就是西环广场暨西直门交通枢纽的中外合作项目。他当时作为设计的总负责人，主持工程方面的设计和具体工作，同时也建立起一种中外合作的对等关系。一方面中外建筑师相互学习、借鉴与交流，一方面增加中国建筑师的自信心，沟通无障碍，思维国际化。这些方面的经验与提升，为他参与"鸟巢"设计做了非常好的铺垫。

　　李兴钢因"鸟巢"项目的原因，和赫尔佐格与德梅隆接触并且对话。他站在中国建筑师的视角，给予"鸟巢"合作设计团队充分的设计建议与价值参考。除此之外，李兴钢也因和赫尔佐格与德梅隆的接触与合作，进而学习到他们的工作方法与工作模式——怎样使一个建筑的设计和实施从开始到最后逐渐发生、发展、完成。之后李兴钢成立自己的工作室，他也建立起这样一种类似的工作方法与工作模式，建立起自己的团队。

　　皮层，是"鸟巢"所体现出来的设计语言。"鸟巢"那由不规则钢结构编织而成的椭圆马鞍形，仿佛是从瓷器的古雅意韵中衍生出的外形，而就建筑学的视点，"鸟巢"表现出来的就是一个"结构性"皮层的建筑语言。李兴钢也因此开始关注到这个极富当代性的建筑语言——皮层的应用，也在他的其他项目中依稀可见。在复兴路乙59-1号改造中，李兴钢设想利用皮层与建筑内部空间产生联系，形成一种透视延伸的感觉，带有"皮层——空间"的设计倾向。而这个内部空间，被他想象成一个垂直方向的园林，皮层跟路径结合、跟视觉感官发生了关联，不同透明度是对内部空间的不同暗示。

　　"中国性"如何在当代建筑中体现，是李兴钢始终思考的命题。而对于这个"中国性"，他早期曾关注城市和建筑之间的"复合性"；之后则关注中国古典园林的当代性，如兴涛接待展示中心，创造出一个当代商业建筑中的"游园"方式和空间，如大兴文化中心，建筑围绕着一个立体变化的园林式庭院布局。而在这个过程当中，他又转而关注皮层的建筑语言，但对于园林的思考，始终不曾中断过。所以，他开始想把这两条路线做一个结合，企图从这当中去强化个人的创作能量，梳理出一条明确、清晰的设计路线。在建川镜鉴博物馆中，这两条路线的结合更为明显，在立面上用砖来做皮层的处理，塑造出不同通透感的砖砌墙面与内部功能的对应和暗示，同时用砖来达到一种封闭性与内向性，以突出内部庭院的景观和体验；而内部空间中参观展览的过程则是园林式的体验，运用园林的元素，直接或抽象地表述出来，并使用"复廊"和"亭台"的手法，构成线性的展览空间，所以实际上还是一个繁复的游园式空间。

　　李兴钢的设计，从过往至今似乎摆荡在现代与传统之间，或者是企图融合两者。传统——是他所关注的园林，并从中领悟和寻找当代性的表达；而他所认知的现代，更靠近当代与未来——一种当代的皮层，结构与形式的相互激发与转化，材料潜力的挖掘与再创造。总之，李兴钢逐渐在形塑他自己的建筑语言系统或者是哲学观，他从原本放任的姿态到慢慢有意识且主动地去思考与建立。步伐，循序渐进与不疾不徐；态度，悠游放松与随性自在。他觉得这样建立的过程是自然而然的，是经验积累的，结果也应该是顺从人意的。

访谈

采访者
黄元炤

受访者
李兴钢

时间
2011.10.18

地点
中国建筑设计研究院（集团）
李兴钢工作室

黄：李老师您好。就我的了解，您在初中时曾参加县里组织的少年书法绘画比赛，当时画了一幅激光战胜孙悟空金箍棒的科幻画，还得了奖并展出，您当时是不是对画画感兴趣？若感兴趣，日后您选择建筑学专业就读是否与此兴趣有关系？

李：我读建筑的原因，并不完全是因为我喜欢画画，没有那么直接。而对画画，我可能只是有一点兴趣而已，家里面也没有什么条件让我学画，也不算有多好的绘画能力和水平。

上大学前报志愿时我报了两个专业，一个是建筑学，一个是服装设计。原因是，我感觉这两个专业都不是枯燥的专业，将来也都不是那种特别纯粹理性的工作，可能是我喜欢的领域，但其实那时我也不是很了解这两个专业真正的实际内容。

中学时我的数学老师，也曾是我的班主任，跟我提起过梁先生（梁思成）。

黄：所以，当时您就有点知道关于建筑方面的事，知道建筑其实是和绘画、艺术领域有关的专业。

李：是。另外，中学时候我曾参加过唐山市中学生夏令营去山东烟台旅行，认识了一些比我

中学时代，乐亭，1981-1987　　　　大学时代，天津，1987-1991　　　　在南方，珠海，1993

部院时代,北京,1991-2002　　　　　部院时代,北京,2002-2012(李海波摄)

年长的朋友，我当时是高一，他们可能是高二、高三的样子，之后其中有一位朋友考上了天津大学，记得他很优秀，学的是计算机专业。

当时，我的高考分数不错，算是县里的状元，考清华应该是没问题的，但估计要报清华最好的专业还是比较有风险，而我想还不如有把握地选一个好专业，所以，天津大学成了我的首选学校。我当时写信请教那位已经在天津大学读书的夏令营朋友天大（天津大学）哪个专业最好，他回信告诉我，天大的精仪和建筑都很好，而建筑系还经常组织学生参加全国大学生设计竞赛，获奖率挺高，而且都是比较高的奖。

黄：所以，当时您就耳闻天津大学建筑系在大学生设计与论文竞赛中，屡屡获奖的事迹。

李：对。当时我这个朋友说，天津大学建筑学的整体教学实力不亚于清华。当时我听了很高兴，既然如此，自己又对建筑有着潜在的兴趣，所以天津大学建筑学就被报成了第一志愿。

黄：就我的了解，您在中学时，曾参加学校举办的地震知识竞赛，并获得一等奖，能谈谈这个竞赛吗？

李：1987年的夏天，当时我已经高中毕业，且高考已经结束，正是上大学前的暑假，县里忘了是哪个部门组织举办的一项地震知识竞赛，学校老师就安排我去参加。记得当时我对这个竞赛很有兴趣，结果还获得第一名，奖品记得是一块电子表，送给了姐姐。

竞赛题目里有一项是对自己身边周围居住的房子的抗震认识，我就回家跟父亲一起讨论我们家住的房子。我们家是典型的河北民居，木柱、木檩与木椽组成承重的框架，屋顶是椽子上铺苇席、其上用石灰水泥槌实赶光，看上去很结实厚重的砖墙其实并不直接承重。记得当时父亲就已经跟我分析到了自家房子的这种结构系统——"墙倒屋不塌"的道理：因为是柱子支撑着屋顶，当地震来时，或许砖墙会被晃塌，但房子仍然可以屹立不倒。我当时觉得这样的分析很有乐趣，发现习以为常的房子里面潜藏着一种代代相传、无师自通的造屋智慧与巧妙安排。

从小我就住在这种房子里面，而且世世代代、左邻右舍都这样盖房子，沿袭了千百年流传下来的工法。在孩提时代，我曾多次看过人家盖房子的过程，那时只觉得好玩：先做地基，我们那叫"打夯"——一群大人呼唱着好听的号子，一下一下抬起木架捆绑着的圆柱形石头，沿着挖好的条形地坑，重重地砸下，有节奏、有顺序地把土夯实，再起柱、架檩、搭椽、砌墙，然后铺上屋顶，还记得最后很多人在屋顶上用木槌一点点拍实水泥表面（其实就是"压实赶光"，以利密实防水），因为是最后一道工序，房子即将大功告成，当时大家都很快乐。这些都是我儿时有关建筑的记忆。

黄：您刚说的，您见过大家互相帮助盖房子，所以当时一般人都认为建筑不过只是盖个房子而已。那么，在您儿时到大学之前的成长过程当中，您对于当时所谓的"建筑"是如何理解的？

李：在我小时候，对建筑还有一个很强烈的印象，就是唐山大地震发生时与后续的事件。

1976年7月28日凌晨，地震发生的那一瞬间，我母亲抱起还在睡梦中的我冲出屋外，当我醒过来她告诉我，因为匆忙，她又抱着我绊到了门槛，失去平衡摔了一个大跟头。那年我七岁，其实也并不知道发生了什么事情，地震到底是什么。我的印象是，主震完后间歇的余震发生时，人无论如何都站不稳，好像大地要被掀翻起来的感觉。由于半夜天凉，又下起小雨，稍微稳定下来后，我父亲想要回屋子给大家拿衣服，我姐姐和我抱着他，不让他回去，怕地震要是突然再来，房子会塌。这一切的场景让我印象深刻，心中油然生起一种莫名的恐惧感，忽然间觉得原来认为坚固无比的建筑可能是一个很危险、很脆弱的物体。这是我当时的直觉反应，也算是学建筑之前对建筑的一个认识。

黄：1987年，您离开家乡，进入天津大学建筑系学习。就我的了解，您在学习期间，对建筑设计特别感兴趣，获得不少设计竞赛的奖项。谈谈您当时在天津大学所受到的建筑学教育是怎样的，天津大学给了您什么样的启蒙教育？

李：我的母校天津大学，是激发我对建筑学真正产生兴趣的地方。上大学以前，其实并不懂建筑到底是什么样的专业和职业，经由老师的授课、教导与指引，然后再自己读书、设计操作，并不时与师长、同学间讨论与交流，让我逐渐了解和体会到建筑的学问和乐趣。从不了解一个学科到非常热爱它，喜怒哀乐都会跟它有关系，真正地从骨子里对它产生兴趣，愿意为它投入你的时间、精力、甚至几乎所有的热情。我觉得这一点非常重要，可以说奠定了以后工作和生活的道路，这是一个关键的起点。

按我的理解，我所经历的天津大学建筑系的教学是一种"师傅带徒弟"的传统，但不是生活上的，是学习上的。比如一个设计作业的教学过程，是通过若干回合学生

第一次来到北京,1988

水彩实习与段有瑞老师,蓬莱,1989

与同学江岷,大大设计教室,1988

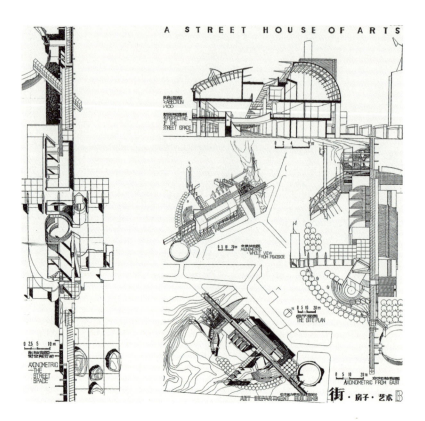

大学二年级小住宅设计，1988

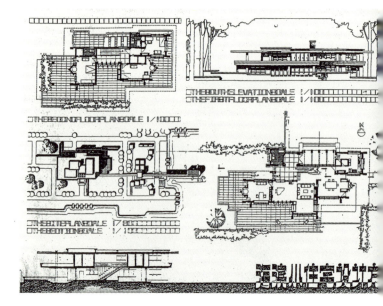

天津市大学生设计竞赛图纸，1990

天津大学校园，1989　　　蓬莱古建测绘后回天津船上，1989

大学时旅行,济南趵突泉,1990

部院实习期间与建筑师们游白洋淀，1990

摆拍画图，天大设计教室，1990

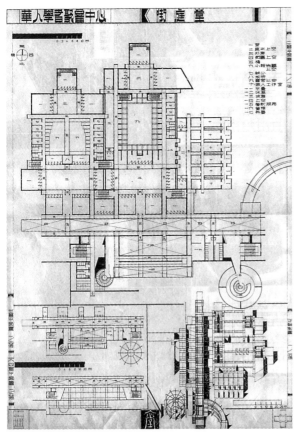

本科毕业设计模型和图纸，1991

画草图和老师改草图的方式实现的。每一个回合都是老师先当场一一点评、讲解甚至讨论学生设计中的问题，然后再把学生草图带回去，根据每个学生的思路一张张改好，当然这种情况下老师带的学生数量是有限的，我们当时是一个老师带十个学生，而且对老师自身的教学能力和责任心要求也很高。等到下次上课时，把学生原来的草图和老师精心改好的草图发还给学生，学生会非常直观地看到和体会老师改的内容与自己原来设计内容之间的差异，在这种对比的体会之下，会产生一种"落差式带动"的学习和能力的提升。学生要做的每一步都有老师的身体力行和亲自示范，就像是用"手把手"的方式在向一届届学生传递某种价值判断、能力和传统，我觉得这是一种学建筑的好方法。建筑师的匠作属性决定了"师傅带徒弟"的建筑学教育模式有不可替代的作用。找到好的师傅很重要，但还要能突破师傅的局限，找到自己的天地。我觉得天津大学建筑系的这种传统其实很有特色，学生看老师怎么做，把所有事情从头到尾展示出来，其实是一种很具有系统性的教育方法。

黄：谈谈天津大学建筑系有哪些老师对您产生影响，或者使您印象深刻？

李：在天津大学上学的时候，认识了很多有意思的人，包括老师和同学，实际上自己的成长和跟这些人的交流以及他们对我的影响是分不开的。比如黄先生（黄为隽），他指导我做了平生第一个建筑设计，可称得上是我的建筑启蒙者。他有着多年出色的职业建筑师背景，能把关键之处讲得清清楚楚，又画得一手漂亮的铅笔草图，还擅长对学生循循善诱，随着学生的兴趣点来指导。跟着黄先生开始学建筑是一种享受，更是幸运。当时的周恺、赵晓东等年轻老师和老先生们一起带我们的设计课，他们都是出色的天津大学建筑系毕业生，活力热情，视野开阔，愿意跟我们交流，自己又有一手好活儿（比如参加国际竞赛获奖等），当时很是受我们这些小屁孩的欢迎甚至崇拜，也特别能激发起我们对建筑的兴趣和向往。

老一辈教师中邹先生（邹德侬）带过我大三体育馆的设计作业，记得当时我做了一个网架结构，邹先生亲自带我去请教天津大学设计院的结构总工程师凌总。可以想象一下这个事情放在当下还是否会发生——指导老师为一个本科生的作业（又不是实际的工程）去请教设计院的总工，现在想起来都很感动。

聂先生（聂兰生）也算是我的恩师，但她并没有直接带过我课程作业，实际上是另外方式的教导。大三暑假时有一个大学生设计竞赛，聂先生给我很多指点，自己的一些想法和做法得到了她的肯定，竞赛也获得了好成绩。其实学生的成长就跟儿童一样，需要不断地鼓励，特别是来自老师的，不断地通过作业、竞赛等得到肯定，有助于形成一个成长进步的目标。聂先生是一位对学生慈爱又严格的先生，我后来就业、读研乃至工作生活方面都愿意跟她老人家交流，她给了我很多教导。她做人做事的大家风范是我心中永远的楷模。

彭先生（彭一刚）那时也已经不带本科生，他后来成为我的博士研究生导师，言传身教，也有很多难忘的教诲。

黄：就我的了解，1990年您曾获得首届天津市大学生建筑设计竞赛一等奖，能谈谈这个竞赛吗？

李：竞赛题目是一个大学艺术馆。当时我下了很多工夫，记得在设计上参考了当时很前卫的美国墨菲西斯（Morphosis）事务所的设计，自己做了一些转化，图画的还是不错的，各种角度和方式的轴测图，用了某种不安、混乱与穿插的设计手法和表现，玩得挺高兴。对处于学习阶段的人来说，玩也是一种体验，一种祛魅的过程，玩过才懂得什么更值得喜欢和投入。

黄：天津大学建筑系沿袭着法国古典学院派布杂（Beaux）体系的教育理念与方法，之后"现代主义"（Modernism）、"后现代主义"（Postmodernism）建筑思潮的出现，也影响了天津大学建筑系的教学方法。当时，您有受到这些方面的熏陶吗？

李：我觉得当时国内高校的建筑学教育，基本上都是沿袭法国古典学院派布杂体系的教育方法，而有关"现代主义"的教育体系与方法，则并没有明确地提出。可是，在"现代主义"之外，中国的20世纪80年代，世界建筑领域确实又先后存在和流行着"晚期现代主义"（Late-Modernism）、"后现代主义"、"解构主义"（Deconstruction）与"新理性主义"（Neo-rationalism）等建筑思潮。不管国外与国内，我觉得当时整个建筑领域都处于某种相对混乱的状态，这也会传达与反映到学校里。作为学生会从书籍和杂志中获得这方面的信息。所以关于这些建筑现象和思潮，主要是由自己的阅读得来的。

另外，受年轻老师的影响相对多一些，比如周恺老师等，他们对这些当时新的建筑现象和思潮有思考、有研究甚至有实践，并且愿意与学生交流，而我们便从这些交流之中有所认知和收获。记得周恺的硕士毕业论文课题是有关彭先生（彭一刚）、聂先生（聂兰生）领导的乡土聚落方面相关的研究与实践，其实是有一点"地域主义"的设计倾向，我们也从旁边或深或浅地对这一方面有所认识。

当然，记得还有一些系里的讲座，印象比较深的一次也是彭一刚、聂兰生两位先生主持的建筑设计及理论研究室主办的研究讲座，关于"解构主义"建筑的，由邹德侬先生和周恺老师主讲。

总体来讲，在大学时期，我对于所有这些思潮与体系的了解还都是比较片段的，甚至包括"现代主义"建筑本身，都称不上很系统、全面的了解和理解。

黄：您是1987年进入天津大学建筑系就读，也就是恢复建筑学教育的10年后。就您的了解，天津大学的建筑学教育，10年前与10年后，是否有所差别？

李：我的观察，在20世纪70年代末与80年代初，中国建筑界体现出一种清新感，中国建筑师的设计有着某种朴素的感觉，至少没有那么的凌乱，而高校的建筑学教育也是，所接收到的知识与资讯也更单纯一些。但是，到了20世纪80年代末与90年代初，一些新的建筑思潮导入中国以后，反而使得当时的中国建筑界开始有了凌乱，体现出浮躁的感觉。在设计方面几乎都过分地要求风格化，而这样的现象也算是建筑师的某种迷茫，都在寻找比较恰当的建筑语言与操作。这样的现象也不可避免地影响到学校的建筑学教育。所以，10年间的差异性是存在的，这是我的感觉与感悟，也是我之前参观彭先生（彭一刚）作品展后其中的一个感想与感受。

黄：彭先生（彭一刚）是您读博时的导师，谈谈您所认识的彭先生？

李：我觉得彭先生在几个身份上都达到了令人尊敬的高度：一是教师的身份，他在学术上、做人上绝对是堪当师表的；二是建筑师的身份，彭先生的作品大家都耳熟能详，虽然不多，但都很是精到，倾注了他很多的心血，包括现在相对不大被提起的天大鼋园——王学仲艺术研究所这样的小作品；三是学者的身份，比如建筑历史方面他很早就对园林、聚落领域有自己独到的研究和著作，理论方面他也一直都很重视对当代西方建筑思潮的研究，最近仔细阅读了曾坚老师出版的博士论文，十多年前他在彭先生的指导下完成的关于西方建筑思潮的研究，我认为在多元和复杂化的今天仍然有很重要的启发，也能够看得出曾老师研究成果背后彭先生的良苦用心。这些潜心研究也反映到彭先生的实践方面，他的作品总会有跟时代相关的新思考；四是院士的身

部院工作,北京,1994

旅行,香港,1996

在法国学生公寓门前,巴黎,1998

法国学习期间旅行,布洛瓦(Blois),1998

法国学习期间旅行,维也纳,1998

与崔总在内蒙古草原,呼和浩特,2002

在瑞士工作期间旅行,库尔
(Chur),2003

旅行,京都,2002

柏林至慕尼黑火车上，2005

份,他对城市建设、建筑实践和教育等领域的一些现象,总是从他的高度和角度知无不言、直陈己见,绝不人云亦云、一团和气,比如关于众所瞩目的一些重要公共建筑创作的方向和评价,比如关于博士培养甚至论文写作的问题等等。

黄:谈谈您对邹先生(邹德侬)的印象?

李:邹先生前面提到过,他带过我设计。邹先生是设计院出身,后来当建筑系老师,并且研究中国近现代建筑历史。因为体育馆的课程设计他带我请教结构专家的经历,一方面能感受到邹先生对学生尝试设计新思路的鼓励,另一方面也让我理解到建筑师在做设计时,一定要有结构的概念,特别是对大型和特殊类型的建筑。

在临近毕业之际,邹先生知道我要进设计院工作,他在我的毕业纪念册亲笔留下一句话:"盖起一大批好房子来",让我很感动也很向往。

黄:邹先生(邹德侬)是研究中国近现代建筑史的学者,谈谈您对这部分的看法?

李:我个人的理解,由于邹先生的建筑师背景,所以在对现当代建筑史的研究方面,他有独到的观察和解析角度,对于所发生的建筑事件,有他个人独到的判断和评价。实际上,他所做的研究为中国现当代建筑史研究起到了奠基的作用。

黄:1991年,您从天津大学毕业后,分配进入部院[中国建筑设计研究院(集团)]工作,当时没有想出国留学吗?

李:说实话,完全没有想过。我当时就是一心想工作,做设计,盖房子,这跟要不要出国没有任何的关系和影响。每个人的选择是不同的。

黄:您进部院工作后,当时只是参与到一些项目,还没有自己主持一些设计项目。1994年您才设计一个金阳大厦的项目。

李:对。

黄:从1991年到1994年这五年里,您在工作上有什么变化吗?就我的了解,20世纪90年代，当时的中国正经历着改革开放后的社会稳定与经济快速发展的阶段，大型建筑工程向国际招标，国外的人不断地前来中国发展，而当时南方正处于大发展与大建设的时期，因南方的建设发展契机与机会，有许多人都前往南方发展，您当时也去过南方工作。

李：我的工作状况跟部院的历史有关系。因为"文革"下放的原因，部院老一辈建筑师流失的比较多，这样年轻建筑师的机会就相对多一些，所以从我进部院工作到能够独立主持设计，这一段时间来得比较快，这是挺重要的一点。

在金阳大厦之前，我曾经设计过一组高层住宅，在山东德州，1993年建成，虽然我不是签字的工程负责人，但是，从设计构思到几乎所有施工图的绘制，都是由我自己独立完成的，花了很多工夫，在工程方面也得到了历练。这组住宅，是我第一个建成的项目，在这之后，我就和梁井宇还有另外一个朋友，三个人一起去南方了。

当时我去南方属于"半下海"性质的留职停薪状态。先去了广州，接着到珠海，大概不到一年的时间，我就回来了。原因是，一方面当时南方在经济方面，已经不是先前那么的火热，另一方面也是因为我不太喜欢当时南方的气氛，那种气氛就是大家都向钱看，周围对一个人的判断就是看你钱多还是钱少，而不是素质与学识，一种非常势利的价值观。我当时不喜欢这样的氛围，而且在这样的氛围和心态下也做不了好建筑，跟我原本期待与追求的境界相差太大，所以，后来我就先回部院了，过不久梁井宇也离开出国去加拿大了。

黄：所以，金阳大厦是您回部院工作后第一个参与设计的项目，是在1994年。

李：对，是从珠海回来后第一个参与设计的项目。

黄：您在部院工作期间，从中获得什么样的工作经验？部院里的前辈或是同辈建筑师给了您什么样的影响？

李：设计院，称得上是我另外一个学校，也是我"接受再教育"的地方。崔恺总建筑师，应该是部院里对我影响最大的人。

1990年夏天，经由聂先生（聂兰生）的推荐，我到部院崔总（崔恺）主持的设计所实习，为期大概两个月的时间，当时崔总刚从部院的深圳华森公司调回来工作不久。在崔总的指导下，我参与了石油大学图书馆、外交部办公大楼竞赛等项目。外交部大楼竞赛方案中，有一张室内主透视图就是我画的。而我同时参加的天津市大学生设计竞赛，也是在设计院实习时开始构思、画草图的。

那时，崔总给我很深的印象是他不同于一般设计院员工的工作状态，他对工作的热情与激情、组织做设计的方式与丰富的工作经验，都给我留下深刻的印象。崔总的团队总是由一拨年轻建筑师组成的，每次开会讨论方案，都充满着热烈的学术氛围，大家相处也很融洽，还记得我跟崔总他们一帮人周末去白洋淀玩，以及每周二停电没法干活时，跟崔总一起骑车去北京图书馆看书或者看电影，这使我对部院的工作环境很是喜欢，而部院的领导对我也很有些赏识的意思，所以后来我本科毕业没有读成研究生，几乎毫不犹豫就决定到设计院来工作了。

1991年正式到院里工作后，我没能去成当时崔总任主任建筑师的、我实习所在的建筑学术气氛很好的设计一所，而是被安排进了对我来说人、事、物都不熟悉的刚组建的四所。

到了四所后，由于人手比较缺乏，加上自己的努力和能力，我很快可以独立负责一些项目，这也让我有更多的机会经历更全面的工作锻炼，所以，虽然很遗憾没能去成一所，可是四所却提供了可以让我更快独立工作的环境与条件，对我的成长与帮助也是很大的。

虽然没能与崔总在同一部门一起工作，但是，身处同一院，崔总后来又从一所出来担任院副总，所以仍然经常有机会向他请教，时常交流，分享心得，甚至合作。崔总一直是我敬佩的学长风范，对我在学术、业务乃至做事做人方面的引领和帮助，影响和教导是很大的，直到今天，我跟崔总之间的交流还称得上是非常紧密的，虽然并不能经常见面。我曾在我博士论文最后的致谢中说，崔愷是我二十多年建筑之路的引领者、提携者和见证者，是我心中的榜样、兄长和朋友，这是真心话、实在话。

黄：就我的观察，20世纪90年代中，您开始有了一系列的设计作品，如山东德州高层住宅、金阳大厦、北京兴涛居住小区、北京兴涛学校等。先来谈谈金阳大厦与北京兴涛学校，就我的观察，这两个项目给我有一种古典氛围的感觉，1994年的金阳大厦，体块的组合仿似西方古典教堂，尤其侧边伸出去的体块就像教堂建筑中的翼殿般，一、二层是规矩排列的柱列与二层以上是成排成列的方形窗，整体上体现一种古典精神中的秩序感。1996年的北京兴涛学校，一处方形的高楼，仿似教堂建筑中塔楼的抽象式精神再现，似乎为了要凝聚当地的文化而设，并成为一处精神象征或是城市中的地

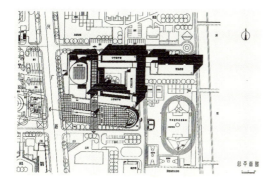

北京兴涛学校及总平面图，1996

北京兴涛学校"街厅"1998（张广源摄）

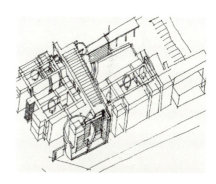

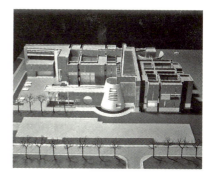

北京兴涛会馆草图与模型，1999

标,而整体场地布局是非常功能性的考量,塔楼旁长向墙面的柱间与窗户的分割比例也体现出古典精神中的秩序感。所以,这两个项目都给我有一种西方古典的性格与氛围,这部分您有何看法?您在设计中是否也想暗喻或者明示那种古典精神的转换?

李:金阳大厦,是一个小的城市综合体,有城市变电站、商业、酒店、办公等功能。这个项目在体量关系上,就是不想做得太对称,但同时又希望能够有些分量,让人感觉到建筑的存在。若是给人有古典的感觉,我想是因为有一个大拱门形成的中介空间,流线是通过这个中介空间进入到里面的庭院,再利用庭院整合不同的功能。也希望去除不必要的装饰元素,成为比较干净的现代建筑。当时在设计上或者形式上,我想尝试一种由中国古典建筑演化而来的现代建筑语言,比如空间、形式(特别是屋顶)与结构的关系等,当时我确实是有这样一种比较强烈的意愿。这个意愿后来还延伸到公安部办公大楼的竞赛方案上。

北京兴涛学校形式上受到了国外建筑师校园建筑作品的影响,红砖及白色涂料成为主要的材料和表现元素。但很重要的是,由这个项目开始,我已经重新延续思考我在大学本科毕业设计中所着迷研究和企图表达的现代建筑"中国性"问题,或者说如何以现代的方式,认识和表达中国古典城市和建筑的特征,不是从形式方面,而更多是从空间方面的思考。

我总结构成中国城市和建筑的三个要素——"街——庭——堂":首先是"街道",再是"庭院",而庭院按照台湾学者王振华的观点,它的灵魂空间是"庭"和"堂","堂"三面围合、单面开敞向"庭",所谓"堂前有庭","庭"与"堂"之间有着不可分离的、互相依存的关系。"庭"和"堂"的关系,"街道"和"庭院"的关系,构成了中国城市和建筑的一种独特的空间模式。这个空间模式,可以由单体建筑延展到建筑组群,直至扩大到一个城市。如分出"大"、"中"、"小",其中"小"是四合院的尺度,"中"是紫禁城的尺度,"大"是北京城的尺度。我的毕业设计"华人学者聚会中心"的设计主题就叫做:"街——庭——堂"。五年后,在北京兴涛学校的设计中,我开始重新尝试在真正的实践中表达我的认识:把这个学校按其功能分解为几个单体建筑,比如食堂、中学教学楼、小学教学楼、教师行政办公楼等等,在这些建筑中间,引入了一条象征性的街道,叫做"街厅",有玻璃顶盖但侧面是敞开的,由"街厅"连接"庭院",再由"庭院"把其他单体建筑组织在一起。后来的北京兴涛会馆(未建)设计则是对这种认识、思考和做法的进一步和更加彻底的延续。在这两个设计中,我集中思考和表现我所称之为的"中国城市与建筑的复合性",着力于空间构成,而对形式则是随意为之,兴涛学校里有后来变成近乎被口水化的红砖白线条,兴涛会馆里有当时流行的"理查德·迈耶"(Richard Meier)式的建筑语言,不知者定会有误解,后来我对这两个设计也就刻意不做强调了。

黄:1995年,您主持设计的北京兴涛居住小区,其设计与建设长达6年多,是"跨世纪住宅试点小区"。就我的观察,您为了打破传统住宅小区标准层的设计,采用退台的做法,使户型空间富有多样性与灵活性,且注重功能分区,利用景观绿带做分隔,形成动静分离的格局,而楼梯间和阳台有着形式手法的造型体现——运用墙板的拉出及部分小横梁的组合搭配,所以我认为北京兴涛居住小区是个很功能性考量的设计,您的看法如何?

李:关于北京兴涛居住小区,看似建筑单体上有着种种形式方面的设计,其实我的着重点却在于居住小区规划结构方面的思考和研究。一般传统典型的住宅小区,人对自己住家的识别性是没有的,只能通过门牌号来识别住家的位置,而我当时则希望通过规划结构的特征性,把住宅的识别性和归属感表现出来。在道路系统与公共空间方面,是非常工整的规划,让住户有一种共同领域感的产生;而在邻里组合、住宅单体以及户型方面,则尽可能体现出各自的特征。亦即从宏观结构到微观空间,越来越具有变化的识别性;从微观空间到宏观结构则越来越具有共同的识别感,从而通过强调住户的识别性和归属感,赋予整个住区不同以往的个性和特征。应该说规划的整体思路大体已经实现,可惜在一期完成后,由于业主的变化,我没能跟到最后。

我始终很感激兴涛小区这个项目和它的业主,我的早期实践:学校、会馆乃至后来的展示接待中心,都出自兴涛小区,是它的子项目。

黄:就我的观察,您设计上有两条路线。一条路线是关注到中国古典园林中的一种转折的指向性,如兴涛接待展示中心;另外一条是因为参与"鸟巢"设计,开始关注到表皮,倾向于一种"皮层——造型"的设计语言,比如说复兴路乙59-1号改造等。

先来说前者。2002年,兴涛接待展示中心,是您初期建筑实践中一项重要的代表性作品,似乎看到您内心潜藏的设计追求。给我最深的印象就是白色的墙板,一下转折成为垂直的墙,一下又转折回水平的板,形成包裹在建筑外部的骨架,并界定出内外空间。我觉得转折连续的墙体,有一种指向性,以墙体的实围塑出虚的空间,且暗示人的视觉与移动,有点中国古典园林中步移景异的意味,您利用墙体的水平与垂直

北京兴涛社区联排住宅，2000（张广源摄）

北京金阳大厦

北京兴涛展示接待中心入口,2001(张广源摄)

的转折连续，创造出一个视觉出口或是路径，从一个场景转折到另一个场景，往上往下、往左往右不停地转换。我的观察，您用一种全新的、透视性与延展性的构造物，去推翻一般接待中心或枯燥僵化或过度喧闹的印象，这部分您有何看法？

李：这个项目对我有特别的意义，它是800多平方米的一个小项目，所以我可以做得相对轻松一些。另外，它比较体现我的独立性的思考，然后也把它表达得比较干净和纯粹一些。

黄：就是允许您在一个范围内可以去做得相对来说更开放。

李：对，而且我是希望我做的东西，跟别人不一样一些。我觉得即使是面对一个住宅小区的配套学校或者一个售楼处，也可以有机会表达自己的思考，这是我当时的一个出发点。

　　你刚才的观察很对，我实际上始终对建筑里面的"中国性"这样一个课题感兴趣。兴涛学校的设计主题实际上是延续我的本科毕业设计里已经在思考的中国城市和建筑之间的关系。兴涛接待展示中心则开始反映我对中国园林的观察和兴趣。而为什么做得轻松呢，那时我并没有把古典园林都研究透，理论体系是怎么，空间体验是怎么，当然我现在思考得更多，但那个时候我觉得当时就是那样一个对园林片段性的感觉，把这个感觉表达出来就是了。

　　我觉得墙对园林空间、景观、人的感受的引导特别有意思，墙至少是园林里最重要的要素之一。这个小小的接待中心，里面有若干不同的功能，比如它是小区的一个象征性的大门，然后有展板、模型的展示区，然后因为小区已经部分建成，要看实景，另外还有一个参观的样板间，得把这些功能合理地串起来，它们有内在的联系，但它们又有不同的空间要求和视线需求，我觉得对人来讲，其实这有点像"游玩"——游览和玩赏，我可以把它做成一种游园的方式和行为。

黄：人随墙走，墙随人动。

李：对，就是这个感觉——游园。而引导者是墙，垂直的墙体，往上水平延伸就变成楼板，用墙和板的这样一种延伸，把整个建筑的流线和空间给带起来。

黄：所以说这个项目，较之以往的项目，您可以更放松地表述自己所想要的设计思考。

李：对。我当时还试着申报了一个英国的世界建筑奖，并获得了提名奖，应该算是中国建筑师获得的比较早的国际奖项。我其实就是想去试一下，这样一个作品在国际平台上，人家是怎么来判断的，所以当时我觉得还是挺高兴的，虽然只是一个提名奖，但能给自己带来一些自信。

黄：就我的了解，北京的西环广场暨西直门交通枢纽，是您与法国AREP公司的合作项目，这个项目给我的感觉就是想创造出城市中鲜明的地标建筑，采用无标准层设计，自下而上，面积从约900平方米至2000平方米逐层递增，这是一个重点；而另一个重点是，外立面为曲线形设计，结合纯净的玻璃幕墙，几道流畅的弧线勾勒出外形，与一般商务建筑群不同，它突破了现代写字楼直角平面式的工业化造型，能谈谈这个合作项目吗？

李：我觉得它应该说是一个典型的工程性项目，我在法国学习的时候，实习是在法铁的火车站研究局，他们有一个对外的公司AREP，很擅长交通建筑的设计，我们就邀请他们一块儿参加西直门交通枢纽的竞赛。竞赛的整个构思阶段，是中法建筑师一起进行的，中方这边崔总（崔恺）为主，我是中方的第二把手。方案构思是合作团队的共同成果，赢了竞赛之后的工程设计阶段则是由我担任设计主持人，当然也有法方的很多参与，特别是初步设计。

　　西环广场设计为三座塔楼而不是一座集中的庞大楼体，一个原因是想保留原来从西北二环路到北展剧场尖塔顶的视觉通廊，虽然这一点在城市规划上并没有要求；另一个原因是业主也会喜欢，因为三栋相对独立的写字楼更有利于销售。

　　之所以把塔楼做成曲线的形式，与原来曾经在这里存在过的西直门城楼的门洞有那么一点隐含的联想之意，算是对此处那个古老城市之门的某种记忆的唤起。这个项目非常复杂，一个是中外的合作设计模式，一个是项目本身的功能复合性：地铁、城铁、国铁等多种交通方式结合在一起成为交通换乘枢纽。另外还有各种类型的商业、写字楼等，即使放在今天，都是一个很复杂的大型城市综合体，何况是十多年前。对我的一个比较大的收获，是对大型工程的历练、控制和主持，拥有技术和团队的把控能力和自信心，是很重要的锻炼，非常有好处。

　　西环广场暨西直门交通枢纽是对于后面主持"鸟巢"的工作是一个非常好的铺

"状态":中国当代青年建筑师作品八人展,北京,2004

"状态":中国当代青年建筑师作品八人展现场工作室留影,北京,2004

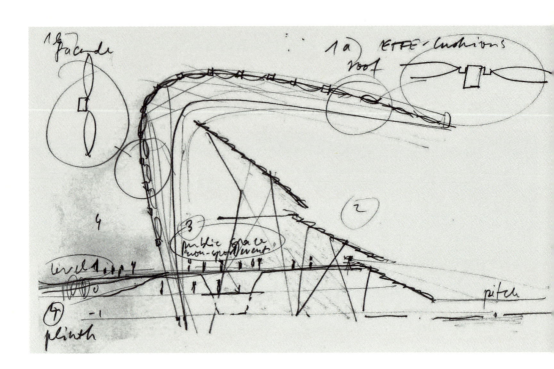

德梅隆草图,示意"鸟巢"的几个关键设计要素,2003

"鸟巢"设计联合体三方负责人共同参加评审会,北京,2004(何慊民 摄)

和赫尔佐格与德梅隆事务所建筑师一起制作"鸟巢"竞赛方案模型，巴塞尔，2003

与德梅隆在"鸟巢"现场，北京，2007（何慷民摄）

与赫尔佐格和德梅隆"鸟巢"现场讨论，北京，2007（何慷民摄）

"鸟巢"空间化的钢结构,2008(张广源摄)

2008年在"鸟巢"(王旭华摄)

北京地铁昌平线西二旗站夜景鸟瞰，2010（黄达达摄）

北京地铁4号线出入口国家图书馆站，2010（张广源摄）

垫，而且还有一个收获，中外合作设计的模式，怎样能找到一种更好的、更平等的方式。因为在这之前，国内外建筑师的合作，通常是老外先做好方案，国内再做施工图。而由西直门这个项目开始，我们开创了这样的合作模式：从竞赛和概念设计阶段就在一起平等地探讨、画草图，然后共同决定设计方向；在工程设计阶段也是基本全程地共同工作。

黄：算是一个对等关系，中外对等的合作关系。

李：至少是比以前更对等吧，就是说相互都有学习借鉴，从方案、初步设计到施工图，针对不同的阶段、不同的情况和条件，相互派人到对方的办公室工作，互相交流、互相促进。我觉得经由这些交流，帮助我有了一种跟外国建筑师打交道很自如、很自信的状态，同时也有助于必要时候思维方式的国际化转变，至少不因文化的差异而产生太大的隔阂和障碍。我觉得这种状态还是挺重要的。

黄：2003年，您去了瑞士，参与北京奥运会主会场——中国国家体育场的国际竞赛，担任中方的设计负责人。就我的观察，"鸟巢"是由不规则钢结构编织而成的椭圆马鞍形，仿佛是从瓷器的古雅意韵中衍生出的外形，体现了中国传统文化中特有的智慧与魅力。而就建筑学的观点，它表现出来的是一个皮层的建筑语言。您怎么看待"鸟巢"对您设计思想上的影响？还是您参与到这个项目后，得到了某种设计启发？

李：参与这个项目对我最重要的影响，其实是赫尔佐格与德梅隆（Herzog & de Meuron）的工作方法——他们是怎么来做建筑的。我觉得对于赫尔佐格与德梅隆来讲，他们把建筑师当成一个有点像工匠一样的行当，那么你做这个行当，怎么把这个事做出来，他们是有自己的一套做法的。他们的工作受到很多艺术家的影响，但是这种影响如何转化成现实的做法，他们又是怎么把一个设计从开始就控制好直到最后完成，这个过程我经历得非常完整和全面，并对我有很大的影响。

　　2003年"鸟巢"中标后，我的工作室也同时成立，我就开始在自己的团队中建立这样一种类似的工作模式、工作方法。

黄：我们现在正好来说一下另外一条设计路线。复兴路乙59-1号改造与北京地铁四号线出入口似乎与"鸟巢"类似，也是由表皮演化出来的造型体现，强调的是多面向与多角度的皮层整体感，追求动态自由化的极致表述。而这个表皮其实我们都了解，在中国境内，大概是从"鸟巢"开始成了中国当代的流行建筑语言，而您因"鸟巢"和赫尔佐格与德梅隆的接触及合作，这是否影响您日后的设计思维与操作，能说说您的看法吗？

李：我曾经写过一篇文章，是关于复兴路乙59-1号改造这个项目的，发表在建筑学报上。我的观点是复兴路乙59-1号不是一个简单化的、专门在表层的表皮上做文章的那种"表皮建筑"，虽然它外观所呈现的感觉像是那样。但我说即使一定要说它是表皮的话，也是一个空间化的表皮，并且它有自己内在的逻辑。

我觉得在这个建筑的设计上所受到的赫尔佐格与德梅隆的影响，仍然是工作方法上的影响：怎样思考一个建筑的发生——线索是如何产生的，然后线索是怎样导致相应的手法，最后建筑的面貌如何决定和产生。我受到他们影响的就是在这个地方，而不是说是某种具体的建筑语言，比如有人说复兴路乙59-1号与北京地铁四号线出入口像"鸟巢"之类的，其实完全不是，甚至我还会刻意回避这样一种肤浅的相似。

复兴路乙59-1号那个幕墙的不规则网格，是因为原有建筑结构系统的不规则而自然产生的；另外我把这种网格向建筑内部不同的延伸，形成了建筑内部不同的空间体验，而不只是外面的一层薄薄的表皮；同时对材料也有所思考和作为，这也是学习到赫尔佐格与德梅隆关注发掘材料本身潜力的做法，复兴路乙59-1号的幕墙，使用了不同透明度的玻璃，不同的透明度对里面空间有着不同的暗示，同时里面的人则透过不同通透性的界面，而有不同的景观体验。

黄：建筑是一个视觉化的形体，若您没有去解释这方面的设计过程，其实人家看复兴路乙59-1号改造，因它的外在形象太强烈了，从外面一看就会有倾向于表象或表皮设计的联想。

李：是，但我自己很坦然，因为实际上我不是用那种肤浅的方式做的，我很自信。但唯一觉得遗憾的是，若一个建筑要让人家真正转变那种视觉化的肤浅认识的话，就得让大家去亲身体验，但复兴路这个房子一建成就被业主租出去变成饭馆了，里面的空间改了很多、很差，多半已经不是我们原来的设计，这也是我感到无奈的地方。

黄：如果我们回归到建筑学或者建筑史的视点，如果说以后人家会去写文章的话，很有可能就会把您归在表象或表皮倾向的这一类建筑师当中，就是因为从"鸟巢"到复兴路乙59-1号改造，再到北京地铁四号线出入口，从设计中，可以看到设计表述中的某种一致性与连贯性。

李：事实上"鸟巢"也不是那种"肤浅"的表皮，而是结构化或者空间化的"表皮"……当然我觉得一定会受到影响，因为我是在做"鸟巢"的同时，做这几个项目的，每天都在跟赫尔佐格与德梅隆以及他们的团队打交道，他们是有气场，也会有影响力的，我觉得我不可能完全不受到他们的影响。

黄：就我个人的研究，基本上把表象性归类出四种不同的倾向，分别是"皮层—单面（单层、双层）"的倾向、"皮层—空间"的倾向、"皮层—造型"的倾向与"极少—体量"的倾向。像复兴路乙59-1号改造，就带有一种"皮层—空间"的倾向，利用皮层与建筑内部产生一种空间的联系，形成一种透视延伸的感觉。可是我又觉得复兴路乙59-1号也有一种"皮层—造型"的倾向，它因小见大的重复动作而慢慢形成一种造型，演化成多面向与多角度的整体感，其实"鸟巢"就有点类似这种感觉，它形成一种造型的感觉。所以说，我之前提到您设计上有两条路线，一个是早期关注到中国园林的部分，之后稍稍转向关注到表象、表皮，而近期您在四川安仁建川镜鉴博物馆暨汶川地震纪念馆中，我观察到您又回归到更早的路线——园林，可是在立面上又有用砖来做表皮的处理，塑造出不同通透感的砖砌墙面。所以，我觉得在这个项目中，您开始想把这两条路线做一个结合，是不是这样子？

李：对，其实复兴路乙59-1号已经有这些结合。复兴路乙59-1号内由西侧防火楼梯改造扩展而成的立体画廊，我把它想象成一个垂直方向的园林，有行走的路径，也有驻停之处，而行动和停留的外表皮透明度不同，比如相当于"亭"的地方完全透明，而在相当于"廊"的地方则是半透明的，就是说表皮跟路径结合起来，跟视觉感官内的景观画面发生了关联，也就是把我关注的园林和"空间表皮"这两个方面结合在一起。建川镜鉴博物馆暨汶川地震纪念馆也是类似，就是说那个砖墙的表皮它如何来跟里面的空间对应，但是用砖的砌法而不是玻璃的釉面来做不同的透明度或者不同的通透度，我们还设计了一种简单便宜的钢板玻璃砖来代替围合室内空间的那些砖块之间的孔洞；但是博物馆的核心仍然在空间方面，这个空间是一种游园式的空间。

北京复兴路乙59-1号改造

北京复兴路乙59-1号改造立体画廊模型研究，2007

北京复兴路乙59-1号改造立体画廊，2007（李兴钢摄）

建川镜鉴博物馆暨汶川地震纪念馆主庭院,2009(李兴钢摄)

建川镜鉴博物馆暨汶川地震纪念馆西北俯瞰,2009(张广源摄)

精品展厅,2010(李兴钢摄)

黄：有一种游园象征性的空间。

李：在游园式的空间里，你说的这种象征性，又跟人们对"文革"的象征性体验联系在一起，所以就形成一种更为复杂的关系和状态。我的设计里面经常有一种让我有些苦恼的特征，就是复杂性。我在一个设计开始的时候总是希望做得简单些、轻松些，但最后的结果总是很复杂，几乎就像失控一样……比如建川博物馆，实际上就有多个方面的思想和表现：第一个方面是园林式的体验，它有狭窄的、不起眼的入口，经过庭院和转折，再进入建筑内部，参观展品之后则在水院池边静思感悟并由出口离开；而在内部参观展览的过程中，也有园林式的体验，包括园林空间元素的直接使用——比如复廊，并转化成一种线性的、迂回的展览空间和游览方式，这都是对园林的思考和引用。

第二个方面就像你刚才说到的，建筑的材料和表皮的研究，以及与内部空间的对应性的思考，为什么外面用砖？是因为想形成一种内向性，来突出内部庭院的景观和体验。所以，透明的地方都在里面，外面用砖来封闭，甚至外面店铺的门都是金属的、不透明的；而在这种用砖所造成的大的封闭性的基础上，又企图有一些对内部空间的暗示，所以产生了不同通透度的砖砌"花墙"表皮。

第三个方面就是对"文革"主题的表达，镜鉴博物馆展陈的是"文革"时代的大量镜面展品，对此主题的表达在我看来不可回避。虽然我严格来讲应该不算是经历"文革"时代的人，但对"文革"有自己的理解，怎么用一个当代的方式来表现它，又跟特定的展品（镜鉴）发生关联？我们设计了一种"旋转镜门"的装置，利用它的光学特性及其与参观者行为的关联，不断混淆和"误导"人们眼中的虚像景观和现实景观，从而在不知不觉中得到特定主题的体验。

后来加入的汶川地震纪念馆，则完成了地震馆之粗粝"现实感"与镜鉴馆之纯净"幻象感"的内部空间对比，两者既相互独立并置又彼此呼应关联，共同完成特殊历史记忆的营造。这是第四个方面。

这诸多方面交织在一起，造成了这个房子的极大复杂性，虽然它也只有6000多平方米。复杂性，或许也是目前阶段我的设计的一个特征。

黄：我想做一个"实"与"虚"的对比，我观察您在兴涛接待展示中心阶段，还是属于用"实"的阶段，是用实墙去塑造转折与带有点园林的感觉，可是到了建川博物馆与纪念馆的时候，您转到一种"虚"的阶段，比如说用旋转镜门及潜望镜的原理，制造出一系列反射与折射的景象，其实是更抽象化的步换景移手法的再现，所以，您从由一种墙的"实"转到一种镜面的"虚"的运用，这"实"转到"虚"的过程与结果，您看法是如何，您自己有这个过程吗？

李：当然我觉得这并不是一个有意识的变化，实际上是跟"文革"镜鉴馆的主题有关系。因为"文革"在我看来几乎就是一种梦魇般的景象，当时的人们受到某种政治化幻象的吸引和强迫，而不自觉卷入到一种疯狂的群体游戏当中。如果把它变成某种物质化的表达，什么才能造成虚幻的景象——镜子就是一个最好的媒介，而这个馆的展品就是"文革"镜面，把镜子装置化来表现这种虚幻的氛围，而且真的能把参观转化成游戏，一种始于幻象的游戏活动，让人们亲身体会这种疯狂和迷乱，以此方式提示"以史为鉴"，如果弄得好的话应该是一个挺切题的做法。

　　在我的建筑里，不论是对材料的思考，还是对园林的思考，或是"中国性"空间与语言的思考，我都不希望它是一个先入为主的观念，就是跟建筑的功能、主题与内在逻辑、需求完全不关联的那种，我希望能够把所有的它们都很自然地联接起来。就是说，是一种内在的需求，让你产生这样一种材料的使用，这样一种空间的存在，这样一种景象的营造。我觉得最好它是一种建筑自己的愿望，对我来讲，这才是心中理想的、美好的建筑。

黄：您从早期到现在，这样一系列项目的思考与操作，我想问您有没有自己设计的中心思想或者信仰？

李：可能有十几年了，我被大家叫做"青年建筑师"，它的一个不好的地方，是让我总有对自己的某种放任。回顾我之前的这些工作，我觉得有一种"想到哪做到哪"那么一种心态，我没有特别有意识地去建立自己的比如说语言体系或者什么，像你说的主要建筑观之类的。

黄：中心思想之类的。

李：我肯定也有，但我没有有意识地把它强化或者凸显出来，有时候迫于媒体要求，挤出几句，也是笼而统之。我认为主动和有意识还是很重要的，现在开始慢慢觉得需要有这样一种意识。刚才为什么说我做设计有点想到哪就做到哪，对自己有些放任，就是

草原上的元上都遗址工作站,2011(邱涧冰摄)　　　　　　　　　　　　　元上都遗址工作站室内,2011(李兴钢摄)

元上都遗址工作站,2011(张广源摄)

南加州夏季工作室邀请讲座，北京，2008

美国史密森基金会邀请演讲，华盛顿，2008

"从北京到伦敦"—中国当代建筑展,伦敦,2012

海南国际会展中心鸟瞰,2011(李兴钢摄)

海南国际会展中心展厅,2012(张广源摄)

在海南会展中心工地屋顶,海口,2010

唐山"第三空间"施工现场,2012(孙鹏摄)

唐山"第三空间"模型

我觉得做这个项目的时候，可能对这个方面我有兴趣，然后正好是有碰触点的，有结合的可能，那我可能就这么做一下；而做那个项目的时候，我又会做那个，我自己做得也挺愉快。但是可能也会有一种苦恼，就是说因为你没有有意识地去思考某种语言系统，或者某种目标性的课题，可能就不能够集中能量和精力去研究、去强化并得到某种代表性的成果吧。

那么我觉得可能在未来的时间里，也许我需要有意识地开始。因为现在年过四十，即便作为老人职业的建筑师，也已经不再年轻，也有一点压力吧，所以要有意识地再成熟一些，需要有一些主动点的努力。

但是我也觉得，这个不是说你想这样你就能这样，而是需要有一个自然而然的过程，需要你的经验、你的思考、你的某种境界，你能否到得了那个程度，可能才会自然而然地出现；如果不能出现，说明还没到火候，或者干脆是我就没有这样的能力。

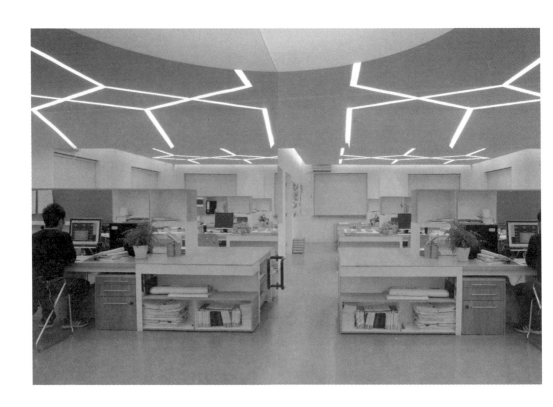

李兴钢工作室工作室(张广源摄)　　　　　　　　　　工作室研究活动,北京,2011

李兴钢工作室全家福,2011(黄源摄)

张雷
Zhang Lei

07

张雷联合建筑事务所
创始人兼总建筑师

访谈时间——
2011.10.28

Archite

代表作品——

南京高淳诗人住宅
南京混凝土缝之宅
江苏新四军江南指挥部纪念馆
南京国际建筑艺术实践展4#住宅
杭州西溪湿地三期J地块艺术集合村
郑州郑东新区规划展览馆

1964年出生于江苏省南通市,1985年本科毕业于南京工学院建筑系,1988年硕士毕业于东南大学建筑系,1993年研究生毕业于瑞士苏黎世高工建筑系。1988-1999年任教于东南大学建筑系,先后担任建筑设计教研室副主任、计算机辅助建筑设计国家专业实验室主任,其间1992-1993年任教于瑞士苏黎世高工建筑系,1999年任香港中文大学建筑系副教授。2000年开始先后任南京大学建筑研究所教授、南京大学建筑学院副院长、南京大学建筑规划设计研究院院长、张雷建筑工作室主持人,现为南京大学建筑与城市规划学院教授、建筑设计与创作研究所所长。2009年在南京和杭州创立张雷联合建筑事务所。

印象

张雷是一个任教于高校的建筑师，从拥有自己的工作室到创办联合建筑事务所，他逐渐转向职业建筑师，更加注重建筑承担的社会责任。"对立统一"是张雷目前的建筑哲学观，这起源于他对于东方智慧的领悟，也逐渐从他作品中浮现这样的辩证关系。

崇尚理性与强调逻辑性的空间关系，是张雷早期作品的一种倾向，这类倾向让人感觉张雷似乎是受到瑞士建筑的影响，但是当时的张雷，其实对建筑设计不太感兴趣。1998年南昌发生洪灾，他与朋友去做灾后重建工作后，让他真正地开始思索什么才是建筑。因为灾后重建与灾民造家，就是一个生活、需求与现实的问题，是很真实的关于生活空间的问题，早已非过往建筑学的专业原则与标准所能控制的。因此，1998年的南昌灾后重建，是张雷在设计人生中的一个转折点，以致他后来非常关注没有建筑师的建筑。

没有建筑师的建筑——就是说做设计时，没有去想专业方面的问题，是面对一个真实的生活状况，用最合理的方法来盖房子，符合现实，一种契合当地人、事、物条件的设计。这样的设计想法从张雷参加灾后重建工作后，开始在他的心中扎根，并反映在设计中。

入世，是张雷面对建筑时潜藏的态度。从他参与南昌灾后重建工作，到操作项目时面临的现实局限，他选择不逃避问题，而是直接面对并解决它，面对社会、面对环境、面对人群，他是直接参与世俗社会的层面，所以，他的态度是入世的。而他的建筑也已跳出形式，跳出约定俗成的专业，以贴近当地性的思考来切入设计。再者，他的设计是考虑本土性的，是接近于平常百姓的。另一方面，他又有着瑞士留学时领悟到的理性与简约，一种干净的品质与严谨的秩序感，这是外来影响的因子。因此，他似乎在这两者之间来回反复地探索与对话着。

张雷从不把自己定位，他只希望向"没有建筑师的建筑"学习。

南京混凝土缝之宅，就是张雷做的非常简单且体量小的建筑。他运用形式抽象化让建筑融合于当地民国时期房屋建筑群当中，使之不显得突兀与乖张，也贴近于当地居民所能接受的范围。建筑和周边老房子是契合的，和周边其他建筑在体量、色质及空间关系等方面也取得了协调。在形式抽象化后，让建筑回归至最原始、最纯粹的形体本质，展现去芜存菁般的精炼，并且达到体量最大化。另外，南京混凝土缝之宅中的裂缝，是张雷用来塑造这座房子的中心。用裂缝来做能量聚集与发散，把房子所有东西串起来，就如同一个院子把周边房子串起来一样。而裂缝上的透明玻璃与立面上矩形的开窗，提供了内视建筑的一个渠道，建立起一种内与外的对话与对立关系，建筑与环境、主人与客人，让所有事情都发生在裂缝当中，加强了建筑的存在真实之感。张雷操作小型建筑有他独到之处，而南京混凝土缝之宅是他操作小型建筑的一次提升，设计越趋精炼，姿态越趋放松，思考也更加纯粹。

另外，张雷也尝试了不同的设计倾向，在江苏新四军江南指挥部展览馆中，他尝试一种极少性的设计思考，用方正的几何形式与内向挖掘的空洞展现体量的虚实对比。他也开始关注到皮层的建筑语言：在河南郑州城市规划展览馆中，他借立面皮层透明和半透明材质与流线的环绕变化以及不同方向的出入口，让人感受到不同的立面表情与内部空间创造，让建筑面向城市而开放，为周边城市的生活与街道注入新的活力。

"对立统一"是张雷多年来总结的设计思想，是手法、是态度、也是哲学观，起源于张雷对东方智慧的参悟，他找寻出对立的关键词有：方圆、内外、深浅、多少、正反、因果、聚散、空盈……企图把它们运用到设计中。张雷希望建筑都有一个对立关系，然后统一，把完全不一样的东西，能在一个事情中得到体现，比如南京混凝土缝之宅，就是新和旧之间的对立关系，有些项目则是弱和强之间的对立关系。所以，"对立统一"的逻辑是简单的，但内容和含义却是丰富的。

早期张雷面对社会与人群提出因地制宜与基本建筑时，他的态度是入世的，而当他现在提出"对立统一"后，他似乎想把自己往上推，推得很高，去表述一个接近于出世般的哲学思想。乃至，张雷正处于入世与出世之间，继续进行他的建筑实践。

访谈

采访者
黄元炤

受访者
张雷

时间
2011.10.28

地点
张雷联合建筑事务所

黄：张老师您好。就我的了解，画画似乎是您从小的兴趣，您还想着长大后要设计航空母舰，您曾经学习过画画吗，还只是自己喜欢？若喜欢画画，这个兴趣是否是影响您后来读建筑学专业？您本身的家庭背景与环境是否也影响了您当时高考志愿的选择？

张：我从小比较喜欢画画，1976年开始上初中，从初中一年级到初中二年级的前半学期，有过一年多的正规训练。当时父母有一些朴素的想法，就是将来作为知识青年若要上山下乡的话，如果会一点文艺方面的技能，到农村去也许可以日子不那么辛苦，或许可以不用整天种田，留在大队部写写板报或在宣传队参加文艺表演会轻松些。

初中一年级的时候，我在靠近家门口的南通十四中上学，进入了当时在南通非常有名的冯老师（冯则义，江苏南通著名的当代画家）的美术组，学得还算不错。2010年10月份，冯老师80岁大寿在南通办了个师生展，我也回去参与了。而当时曾经在美术小组学习过的学生，基本上都考上挺好的美院，也出了一些挺有影响的艺术家，美术小组里也有几个后来考了建筑系，比如清华大学建筑学院的徐卫国教授，他后来考上清华大学建筑系，记得当时他是美术小组又红又专的典型，是我们的榜样，画画好，其他成绩也好。

我父母亲都是中学老师，他们是学文科出身的，在学校教语文。我上初二时父亲调到南通中学当教导主任，当时他觉得我原来就读的南通十四中学的美术课程虽然比较突出，但是其他课程却不算太强，而南通中学却一直是南通市最好的学校。"文革"前南通民间有一个说法，所谓"进了通中的门，就是大学的人"。在1976年，我初中一年级时，还不知道有考大学这码子事，1977年开始恢复高考，我父母亲一看孩子有机会考上大学，可以不再担忧上山下乡去吃苦受累，而且我学习成绩一直比较不错，尤其是数理化比较好，所以他们就把我转学到南通中学，之后就不太接触画画，开始把重点都转到学习上面，目标是能考上大学，只是有时候帮班上出出黑板报而已。

中学时代，我的兴趣和很多男孩子一样，富有青春期惯有的侵略性，对军事和武器方面特别感兴趣，飞机、坦克、舰艇……特别是航空母舰，那时候好不容易积攒的一点点零花钱，几乎全部用来买航空、舰船模型和《兵器知识》，一期不落，收获很多。报考大学前，我一直以来的理想是上海交通大学船舶工程系，当时上海交通大学的录取分数线是比较高的，按照我中学时模拟考的成绩，应该可以考取。没想到高考时最有把握的物理科发挥失常，也就没敢填报上海交大，后来知道当时要是填报了，按我的成绩也能录取，多少还有点遗憾。

我父母亲的一位朋友听说我没发挥好，索性就建议我报考南工（南工是南京工学院的简称，1988年南京工学院复更名为东南大学），他们分析我各方面学习比较全面，而且又学过美术，画画的底子也不错，而建筑行业今后会有发展，毕业以后工作也会比较好找，而"南工建筑"（南京工学院建筑系）又是王牌专业，也就在那时候第一次听说了"南杨北梁"（"南杨"——杨廷宝先生；"北梁"——梁思成先生）。实际上在到南工之前，对建筑专业是一点都不了解，当遇到询问的同学时，我还自嘲以后可能要当泥瓦匠和工头了。

黄：您刚提到您进南工前，对建筑专业是一点都不了解，那么从儿时到大学之前的成长过程中，您对于当时所谓的"建筑"是如何理解的？因为在一般人的观念里，建筑不过只是盖房子而已。

张：小时候对建筑没有特别的理解。在读建筑学以前，没有想过任何建筑方面的事情，只喜欢飞机、大炮和航空母舰。当我决定报南工的时候，学校规定在申报材料里要求要放美术作品，因为报的是建筑，我总不能画飞机、大炮，所以当时我就画了我们家的院子，这算是跟建筑相关的美术作品。那时看到的几乎都是一些老的房子和院子，房子大门的门楼有点像高高的马头墙，错落有致、黑白相映，于是我就画了两张速写，是有明暗的、有深浅和层次的，画完后就放到申报材料里面交上去了，现在这两张画已经找不到了。所以，一开始我对建筑的印象和感觉，就是我们家的房子与院子，比较熟悉，特别的亲切。因为那时，南通是个小城市，也很少有什么新房子，印象比较深的大房子是在十字街的百货大楼，小时候逃学就在里面捉迷藏，还有就是各个单位分配的住宅，也因为从小一直生活在家里的老房子里面，最熟悉的就是我们家的房子，可以在里面做很多事情，夏天晚上躺在院子里乘凉，听大人说各种事情是最惬意的时候，所以"房子得有院子"是我一开始对建筑的印象感觉。

黄：1981年，您进入南京工学院建筑系就读。在还没入学前或者填报志愿时，您当时是否了解南京工学院建筑系的概况，它的历史和教育，它的师资和教学内容？

张：报考南京工学院建筑系，是我父母亲听从朋友的建议帮我做的决定，当时我并不了解这个学校与专业，我父母亲都是学中文的，所以也不是太了解，但是他们都听说过"南杨北梁"，当时稍有些文化的人，几乎都知道南京工学院是很好的工科院校，也知道南京工学院建筑系是最厉害的一个专业。而我本身的数理化挺好的，父母亲又是语文教师，语文也还不错，他们觉得我学工科也是挺合适的，既然上海去不了，去南京也是不错的选择，离家也挺近的，所以我就报考了南京工学院。

黄：好。南京工学院建筑系（今东南大学建筑系）是中国近代高等建筑学教育的发源地之一。您在南京工学院建筑系的教育传统沿袭中得到什么启蒙与启发？当时的建筑学教育是如何培养学生的？

张：当时南京工学院建筑系学风扎实，延续了法国古典学院派布扎（Beaux）体系的教育理念，遵从古典的比例与尺度，偏向于历史与美术范畴的教育理解，重视艺术熏陶与美术训练，在基础教育时，重视基本制图规范和重彩渲染的训练。

而我学建筑是从学习古典和经典建筑范例开始的，通过西方古典和中国古典建筑的立面渲染训练，掌握建筑立面造型的比例、尺度和细节关系与处理，基本上是二维的造型训练。而立面造型和平面关系的训练似乎是分开来进行的，可以互不相干。当时南工建筑系有很多优秀的老师，他们各有所长，大多数设计老师都有非常深厚的专业功底，对学生的平面功能关系要求很高。

同时也着重平面理性主义的训练，要求的是结构的合理性、功能的合理性与流线的合理性。在当时来说，这是一套非常扎实的教学方法，当然也重渲染、重立面效果表现。平面理性主义的训练，对我的影响还是挺大的。

黄：您是1981年入学，1985年本科毕业，1988年研究生毕业，接着留校任教，1991年出国留学，1993年回国，1999年到香港中文大学任教。

张：对，基本上都是在学校里面。

黄：您从入学到毕业后留校任教，或者到出国又回国任教期间，世界建筑思潮正处于"晚期现代主义"（Late-Modernism），与"后现代主义"（Postmodernism）建筑思潮兴起的时期，到了20世纪80年代后期又有了"解构主义"（Deconstruction）建筑思潮的声音。那么，当年您对"现代主义"（Modernism）、"晚期现代主义"、"后现代主义"与"解构主义"建筑思潮是如何理解的？您刚又说道，南京工学院建筑系最经典的教学是"平面关系"的训练，或者是"空间造型"的训练，它们对建筑学更深层次的理论、思考与探索好像较少触及，那您当时是怎么看待这些思潮的？

张：我们读书的时候没有建筑理论课，中外建筑史作为主要的理论课程，讲的主要是历史，外建史主要介绍各个时代、各种建筑风格的更迭，当时最时髦的就是"后现代主义"。

黄：正好20世纪80年代"后现代主义"建筑思潮来到中国，它的思潮内容与相关表述，似乎有一点贴近于中国当时在文化、传统方面的探索，不管设计出来的建筑变形与否。

张：对，有一点贴近于中国，因为学术界一直以来都在探索"传统"和"现代"的关系，这个话题太大，其实没有什么意义。我觉得"传统"和"现代"一直都是用来思辨的话题，但不是一个可以解决的问题，但确实有很多人在里面耗费了大量宝贵的时间去试图找到形式答案。当"后现代主义"之风刮到中国后，在不少人看来是赶超先进国家的捷径，当时对"后现代主义"的热情多多少少是"实用主义"（Pragmatism）的，在很多人看来它可以演绎出某些建筑风格来解决"传统"和"现代"的问题。

年轻的学生当然爱赶时髦,"后现代主义"之后又有了更新的"解构主义"。记得我本科三年级的影剧院设计作业就好好地玩了一次,结果还被留系挂在中大院(东南大学建筑系馆)里一楼橱窗展览,为此得意了好一会儿。这个设计在平面上偏向"解构主义",尽量把影剧院分拆出更多的体量,打破严谨与对称的比例关系,意在强调一种矛盾与复杂的美感;在立面处理上,是偏向于"后现代主义"的操作,将"传统"与"现代"的符号与元素并置,形成一种混搭与拼贴式的立面,希望有更多、更丰富的视觉要素……学生时代,会经常这样追随新的思潮和形态,主要还是表面形态的简单模仿。

20世纪80年代初,我们的老师和我们几乎是同时开始接受这些新的思潮与理论的,之前十年"文革"的封闭,中国有很长一段时间是与世隔绝的。所以,当这些新的理论和思潮出现时,大家都比较陌生,从老师那里也很难有更深的解读。记得当时学校期刊室有一些外国的杂志,但是,期刊室是不让本科生进去的,主要原因一方面本科生人多;另一方面外国杂志有很多禁忌与不好的页面,包括裸体的产品广告,在当时还是比较敏感。所以,那时的图书管理员大妈,最经常做的事情,就是把书里面裸体广告给穿上衣服,用笔把衣服画好,以免年轻学生受到不良影响。

后来,当我考上研究生以后,特别地激动与向往,终于可以看到这些外国的杂志了。这样的状况多少体现了当时的学生对西方新的东西很向往,但也很表面,是一种"实用"的拿来主义,"后现代主义"正好因为契合当时"民族性"与"现代性"的讨论,所以变得很热闹很时髦。但是,对于"现代主义"的介绍与了解却是很粗浅的,也不会引起大家谈论的兴趣,还会时不时拿出来批判一下。

黄:您刚提到,对于西方世界的向往,能谈谈当时的情形吗?尤其是改革开放后面向国际化,想必有西方的资讯引入中国。

张:我本科毕业后继续在南工读研究生,后来南工沿用1921-1927年时期的校名更名为东南大学,我研究生读的是规划,从那时起开始跟导师做一些规划的实际项目,开始接触实践。1987-1989年间,西方的各种思想经过翻译出版,开始在中国大规模传播,特别是青年学生开始大量接触到西方哲学、美学、文学、音乐、艺术等方面的书籍和作品,改革开放让我们看到了中国和世界的差别和差距,在最初的震撼和冲击过后,大家开始感受到这个世界和生活的丰富性。读研时,我也赶时髦买了一些书回来看看,

访谈场景

读读而已，没有特别痴迷，也没有对世界观有特别的影响。当时，我的兴趣主要是摄影，在系里办过影展，也写过一段时间的朦胧诗。

黄：您好像有练过田径，得过跨栏的冠军。

张：中学时身体素质比较好，有些运动天分。在市中学生运动会上，拿过两个冠军和一个亚军。到南工后，也在校田径队，而建筑系老熬夜，所以没时间训练，再后来就不去训练了，后来混到学校舞蹈队，也算能练练身体。当时年轻，有很多能量，没什么地方可以去释放，就通过各种各样的渠道去宣泄。很多年轻人喜欢的时髦玩意，我几乎都经历过。

我们上大学时很保守，本科生不能谈恋爱，我们班上男女生之间，基本上是不说话的。大学四年，我遵守纪律没谈过恋爱，最多只能单相思，或者暗中递递纸条。为了可以和女同学接近，我们周末就去学跳交际舞。当时大学里跳交际舞也是刚刚开禁，学校的食堂周末开舞会，但限制人数，特别难进去。于是我们建筑系的同学充分展示专业技能——就自己画舞票，再用萝卜刻成学生会的章来盖，就混进去了，当时觉得特别得意。

学生时代对建筑的认识和理解还是非常模糊有限的，除了大家都盲目地想当大师之外，那个时候"建筑"对我而言也就是好看的图纸和渲染，我当时最期望的就是更多的设计课作业能留系，这几乎是我当时唯一的目标。看到自己的设计挂在橱窗里，会非常骄傲、非常有成就感，别的同学特别是女同学羡慕的目光是最大的学习动力。

黄：您研究所毕业后，选择留校任教，能谈谈当时的情形吗？就我的了解，1983年南京工学院与瑞士苏黎世高工（ETH）建立起合作的关系，当时黄伟康老师等6人代表团访问瑞士苏黎世高工，签订了两系之间的交流协定。1986年开始互派人员访问与交流，之后南京工学院也逐渐与其他欧美高校建立起交流的模式，能谈谈这部分吗？

张：留校任教后，我教的是二年级设计课，我自己教一个组，没有老教师带领，算是年轻老师里面一毕业就独立教学的，这在当时很少见。1988年，南京工学院建筑系改名为东南大学建筑系，当时一些刚留校的年轻教师在当时的系主任鲍家声老师的支持下，潜心研究基础设计的教学改革，像77级的丁沃沃和单踊老师，78级的顾大庆和赵辰老师等。我记得他们当时还去了上海，观摩同济大学建筑系的教学，因为当时同济大学建筑系的基础设计课程，除了传统的渲染外，已经开始了平面构成的形式训练。

当时，不管是读书还是任教，大家都很关注西方的学术思潮，那时也都喜欢讲创新。因为改革开放让我们看到了各方面都很落后，所以习惯性地批判现行的几乎一切做法，但究竟要如何创新都还不太清楚，就边批判边思考。

20世纪80年代初，南工建筑系和瑞士苏黎世高工签订了合作交流协议，顾大庆等老师在ETH进修回国后，带回来一些新的教学理念，并对一、二年级的设计基础教学进行了比较大的改革，基本做法是将传统的渲染训练和平面构成训练过渡到空间训练，渲染和构成基本上都是二维的形式练习。南工的建筑设计基础教学改革，不单单训练空间造型，而是把空间问题和环境、建造问题一起讨论，是一种基于"现代主义"的新的设计教学方法。当时我的感觉是模型非常重要，模型是非常重视建筑的内部空间，是内外在一起的设计过程的考量，而这在之前的教学里最被忽视的。

所以，当我毕业留校工作后独立教二年级设计基础时，就开始要求学生做模型，从刚开始的概念、研究到最后的表现，全都要求做模型，学生做得都很苦。另外，自己出的题目我自己先做一次，把图全画好，但先不给学生看，自己做了以后，知道里面的问题和难点在哪里，然后在教学里面去告诉学生。所以，从教二年级的设计课我开始研究设计的基本要素，开始有了对空间问题的兴趣。

黄：这是一个重要的转折点，等于您是在任教的时候才对建筑的空间有了更多和更深的探索与追求，那时已是20世纪80年代末。

张：对。以前对于所谓建筑的理解比较宽泛和空洞，什么思潮、思想、理论、方法等等，都接触过，但是始终是一些零星的知识点，目标不清晰也抓不到重心，不知道重点在哪里。而自己教设计的话，就必须理清楚，否则自己很累，也没办法和学生说清楚，最后还是觉得"空间训练"可以把建筑的方方面面给串起来，从二维的渲染或是平面构成训练转向三维是重点。

黄：20世纪80年代，"后现代主义"建筑思潮来到了中国，当时以强调历史文脉、乡土与怀旧式的后现代主义建筑居多，让当时的"传统"可以在"现代"的基础上寄居，之后又出现很多不同设计倾向的建筑，能谈谈当时您的看法吗？

张：当时也看到一些有趣的作品，但基本上印象不深，且也不是我认同的表达方式。当年这些作品中我觉得比较受触动的首先是冯先生（冯纪忠）设计的松江方塔园，觉得很自然很生动；其次是齐先生（齐康）设计的侵华日军南京大屠杀遇难同胞纪念馆，尤其是它的入口很酷，很有纪念性。我更倾向于接受抽象的表述而不是简单的文化直白的表达。

黄：南京工学院建筑系当时有许多优秀教师，有齐康、黄伟康、钟训正、孙仲阳、王文卿、潘谷西、朱敬业、刘先觉、郭湖生、吴明伟、刘叙杰等老师，他们都有着深厚的学术造诣与涵养。能谈谈他们对您产生的影响或您与他们接触的情形？

张：南京工学院建筑系传统深厚，师徒传承观念比较强，所谓"一日为师，终身为父"的观念在那个时代相当普遍。当时我们这一班81级，属于比较反叛的一届学生，本科毕业后继续读研的比例也比较高，喜欢自己玩，学风比较自由，不爱受管束。

　　本科特别是低年级接触到的设计课老师，像孙钟阳老师、王文卿老师、钱祖仁老师、徐敦源老师、陈励先老师、陈湘老师等都是基本功特别扎实，既认真教书又负责育人的好老师，每每回忆起南工的建筑入门学习都觉得特别幸运，受用终身。

　　吴明伟老师是我读研究生时的导师，他是同济大学城市规划专业毕业的，是当时南工城市规划学科的带头人之一。吴老师是对学生很宽松的老师，思想和工作领域都很开放，鼓励创新，但在细节上非常严谨，要求很高，作为城市规划的老师，他当时赢得了不少有影响的建筑竞赛，如自贡彩灯博物馆等。吴老师给了我们研究生学习时期相对自由宽松的空间，也教会了我们做人做事、顺势而为的工作方法。

　　黄伟康老师是我们本科时主管教学的系主任。黄老师对系里的设计课教学特别重视，可以经常看到他在各年级的设计教室里转来转去，看到问题毫不留情立刻批评并点评问题。当时每学期都有一两次八小时内完成的快图设计，类似于考试，黄老师亲自评分，我快图设计算是好的，黄老师对我印象比较好，他的鼓励让我更有信心。

　　我们这一届的学生比较反叛，有的老师能容忍和鼓励年轻人不成熟的创新，有些老师就觉得比较浮躁不够严谨，我的研究生毕业论文完成得不理想，比较空洞，系里为我是否可以留校任教的问题有不同的意见。最终，当时的系主任鲍家声老师决定把我留了下来。因为鲍老师担任系主任之后，希望南工这样一个历史悠久的老系在新的历史阶段能有新的面貌，他重视发挥年轻教师的作用，让我们这些刚刚毕业的年轻教师，很快有了自己的空间和舞台。

黄：1988年您硕士毕业后留校任教，1991年您得到公派出国交流与学习的机会，到瑞士苏黎世高工建筑系继续研究生学习并任教，谈谈当时怎么会选择赴瑞士苏黎世高工建筑系继续深造？

张：当时绝大部分留学还都是公派出国。我毕业留校时鲍家声老师当系主任，我们这一些青年教师，像丁沃沃、单踊、赵辰、顾大庆等都担任过系里的秘书，主要是协助系主任处理教学、科研、外事方面的事情，在系主任身边若是工作表现得好，出国进修的机会自然就多一些、快一些。

我当过外事秘书与科研秘书，刚开始当外事秘书时不会说英语，就硬着头皮边干边学，慢慢就习惯了。到苏黎世高工进修是系里给的机会，当然看到丁沃沃、赵辰、顾大庆他们回来后的收获，我也对苏黎世高工之行很感兴趣、充满期待。

黄：好。就我的了解，苏黎世高工建筑系，以构造和设计的紧密结合为其主要的教学方向，形成一套独立、具有特色、自成体系的教育方法与系统，您当时读研的导师，他教的是基础设计？

张：对，他教一年级的设计和建造，当时是一门课。

黄：而苏黎世高工建筑系有一系列非常严格的现代建筑学训练方法，教学中对材料也有一套精确的处理方式，着重培养个人对材料的选择及组织的微妙判断，能谈谈苏黎世高工建筑系教育给了您什么样的影响？

张：去瑞士之前，我对苏黎世高工一年级基础教学方法已经比较熟悉，和我之前自己教的二年级设计课空间训练也有很多类似之处，所以在理解方面没什么障碍。当时所有设计题上课前都要求先试做，这对我来说比较轻松，刚去时主要花了些时间在学习用电脑上，后来我在苏黎世高工大部分时间是帮教授做非洲的设计项目。

黄：20世纪60年代中期，在瑞士产生了所谓的新现代建筑，主要表述的是透过简约而平民化的设计，让建筑达到统一性、完整性、精确性及设计上的可变性，而新现代建筑的出现，也让瑞士建筑有了一定的地位与影响力。您在瑞士期间，想必也会到处走动走动，看看城市，看看建筑，而瑞士位于欧洲的中部，邻近国有法、德、意、奥，所以就地理位置而言，它便于考察和参访，能谈谈当时看建筑的情形吗？

张：教研室每年会组织大家出去放松一下,顺便看看建筑,一般是安排去看原来在教研室工作过的教师的设计。每次看过的感觉就是瑞士建筑水准非常高。而在瑞士旅行,偶然看到好建筑的概率,远远高于其他欧洲国家,即使是没有多大名气的建筑师的作品也都很好,而且整体水平很平均,我就觉得瑞士建筑特别了不起。第二点就是在瑞士任何地方,几乎都维持着很高的建造质量和水准,即使地理位置偏远,基础设施的支撑和建造的品质依然不会降低,这两点在全世界可能没有第二个国家能很好地做到。

我一直在被问也一直在问自己,是不是特别喜欢瑞士建筑的风格,我应该是更欣赏瑞士建筑的实施品质和内敛的张力。当时,在巴塞尔参观赫尔佐格与德梅隆(Herzog and de Meuron)早期的一些设计作品,空间语言发挥到极致性的简约,体现了精炼的生活本真,让我印象深刻,相比他们现在标志性的作品更加动人。标志性的视觉震撼力和引人入胜的内涵如何能够在一件作品里同时拥有,对我们永远是一种挑战。

黄：您一直都待在学校里面,不管是在国内还是国外,都是从事教师的工作,这是您本来的人生目标吗?

张：从读书到后来工作,我一直希望有自由开放的环境,喜欢自己作决定,不想受到太多拘束,就像我一毕业就自己独立教学带学生做设计,而且基本上我都是既没有当领导的企图,也没有被领导的意愿。在设计方面我有特立独行的性格,所以我选择了适合我的方式,就一直留在学校里。

黄：所以,您像是一个"个体户"的建筑师。

张：差不多,刚开始肯定是"个体户"。

黄：1991年,您从瑞士回国后,有自己做点项目吗?

张：之前研究生的阶段,帮导师做一些规划项目,在瑞士的阶段,也帮教授做过非洲的项目。回国后,自己零星做一点设计,当时还帮人画过效果图,挣点钱花。

黄：那之前做的项目有建成的吗？

张：我的第一个项目，是研究生阶段建成的。大概在1987年，是南京如意里住宅小区的居委会，到现在还有几栋在。后来再有建成项目，就是1999年以后的事了。

黄：所以，20世纪90年代您大部分时间还是以教学为主。

张：对。

黄：接近于世纪之交，即21世纪的前后，您开始有作品产生了，1998年建成的江苏省地税大厦（天目大厦），就我的观察，这个作品反映出一种干净化、方正的几何外形，立面上矩形开窗面规矩排列着，体现的是几何的干净、结构的干净乃至功能的干净。而1999年建成的南通外国语学校学生公寓，也有一种整体的理性秩序之感。这两个项目中，您采用严谨的正交比例关系与正负空间的运用，构成设计上的整合，能谈谈这两个早期的项目当时的想法是什么？

张：江苏省地税大厦是在东南大学建筑系时接的私活，帮东大设计院（东南大学建筑设计研究院）出了个方案，在和上海一家大院的竞争中把这个不错的活儿接下来，方案以外的事情几乎没管。南通外国语学校学生公寓从方案到施工图都是我自己控制的，也是学建筑这么多年第一次自始至终经历的一个工程项目，简单明了、直截了当的设计策略让我体会到了实施过程中的好处，虽然工程经验很少、下工地次数不多，但最终的完成品质和造价还是得到了很好的控制。我也第一次从中体会到了作为建筑师把房子盖出来的职业乐趣。

黄：就我的了解，您是不是一开始似乎对建筑设计不太感兴趣。1998年的洪灾，好像对您影响很大，当时您跟几个朋友跑到南昌去做灾后重建。

张：建筑是我选择的专业，一直都很感兴趣，但开始并没有理解到底应该干嘛。因为有瑞士的经历并且设计作品看起来很简洁，以前的采访中很多问题都会集中到瑞士建筑对我的影响。我确实很喜欢瑞士建筑内敛的品质和含蓄的表达方式，但是真正对我的建筑观有颠覆性影响的还是1998年长江洪灾后在江西南昌进行灾后重建的工作经历。

黄：由于当时冬季要来了,且给予补助的经费不足,无法满足灾民的住居需求,没办法给灾民盖一个很好的栖身之所,谈谈灾后重建的经历给您的冲击点是什么?

张：灾后重建的经历让我真正理解了什么是建筑应该解决的基本问题,我们以前最关注的往往是建筑的专业性知识,环境、空间、材料、造型等,好像设计的目的是能推导出有意思的造型。在灾后重建规划设计中,建筑的专业知识往往不被提起,讨论的首先是生活问题,是真实的基本生活空间的快速实施问题,是现实生活需求和有限的实施条件的矛盾问题。生活需求让很多悬浮在空中的知识悬疑都扎实地落地了,当你不去过多考虑建筑美学、设计手法等专业趣味的时候,结果反而最直接、最真实,也是最有感染力的。从那时开始,我告诉自己要去理解真实的生活需求,更多地关注那些没有建筑师的建筑。

没有建筑师的建筑是反映真实的生活需求,顺应有限的实施条件的自然而然的结果。我现在给学生上课,第一讲是空间,介绍基本的空间围合方式,帮助他们了解基本的专业技能,这样就可以开始操作了;然后讲聚落、讲院落,讲这些空间如何通过基本的生活需求联系在一起,而不是简单的形式操作;再然后再讲材料,如何因地制宜地选择材料和建造方式;最后讲一些设计概念。我觉得1998年参加南昌的灾后重建规划设计工作,是一个认识的转折点。

黄：所以,您是先关注到场地环境,然后是建筑空间,接着才是材料构成,而这三个方面是一起思考的。就我的观察,2000年是您的一个转折点,这一年您到南京大学成立的建筑研究所,接着成立工作室,开始有一些设计工作。这时,您的视点似乎开始关注到场地环境中的人、事、物对设计条件的影响,这是一个符合现实的思考、态度与立场。2001年改建完成的南京大学陶园研究生宿舍,就是符合现实最基本的思考,您考虑到气候条件下通风与换气的物理环境因素而设计了阳台,用以调节微气候,而阳台又因临路边的私密性问题,您采用木质百叶窗来达到遮蔽的功能,是一种半遮半挡的状态,木质百叶窗的缝隙可以自然通风,又可以达到私密遮蔽,是个非常基本的思考与单纯的想法,这部分您的看法如何?

张：确实是这样,我觉得建筑能与人和生活发生直接关系很重要,今天我们看到的绝大部分设计,包括一些挺有影响的项目,好像只是建筑师自己在跟自己较劲,其他人并不在意。我越来越认识到,一个好的设计一定是在讲一些最普通的道理,这些道理理解

东莞理工学院教工生活区

南京浦口国家遗传工程小鼠资源库

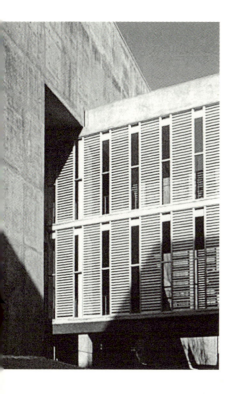

南京大学图书馆改扩建

起来不会复杂，不管你是否具备了专业知识。

　　南大（南京大学）校园的最南面有个长长的竖直线条的女生宿舍很有名，它直接对着城市主干道广州路，每次经过广州路，印象最深的就是一片挂满女生衣裙的窗户。以后只要一谈到宿舍脑海就浮现那样的场景，于是觉得私密性特重要。

黄：很有生活气息。

张：我们设计的研究生宿舍后面很近便是女生宿舍，我们没办法改变女生宿舍，但至少能把男生宿舍的私密性做得稍微好一些。南京的夏天非常湿热，夏天男学生在宿舍很少穿衣服，宿舍要通风又不能把窗户关起来，如果采用木质百叶窗，关起来也能通风还能把衣服挂在凹阳台里面，这样至少看起来不那么明显，当然木制百叶窗还很质朴浪漫，可以留给青年学生一些校园生活的美好回忆，这些都是挺朴素的想法。

黄：是一种很基本、很简单的想法。

张：当时提出基本建筑，我觉得是一种人性回归，我们总在谈以人为本，大多数只是说说而已，有很多词，重复太多说出来已经没有特别感觉了，比如空间、文化、生活等等，我经常跟学生讲，做建筑，一辈子可能也就跟不多的几个词汇在打交道，最重要的不会多于10个。但同样说空间，大家想到的是完全不同的场景，我们可能一直都在为理解一些基本的概念而思考，比如生活，而建筑就是生活，和刚刚开始做建筑的学生说这事，那他肯定不理解。

黄：就我的观察，您参与南昌灾后重建工作，在操作项目中面临的现实局限，您选择不逃避问题，直接面对与解决它，且在当地有限的经费下，用最合理的方法来盖房子，而之后项目关注到建筑与周遭环境的一个最基本的思考，我觉得您是直接参与到世俗的社会层面，态度是入世的，以解决服务对象的基本问题为主，而建筑已跳出形式，以贴近于当地的思考角度来切入设计，这是接近于当地百姓生活的设计环节，但您又加入了留学时所领悟到的外来理性与简约，一种干净化。所以，一个面向是当地、在地与本土性，另一个面向是理性、简约与外来性，您似乎在这两者之间来回反复地探索与对话，这部分您的看法如何？

张：简单总结一下，我的归纳有三点：第一因地制宜，这比较容易理解；第二一针见血，就是希望用最简单，最直接的方式回应复杂的需求；第三是对立统一，对立统一既是世界观，也是方法论，我觉得对立统一是属于东方的智慧，把几乎完全对立的状态，在一件事情上体现，是非常有趣很有挑战性的工作。去年和几位建筑师一起参加了意大利ALESSI的托盘设计活动，我的作品取名"乾坤盘"，就是想表达对立统一的东方智慧：

  方圆内外，深浅多少。
  正反之间，因果聚散。
  空已自满，盈有无常。
  盘中天地，人间黑白。

黄：这些关键词似乎都有一种对立的关系。

张：方圆，内外，深浅，多少，正反，因果，聚散，空盈，有无，天地，黑白，大部分的词全是对立的，反映了简单的表象背后复杂的状态和内容，所谓从基本的空间研究，到形成对立统一的世界观，这种复杂的关系在很多项目里都有体现，比如南京混凝土缝之宅就是新和旧辩证的关系，比如西溪湿地艺术会所表达了弱和强的关系，总结起来叫简单的复杂性、熟悉的陌生感。简单的复杂性，逻辑是简单的，但是内容和含义是丰富的；熟悉的陌生感，因为熟悉感觉亲切，因为陌生更有魅力。

黄：好，我们先不谈"对立统一"，"对立统一"的空间表述是您目前现阶段的想法，那我们回到之前的话题。前面说到，我观察您有一个倾向是当地、在地与本土性，另一个倾向是理性、简约与外来性，您的作品表现总是在这两个倾向之间来回反复地探索与对话，同时开始在建筑的外部与内部直接与直白地表达出来，在南京南视觉画廊与南京艺事后素画廊，或是南画廊都是这样体现的。南画廊（锅炉房改造），这个项目在建筑外部覆盖了一层工业用的石棉瓦，是灰色调的，而石棉瓦的灰色刚好融于周遭环境肌理当中，画廊的大门也用了铁锈，这是对于当地、在地与本土性的思考。而建筑内部的白色纯净与素朴的表述，仍然维持您一贯理性与简约的操作手法，运用最普通的建材——杉木板，室内空间的大面白漆与细长型日光灯管，强调一种极简与素净之感，这是对于理性、简约与外来性的思考。所以，这些都是"因地制宜"与"基本建筑"的思考吗？这部分您的看法如何？

南京混凝土缝之宅

南京高淳诗人住宅

张：" 基本建筑 "很重要的一方面，就是选择适宜的材料和建造方式，这在没有建筑师的建筑里表达最为充分，材料的选择及其反映出来的建造结果，告诉我们什么叫做因地制宜。

福建泉州有一种民居，外墙有石头也用牡蛎壳，看起来非常漂亮，这是因为海边有现成的礁石和牡蛎便于就地取材。我们今天面临的问题远比从前复杂，今天很多所谓的地域性材料，因为无法借助传统的方式获取而变得非常昂贵。地方性往往只是一种假象，比如说青砖看起来具有江浙一带的地方属性，但它如今已经是一种价高的装饰材料，背离了传统的文脉。

" 基本建筑 "的出发点是满足基本的空间需求，其次就是要考虑材料和建造方式的合理性。" 基本建筑 "明确地表达了建筑作为独立学科的基本技术要点，强调了建筑师所必须具备的基本职业素养。" 基本建筑 "是反实验的，我个人不认为有实验建筑，但在不同的项目中会针对某些特定的要素进行实验性探索，但是这种探索应该不以牺牲基本的空间需求为前提。

黄：就我的观察，您似乎偏向于设计一些规模小的建筑项目。

张：我对项目的性质和大小不会特别在意，业主远比项目来得重要。在特别的地段，遇到特别的业主委托了特别的项目，虽然觉得有趣，但是因为条件特别，反而会觉得缺乏挑战。

以前我们喜欢讨论的所谓实验建筑，往往某些局部有些特点，这个特点被媒体放大，就变成所谓的实验。很多实验建筑缺乏作为好建筑的基本要素，比如一些引起广泛关注的作品可能根本就没有被正常使用，这其中也包括我自己的一些作品，想起来觉得特别遗憾和愧疚。我现在的思维会更加职业性，作为职业建筑师应该更加注重建筑承担的社会责任。我们慢慢知道建筑并不完全属于建筑师或者绝大部分不是你的，它的社会价值、生活价值要远远超过作品狭隘的专业趣味。好建筑对整体环境能起到积极的作用形成正能量，在城市里盖一个房子，我们希望它能激活周边城市空间，形成有活力的公共场所。好建筑能让使用者深切体会建筑和环境的紧密关系，用起来很舒服，想起来很有意思。

黄：我观察到您设计的南京混凝土缝之宅，给我感觉是您在操作项目时的一项设计提升，仍然延续您一贯思考的路线，以当地性（现实环境条件、执行的主客观因素等）的地域性思考，用直接与合理的方式去解决复杂的问题，同时表述功能与空间的结合，让建筑与环境达到统一的状态，期望能融于当地的城市肌理，接近于当地民众所能接受的范围，事实上也是如此。而这个项目又给我另一个强烈的感觉，就是站在建筑学的视点上，它有着一种形式的抽象化，这种抽象化意指的是将民国时期建筑的外在形式抽象化，而非仿古般的照抄与搬移，也由于抽象化后建筑似乎回归到最原始、最纯粹的形体本质，展现出去芜存菁般的精炼，这部分您自己有何看法？

张：我觉得混凝土缝之宅挑战了很多东西，首先挑战了新和旧的共存方式。缝宅基地位于民国时期的历史文化街区，周边20世纪20年代的小住宅外墙以青砖为主，青砖是当时主要的也是普通的建造材料，但现在已经成了价高的装饰物。于是在设计一开始就决定不再使用青砖。我就想现在最通用的材料是混凝土，但是大部分人都觉得混凝土很粗糙，是需要装饰与掩盖的，我们能不能让现在最常用的混凝土和当时最通用的青砖形成有意思的关联，让它们很协调，让混凝土表现得细腻呢。

我们采用了5厘米宽的木条板做混凝土模板，5厘米能很好控制立面尺寸，并且和旁边青砖房5.5厘米的砖肌理在尺度上差不多。然后在色调上，我们通过在混凝土保护剂里面掺染色剂的方法进行饰面，既保护了混凝土墙表面木纹肌理，同时使得缝宅和周边的青砖墙在色调上更加接近。

坡屋顶是这个区域城市规划的强制规定，另一方面我也希望建筑体量能够最大化尽可能为业主增加使用面积，建筑形体是尊重限制条件的选择。缝宅屋顶和周边坡屋顶要有协调的关系，也必须遵守混凝土的建造习惯，所以屋顶是自然产生的，没有特别的形式预设，它是一个理性分析的结果。

这个房子挑战了很多有意思概念，比如，我觉得中国以前的房子都是有中心的，现在的房子也都会有中心或者应该有，但是中心不会像以前院落那么清晰。中国传统房子的院子就是中心，你站在院子中间，抬头仰望，觉得人的精神与天地是有关联的；西方的房子也有中心，一家人围着壁炉，烟火通过壁炉经由烟囱向上和上帝有了关联，圣诞老人都是从烟囱下到人间送礼物，房子和外面的世界是有精神联系的。

由于用地的限制，我们这个混凝土缝之宅不可能有围起来的院子，它所在的南京颐和路公馆区的建筑类型也都是洋房，作为20世纪20年代南京国民政府的高档居住区，这个区域的洋房都是房子放在中间，四周用围墙围起来。缝宅用地很局促，在满足边界退让条件之后只有13米×7米的尺寸可以盖房子，房子的中心，建筑内外精神上

南京南视觉画廊改扩建

南京艺事后素画廊

南画廊(锅炉房改造)

的关联如何达成？缝之宅的缝是关键，沿着那道缝从下往上走，会有进教堂的感觉，光从屋顶的缝隙洒下来，缝在塑造一个有向上引力的中心。就形而上的精神世界而言，每个房子都有中心，裂缝是能量聚集之处，也是能量消散的地方。

黄：我比较关注的是外在形式的抽象化。而"Z"字形裂缝上的透明玻璃，与立面上其他几何矩形开窗，提供了内视性的一个渠道，也给了内与外之间的一种对话与对立的关联。

张：这条缝能把房子所有东西在垂直和水平方向给立体地串起来，它的作用和一个把旁边的房子连在一起的院子是一样的。

黄：您刚说到中国传统院落的房子，院子就是中心。就我了解，您做过很多院落的房子，比如南京高淳诗人住宅。

张：对，太多了。

黄：南京高淳诗人住宅，您除了使用砖作为建筑外墙的主要材料外，在平面布局与空间营造上，您还设计了一个院落与建筑的关系，将传统院落内向性的围合方式予以现代的呈现，而院落也是一种偏向于中国式的地域性设计倾向，所以从砖的使用与院落关系去观察的话，更把您推向地域性设计倾向的这一块，这部分您有何看法？

张：向没有建筑师的建筑学习，最深感触的便是因地制宜。所以我对中外、古今、传统这些太大的话题没有什么兴趣，作为建筑师甚至对中国这样的概念都没有特别感觉，我并不特别在意被冠以中国建筑师这样的标签。对我而言有两点比较重要：第一，古今中外人类历史上所有好的经验和失败的教训，都应该用心汲取，并且对我同等重要；第二作为建筑师，我今天在南京的某个地方设计一幢住宅，明天可能在南京的另一个地方设计办公楼，后天跑到海南做一个度假酒店，所以对我而言，就是不同的场所，特定的地点，应该尊重这些地方和项目的独特性，并且我认为这是建筑师必须具备的职业素养。中国那么大，东西南北差异那么多，我不认为有什么格式化的中国建筑，所谓的中国建筑都是臆想出来的，是总结出来的，我的兴趣往往集中在比较具体的普通的设计起点上。

黄：之前谈到的"对立统一"的关系是您目前的建筑哲学观，但是若站在另外一个视点去看，您即使说"对立统一"的关系，可能会被人家认为在设计创作上是"可以是这样，也可以是那样"，这就有点模棱两可，那您所坚持的又是什么？您说的"对立统一"的关系，会不会太模糊了一点？可能建筑师都会去选择或坚持一种设计倾向的路线，可是您选择两种路线合一，或者合一后多了另外一种路线，这样会不会让人家无法看清楚，无法去思考到您真正的设计与想法？

张：我是从材料的研究和实践中，慢慢体会到这些辩证的道理。有时候我也会去想那些不该想的大问题，因为确实感觉到想清楚以后有利于辨明方向，作出正确的设计判断。现在特别是在开发项目中欧式风格的产品很有市场，遇到业主有困惑和我们讨论这些话题，我就在想如何把东西方的思维差异用简单的方式表述出来？这些思考对我们的设计有没有帮助？为什么我们的设计是更适合的？

我在西方工作过，知道他们会按部就班，一点一点地深入，前因后果比较清楚，非常注重逻辑性，基础问题不解决不会盲目深化，思维是线形发展的。而在中国可能就要模糊些，思维是螺旋上升的，来来回回过程和结果相互交错，酱缸里面什么都有，味道也不错，但不太容易讲清楚。如果只谈感觉你就没立场了，我觉得用对立统一的概念，至少可以让大家看到一些线索，这是比较东方的世界观。在西方黑的就是黑，白的就是白的，他们希望把事物分得清清楚楚，而在中国黑可以是白，白也可以变黑，事物对立的两个面能够挺好地统一在一起，这是它积极的一面。

我开始系统地思考对立统一的观念，觉得顺着这个思路，确实能有一些好的方法来处理复杂的设计问题，比如我们前些时候做武汉东湖边上的一个艺术馆项目，形态是三维曲线，比较复杂，很多类似的很炫的项目都有实施难度，画图不算困难，形态控制也没什么问题，但以中国目前的工程技术能力，实施的准确性一定是问题。当大家都在努力造就不可能实现的完美形态的时候，我们不再追求外形的准确性，反过来采用粗糙的饰面材料，用完美的内部空间和质朴的外形作对比，有点像椰子或者是荔枝，外面是糙的，剥开了以后，有鲜嫩的内容。

黄：（建筑）里面其实是白的。

张：建筑内部空间是白的，但是建筑外部形体反而是粗糙的，很毛糙的材料，这种策略解

江苏新四军江南指挥部展览馆

杭州万科南都良渚文化村商业街区

决了很多问题，宽容度很大，你不会担心犯错。

黄：我观察您一直以来都是有这样一个设计展现：建筑内部常显得白色纯净与素朴，建筑外部用简单与普通的材料，表述出一种工业感或者对应于现实环境下的反差感。这似乎也是一种对立统一，但又给人反差感，一种强烈的反差感：是材料上的反差，从粗糙到平滑；是色彩上的反差，从黑灰到纯白；是氛围上的反差，从工业到精致。

张：没错，这样就不会犯类似广州歌剧院那样的错误。很多事情可以逆向思维，新的做不好做旧如何？在一件看似完整的作品中表达带有矛盾性的情节会很有吸引力，光鲜的表面来点粗糙的节点，崭新的空间里加上些时间的痕迹，顺着对立统一的思路，你会自觉地想这些事情，所以我觉得它是有价值的。

黄：其实我觉得，您提到的"因地制宜"，我还可以很容易去理解，"基本建筑"更容易去理解，这两个设计想法都是对身边环境所作的立即的、反射的思考状态，所以之前我觉得您的设计态度是入世的、是面对与贴近于社会大众的，可是现在您提出的"对立统一"，我似乎感觉您想把自己往上推了，推得很上面，就是说"对立统一"要比"因地制宜"与"基本建筑"来得更接近于一种思想的哲学观，"对立统一"变成是您个人的代表性设计语言的表述，更像是一种建筑理论，这是我的感觉，现今您的态度似乎接近于出世那般，或者您正处于"入世"与"出世"之间在摆荡着。

张：刚开始没想那么多，我也从来不去花时间思考理论问题，不过我觉得建筑应该和它所处的物质环境建立某种精神联系，或者说使用者可以从中感受到自然或超自然的能量。对立统一的理念帮助我在处理复杂的设计问题中找到很多有效的线索，我觉得挺实在的。我们所讨论的这些话题，也都可以在我们的作品中找到清晰的答案。

黄：那您说的"对立统一"，是不是连材料也对立，连空间也对立，连氛围也对立？

张：有时候表现在大的概念方面，有的反映在局部细节上，我希望每一个作品都能有内在的力量感和统一的矛盾性。

黄：就是说其实您现在设计的每一个项目，都会有一个对立面的存在，不管是大或小、多或少、正与反，包含着一种对立的思考与表述。

张： 是的，希望在统一完整的形态表象中有内在的矛盾性，矛盾产生动力，有了动力才有活力和魅力，建筑不是静止的图像，它应该是生动的、有感染力的有机体。
　　比如托盘本身功能很简单，"乾坤盘"这个设计运用的形态语汇也非常普通，就是方和圆，整个操作只用了一个动作、两条弧线，乾坤盘抽象到了极致，最深刻的道理总是通过最普通的事物来表达的。

黄： "对立统一"是您的设计总结吗？还是您目前的思考？

张： 从过去的线索得到启发，目前是世界观，也是可以操纵的策略，我只关心今天。

黄： 所以说，也许未来您还是会变的，而且，我觉得您未来应该变，这样未来才会与现在不同，才能"对立"，也才能"统一"。

张： 有可能，没人知道未来。

黄： 但也有可能不"对立"，因为已经"统一"了。

张： 建筑令人兴奋，因为不知道明天会怎样。

黄： 您说您只关心今天，这样还是一个很符合当地与当下的设计说法与思考，还是回归到之前，您开始设计项目时的基本想法。

张： 当然今天这些，都是从前面的经验，一点点地过来，基本建筑像一个大筐，可以不断往里放东西，变得更加充实。

黄： 其实有时候建筑师的思考很有趣，最后还是会回到当初所想的那个思考原点。从开始出发，然后分散去尝试不同的设计方向或说法，后来又回归原点，回到当初最基本的想法。我的观察，照您这样看来，基本上也是一个这样的思路过程。

江苏扬州三间院

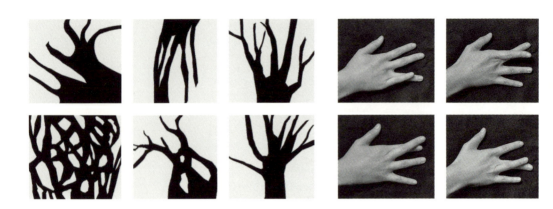

杭州西溪湿地公园三期艺术集合村
形态构思

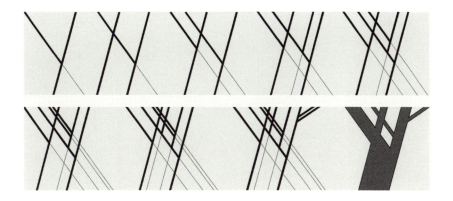

杭州西溪湿地公园三期艺术集合村生长形态分析

杭州西溪国家湿地公园三期艺术集合村

杭州西溪国家湿地公园三期艺术集合村

河南郑州城市规划展览馆

张：我觉得我现在谈起的一切，是自己实实在在能够感受、能把握、能操作的，好的设计道理都很简单，不是简单的轮回，人不可能两次踏进同一条河流。

黄：那我问问，在设计项目中思考到"对立统一"的关系，您的收放点是如何？从"对立统一"的关系当中如何取得一个平衡，还是有的多、有的比较少？

张：每个项目都是先看基地，从对环境与场所的认知开始，感知在特定的环境氛围里，建筑应该是一个什么样的状态。CIPEA四号住宅是一个挺好的例子，项目基地在南京江浦佛手湖畔的一个谷地里，任务书要求每幢小住宅面积不超过500平方米。周边的其他小住宅一般是横向展开布局的，我的基地坡度比较大，当时就想如果把500平方米摞成100多平方米一层，就能少动土少破坏自然地形，这样景观会很好对环境的破坏也最小。现场放线时请工人丈量了树梢的高度，如果4层的话正好差不多和树梢平齐，这样可以在屋顶做一个露台，有点类似院子，院子在屋顶，四周都是树围着，上面做了一个水池，屋顶平台比较高四周都是树没人看见你，躺在水池，视线正好能穿过树梢看到远山，那会是怎样的生活？

把房子尽量做高少动土是首先考虑的，在屋顶做个露天水院是受环境启发，所以，刚开始根本没有考虑房子是什么样子，然后就想，从房子里面往外看会有什么风景，能不能看出去有点意思。从外面看是一个非常干净的方盒子，老想着对立统一，里面往外看就得很丰富非几何，必须有非常强烈的反差。

黄：好，那"对立统一"算是思想吗？

张：从方法论到世界观。

南京国际建筑艺术实践展4#住宅

南京国际建筑艺术实践展4#住宅

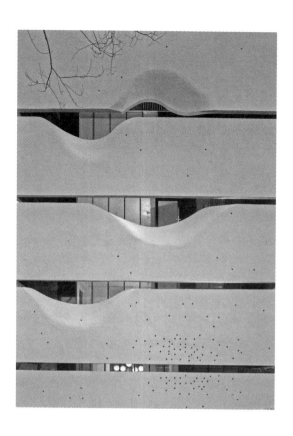

大舍 [柳亦春 + 陈屹峰]

Da She [Liu Yichun & Chen Yifeng]

大舍建筑设计事务所
主持建筑师

访谈时间 ——
2011.10.30

Architec

代表作品 ——

上海夏雨幼儿园
江苏软件园吉山基地6号地块
上海嘉定新城幼儿园
上海螺旋艺廊
上海青浦青少年活动中心
上海龙美术馆

08

大舍建筑设计事务所2001年成立于上海,是我国一家甲级建筑设计事务所。主持建筑师柳亦春和陈屹峰分别出生于1969年和1972年,均毕业于同济大学建筑系。大舍的建筑作品先后受邀参加了2002年上海双年展、2003年巴黎蓬皮杜中心"当代中国艺术展"、2004年波尔多arc en reve画廊"东南西北"建筑展、2006年荷兰建筑学会(NAI)"当代中国建筑与艺术展"、2008年伦敦V&A博物馆"创意中国"当代中国设计展、2010年威尼斯双年展CA'ASI艺术馆"中国新锐建筑创作展"、2012米兰三年展、2012年东京Hillside Forum"书·筑"展等重要国际性建筑与艺术展览;并获得美国《商业周刊》和《建筑实录》联合评选的2006及2009年度中国最佳商用建筑奖、第三届及第五届"WA中国建筑奖"、第七届台湾"远东建筑奖"、法国AS. Architecture-Studio评选的"中国新锐建筑创作奖"等多项奖项。2011年大舍被美国建筑师协会会刊《建筑实录》评选为年度全球10佳"设计先锋"(Design Vanguard 2011)。

印象

大舍，由柳亦春与陈屹峰共同主持。近年来，大舍为他们的建筑实践总结出三个关键词——"边界"、"离"与"并置"。这关乎一种理念与方法，同时他们不希望抛弃传统，希望能建立一个与传统相关的基础，然后站在当代的立场上去展开一个再创造的过程。

几何体量之间的关系，是大舍在设计中关注的重点，是一种倾向性，他们认为假如几何体量本身是简单的、纯粹的话，那么关系就更能够从中凸显出来，能够更清楚地展现关系背后的意义。所以，几何体量之于个中关系，是大舍在设计中的一种抽象概念。

江苏昆山三连宅，就是一种几何体量的虚实对比的关系，在建筑形体与阳台之间形成了上下叠加的并置关系，同时通过材料把上下关系表达清楚。除此之外，这个项目也带有点当地性，用传统材料与形制去跟传统的文化建立起某种关系。

上海青浦夏雨幼儿园，大舍仍是用几何体量去表述园林空间与平面组织的关系，园林可以说是大舍长久以来一直关注的命题，他们试图设计一条路径，来体现园林中的曲折回转。另外，他们也关注几何体和几何体之间的空间组合关系，他们试图用"并置"来概括这种关系，带来建筑的丰富性。

从建筑学的视点看，大舍表述的几何体量其实偏向于纯粹主义中所说的几何造型的体现，一种单纯表现几何形体的纯粹美感的再现，也有点偏向于极少主义所说的形式抽象化、暗喻抽象化，让形体回归到最简单、最纯粹的物件。

皮层，是大舍作品中另一个明显的表征，这是一种表象性的建筑语言。大舍在长期的实践中发展出一套在建筑立面上的精密处理的材料，一种平面化的纹理，可以说是材料的皮层性运用。

在东莞理工学院电子系馆的外立面上，以"U"形玻璃与百叶窗做上下错落的分层分列随机搭配，这样的皮层体现出分层分列辅以不同材料的围护思考。在东莞理工学院文科系馆中，大舍在皮层的表述上进行了一种升华，他们将皮层处理得更纯粹与利落，体现在"U"形玻璃相互之间的接合上，加上廊道上的栏杆与底层架空，体量处理得更轻盈，可以明显看到是一种若隐若现的皮层，而皮层的内侧就是一个开放式的廊道空间。在上海嘉定新城区燃气管理站,大舍仍旧关注到皮层在立面上的运用,错落有机排列的竖向细缝开洞,体现出预除锈钢板表面与小模板混凝土凹凸有致的肌理表述。

在上海青浦私营企业协会办公与接待中心,大舍将皮层的意义一分为二,扩大到基地的边界,增加了建筑皮层到基地边界的距离,成了一个虚化、围合建筑的框架体,这是他们将皮层扩大且虚化的处理手法。在上海嘉定新城幼儿园中,大舍在立面上挖出许多大小不一的几何方块窗,其后放置了一些内凹的空间,与内部的坡道、教室与中庭等空间结合成相互渗透与对应的体验过程,这是皮层—内空间的设计倾向。

除了对几何体量与皮层的关注外,大舍更关注的是与他们所在地域相关的园林文化,乃至对中国传统的再思考,以及如何将传统再现在设计中。而他们逐渐梳理出三个在方法与理念层面的关键词——"边界"、"离"与"并置"。精确地说,"离"是一种美学,"并置"是一种方法,"边界"是一种手法,这三个词重要程度各不相同。边界,讲的是一种空间的存在形式,一种由于自我保护的需要而产生的内向性结构,这也是中国人长期以来心境空间的一个表现;离,是中国传统的一个美学观,来自于现代美学家宗白华对中国传统建筑的认识,在他的《美学散步》中,他提出了"离"这一与建筑相关的概念,"离"通"丽",丽本来就是美丽,所以是和美学相关的一个词;并置,是建构关系的一种方法,物与物之间通过并置关系可以形成丰富且玄妙的动变组合。

大舍希望用"边界"、"离"与"并置"这三个既分属不同层面又密切相关的关键词来展开建筑的设计及其思考,一方面汲取中国传统文化所具有的营养,一方面有所创造,而这个过程中可能充满各种不同的关系,他们更希望是一种不确定的、暧昧与迷离的关系。所以,他们认为传统可以从一种个人深处的心性去理解,然后以一个当代的立场介入,用新的材料与做法把传统的感觉再重新设计出来,是记忆再现,也是一个再创造的过程。这样的思考及其追求与探索的倾向,是他们多年来在实践工作中逐渐形成的,这些思考也一直在变化,在不断地调整之中。重点是,他们既不会抛弃传统,也坚定地希望能在现代主义的道路上走得更远。

访谈

采访者
黄元炤

受访者
柳亦春 + 陈屹峰

时间
2011.10.30

地点
大舍建筑设计事务所

黄：柳老师与陈老师，你们好。想请你们先谈谈小时候的经历，喜欢画画，喜欢美术吗？日后你们选择建筑学专业就读，是否与此兴趣有关系？你们本身的家庭背景如何，是否对你们当时选报志愿有所影响？请柳老师先来谈谈。

柳：回想起来小时候基本没怎么画画，也谈不上什么兴趣。至于选读建筑学专业，则是一件有意识的行为。高三报考建筑学之前，我就知道悉尼歌剧院还有贝聿铭（I.M.Pei），报考之后，听说要美术加试，家里面就帮我请了一位老师，教我画素描，学了一个夏天，就这样。而我现在回想起来，是什么原因影响我报考建筑系，可能很重要的一个因素是和文学有关，我父亲是写诗的，我从小语文、历史等文科比较好，但家里并不希望我学文科，所以折中了一下，选了建筑。

我的父母都是知识青年，经历了上山下乡。我出生在山东，但一个月大的时候就随母亲去了奶奶那里。我奶奶的老家是南京辖下六合的一个叫周家店的小村子，平时我的母亲在公社上做工，每逢周末会过来与我们同住。村子里几乎都是成片的水稻田，我们住在村子的最东头，后院是种满了黄瓜、丝瓜、韭菜、小葱、栀子花、蓖麻和竹林的菜园子，我们住的房子是土坯房，土坯的空隙里藏着蜜蜂的窝，油菜花盛开的时候，就是我们用小瓶子到蜂窝洞口堵蜜蜂的时候，在瓶里搁上油菜花，指望着抓到的蜜蜂能把蜜产在瓶子里。

　　1979年的时候，我们全家迁回了父母下乡前所在的青岛。我的中学都是在青岛读的。但童年对一个人的影响真的是很大，在青岛读中学的时候，不知怎么，似乎亲戚同学经常都会有意无意地把我看做"南方人"，也许是个头相对山东大汉来说比较小吧，我的潜意识里大概也是这么认为的。另外，中学课本里有很多鲁迅的文章，如《从百草园到三味书屋》、《社戏》、《闰土》、《孔乙己》等等，那些文字在我脑海里似乎特别有场景感，小时候待的周家店算不上典型的江南水乡，但似乎我的童年就是在鲁迅笔下那样的环境中长大的，对江南文化的认知应该从那时就开始了吧。

黄：请陈老师也来谈谈。

陈：我是昆山人，在江南小镇上长大。我从小就喜欢画画，但是没有受过正规专业的训练，因为小镇上不具备这样的条件。所以画画只算是一个爱好。上小学时，我特别喜欢美术课，学校里出黑板报，我就负责画画。

　　我父亲是一位机械工程师，小时候我很喜欢到他办公室去玩，看他制图。那时家里订了一本叫《科学普及》的杂志，杂志内容很丰富，偶尔也会有一些与建筑相关的信息，比如对流水别墅、朗香教堂等建筑的介绍，给我印象很深刻，其中有一期还专门介绍了中国古典园林，阐述在园林中实现小中见大的手法，我特别喜欢。所以上高中时，我就想读建筑，但具体建筑是什么样的专业，只知道是设计房子，其他的并不是很清楚。以至于在高考前填写志愿时，我还不知道工民建（工业与民用建筑工程）专业与建筑学专业区别在哪里，周围也没人知道。但是感觉建筑学似乎更专业一点，因为带个"学"字，所以我就选读了建筑学。

黄：20世纪70年代至80年代左右，当时一般人的想法，认为建筑不过只是简单盖个房子而已，后来因改革开放后进行的大量建设与建筑的产生，一般人对于建筑的观念才慢慢有了修正。所以，从你们儿时到大学间的成长过程当中，对于当时所谓的"建筑"是如何的理解？

柳：高二那年暑假，当时有一份报纸举办了一个关于"美的知识"的竞赛，有100道题目，诸如《汉堡剧评》是谁写的、王国维的三境界是什么等等。为了丰富自己的课外知识，就自己拿着报纸到处找答案。那是1985年，资讯还不算通达，不像现在百度、谷歌网上一搜就能找到，当时必须得去图书馆翻很多书籍，指不定在哪儿。在那次寻找"美的知识"题目答案的过程中，我接触到相当多关于美学、设计甚至建筑学相关方面的知识，我记得就有关于悉尼歌剧院的题目，这个建筑的外形引起了我的兴趣，那时就开始认识到建筑是跟艺术相关的一门学问，不是一个简单的盖房子的事儿，朦朦胧胧觉得建筑应该是一个挺高级的专业。高三填志愿时，我的选择是非常明确的，就是填建筑学专业，那时好多学生把工民建（工业与民用建筑工程）当建筑学专业报了，我倒是一早就了解到工民建是结构的专业。

陈：在上大学前，我是从杂志上稍微了解到一些关于建筑方面的事，至于具体说建筑师是个什么样的职业，建筑到底要学什么，都不清楚。当时我只是关注一个房子的外观，而至于房子里面该怎样，我并没有概念。那时我猜想设计房子，就是把房子盖得好看一点而已。所以当时尽管仔细读了学校招生简章对于专业的介绍，我还是没弄清楚工民建专业和建筑学专业之间的差别，只觉得可能学的是一件事，但侧重点不同而已。

黄：在中国近、当代建筑发展历程上，同济大学建筑系在高校教育上占有举足轻重的地位，甚至后来形成了"同济学派"，荟萃了许多建筑与美术大师，比如有黄作燊、金经昌、张充仁、樊明体、陈从周、冯纪忠、安怀起、李德华、王吉螽、罗小未、董鉴泓、戴复东等老师。你们当时为何会选择同济大学建筑系就读？是否当时就了解到同济大学建筑系的概况，它的历史、教学及师资情况？

柳：确定报建筑学专业时，对同济大学、南京工学院（1988年改称东南大学）与清华大学这三所学校的建筑系，经由各种途径，我做过一些了解。学校老师特别希望我报清华，因为那时在他们眼里清华还是比同济要好。

　　一开始，我也有选读清华大学建筑系的倾向，高考前，一位清华大学建筑系来的老师到我们中学面试了我一下，结果他认为我不太适合读建筑，推荐我报考清华大学的汽车工程系，听他这一讲，我有点不太高兴，就报了同济大学的建筑系。

　　1986年，我决定报考同济大学后，详细了解了一下这所学校，知道同济大学前身是德国人创办的，建筑系的学制分五年和四年，五年制是学德语的，并跟德国的教学联系是很密切的，所以我就报了五年制，也想着五年会学得比较多，比较完善，说不定还有机会可以去德国留学，没想到结果却是给"大舍"起了个德语名字——DESHAUS。

陈：我是1990年入学，高三填志愿时想法很坚定，就是要读建筑学专业，当时知道建筑学专业评价最好有三所学校，同济大学、东南大学与清华大学（后来进同济后，才知道天津大学也很不错）。我是江苏人，东南大学在江苏的招生名额比较多，比较而言东南大学是较容易考的，但因为我父亲是东南大学毕业的，我不想和他念同一个大学，所以我先排除了东南大学建筑系，这是我自己的因素。而报考同济大学建筑系，是我母亲的因素，她不愿我去读清华大学，因为离家远，她舍不得我，而我家就在昆山，离上海很近，所以我母亲说，就去读同济大学吧，于是我就报考了同济大学建筑系。

黄：读的也是五年制吗？

陈：从1987年开始同济建筑系的学制已全部改为五年。我们90级共有54个学生，分三个班，一个班学德语，两个班学英语。我被分配到德语班，那时觉得挺高兴的，因为在学建筑的同时还可以学德语。

　　实际上，我中学时英语成绩不错，但是上大学进了德语班后，就不学英语了，等到德语学完以后，我觉得英语没继续学，挺可惜的，自己又回头去学英语，弄到最后英语没学好，德语又忘了，教训深刻。

柳：我那时，是成绩好的学生才能进五年制的德语班，而当时我是最后一届五年制的德语班了，到了1987年德语班和英语班都是五年制了。所以我那时建筑系的班级都称86建五、86建四，就是四年制与五年制，简称建四与建五，到了1987年以后，就改叫建德与建英，就是德语班和英语班全是五年制了。所以，我算是最后一届建五的了。

黄：接下来谈谈同济大学建筑系的教育。同济大学建筑系是于1952年全国院系调整时成立的，由原同济大学土木系、圣约翰大学建筑系、之江大学建筑系、交通大学、复旦大学、上海工业专科学校等高校部分师生及浙江美术学院（即后来的中国美术学院）建筑组学生组成，其中以同济大学土木系、圣约翰大学建筑系、之江大学建筑系共同组成同济大学建筑系的三支主流。而早期圣约翰大学建筑系系主任黄作燊先生，他引进了包豪斯（Bauhaus）的现代建筑教育理念，一种强调实用、技术与经济的现代教育思想，而之后成立的同济大学建筑系也将此教育理念予以延续。除此之外，同济各个专业老师都留学于不同国家，之后回国投入教育工作，同时也将不同的建筑思潮、学术思想引入到教学当中，形成一种兼容并蓄的教育氛围与环境。所以，想请你们谈谈当年就读时的同济大学建筑学教育是如何培养的？在同济大学建筑系的教育传统沿袭下，你们从中得到什么启发？

柳：我是1986年入学，在20世纪80年代后期，正好赶上"后现代主义"（Postmodernism）建筑思潮发展的一个高潮。因为当时是学生，也不是特别懂，那时就觉得"后现代主义"是好的，好一阵子真的就认为"现代主义"（Modernism）随着那栋住宅楼（美国圣路易斯的普鲁——艾戈集合住宅）的炸毁而死亡了，而对于"后现代主义"建筑语言强调的符号与象征，及关注传统文化方面的关注很热衷，所以，当时"后现代主义"经由建筑教育的传播，效应很大也很广，回想起来应该是对"现代主义"还没有完全理解就被"后现代主义"搞晕了，更别说现代性等概念的理解了。

当然，身边守着一个文远楼，还有同济新村教工俱乐部，这些在低年级时都是作为范本来认识、测绘以及渲染的，加上同济大学与包豪斯的渊源，耳濡目染，现代思想还是被潜移默化影响着的。

同济大学建筑系的基础教育是非常好的，我们一年级由清华大学毕业的莫天伟老师主持授课，他重点教的是平面与立体构成方面的训练，这个对形式感的建立非常有效；二年级是黄仁老师，他后来去了厦门大学，也是侧重以构成的方法展开设计，但加强了空间的概念，这两年的基础教学现在想来特别重要。

古建筑的课是由路秉杰老师来教的，路老师教得特别好，遗憾的是那时中国古代建筑史并不太受到学生们的重视，觉得那些东西离今天具体的设计特别远，感觉一时在设计上用不着，所以只当做是一门必修的课程，很长一段时间，都是属于死板的知识而已。

黄：对古建筑课的不重视，是不是也跟同济大学建筑学教育是偏向于西方、现代有关系？

柳：是吧，应该是有关系的。所以，在同济的教学中，对中国古代建筑史方面的教学与学习相对比较弱。还有一点，比较可惜的是除了建筑学专业外，同济的规划与风景园林专业那是极强的，但在建筑学的学生眼里，似乎有点不屑，这个可能跟专业录取考分的高低有关，做学生的不懂，老师们其实应该有意识地消除这种成见。

陈：历年来一直如此。

柳：后来，还有室内设计专业与工业造型专业，都不太受到重视。
　　说起风景园林，那时陈老先生（陈从周）还在授课，我没能有机会上过他的课，只是平时会读他写的文字，比如《园林谈丛》、《说园》等等，只是本科时并不能体会太深，只是有一个基本的了解。我后来觉得，像陈老先生这样的课是同济与其他学校不一样的地方，这其实是很重要的，但是当时没有太受到重视，比较可惜了。
　　上大五时，有一次设计作业，是同济新村里的住宅楼改建，老房子是三层楼的条形坡顶建筑。设计时，我拆了几栋，留了几栋，拆掉的部分有的只拆到一半，当时楼房都有很多老虎窗，我用拆掉的老虎窗，在原址对应的地方设计了一个小亭子。结果在成果展览时，正好遇到冯老先生（冯纪忠）走过来，他看着我的图，说了一句："哈，Venturi（文丘里）！"顿时，让我自我感觉好极了，我把这一句当成是对我的夸奖，高兴了好几天。从那之后，我开始对冯老先生感兴趣了，读了好多他写的文章，学校也组织去参观冯老先生设计的方塔园，对方塔园的大门、嵌道、何陋轩，还有那个"无言以对"的亭，这些具体的物在这么多年来都会不断重复出现在我的脑海里，这就是所谓的滋养吧，真的是终身受益啊！

陈：同济大学建筑系的专业教育，确实与包豪斯有关联。现在回过头去看，当时我们所受教育有两点是挺重要的：第一个是对学生形式操作的训练，在教学上强调构成及其他方面的形式训练；第二个是给学生树立了一个空间的观念，这个更重要。在建筑设计课上老师都很注重空间设计，因为从冯老先生（冯纪忠）开始，就一直强调空间是建筑的灵魂。所以我那时已经有某种自觉性的认识，设计建筑首先要把建筑内的空间给设计好，直到现在我还是这么认为的。这两点在同济建筑学教育当中是非常重要的，给我很大的影响。

柳：我觉得，在立面渲染的教学与训练方面，同济的老师也特别的宽容，基本是开放式的教法。印象特别深的是，在我大二时有一门建筑画的课，由黄仁老师来授课，是一个别墅的钢笔淡彩的渲染，我当时选用了照相颜料，而不是水彩。那时，大家都喜欢把水彩纸反过来用，因为反面纹路比较细，正面纹路比较粗，这样钢笔线条会比较流畅，结果我那次用反面用糟了，因为照相颜料渗透性极强，水彩纸反面又比正面吸水，结果颜料迅速就被吸进纸里去了，本来渲染应该将水彩慢慢往下一遍一遍地渲，结果完全不是这样，一笔就吸干，两笔重叠的部分印子特别深，完全不是临摹的效果。我一看颜料干得太快，就非常迅速地，在几分钟之内把渲染画完了。我想着是肯定要重画的，所以这一稿反而潇洒至极。

当我非常沮丧地重新裱纸准备重画时，黄仁老师看到我的前面的图，他说，你画得很好啊，不需要重画。结果我还得了一个很高的分数，那次让我印象非常深刻，老师的教学不是僵化的，学生的思路也就容易变得活跃起来。

陈：我们的渲染课画的是同济新村教工俱乐部，老师先带学生去看房子，告诉学生这个房子的空间是如何塑造的，空间之间的关系是怎样的。渲染只是一个课程，重点不在教如何渲染，而是在看房子时向大家介绍建筑的空间原理。

柳：对，渲染只是给房子做一个背景，等于是画背景，也不是单纯画，老师会带学生看，在院子当中哪里需要树，树应该怎么配，树和空间的关系是怎样的，和画面的关系又是怎样的。

黄：这其实已经思考到建筑与环境之间的关系了。

陈：对，实际上，是建立一个环境与空间系统的观念。

我再补充一点，同济的教育是非常鼓励创新的。记得在我大一时，有一个基础教育课题，给定一个住宅起居室，要求完成内部布置，并以大比例模型作为设计成果。那时，我就按常规设计了一个传统的起居室，围绕电视机布置了一圈沙发，然后把所有精力都投入到模型制作中，模型做得很漂亮，但老师给了个很低的分数。而另一个同学只在起居室内放了几块石头，布置出一个枯山水庭院的样子，却得了高分。当时我不太服气，就去问老师，得到的答复是我设计得太传统，跟其他人没什么区别，建筑是需要不断地创新，设计出与前人不一样的东西的，这让我印象非常深刻。

黄：20世纪80年代末到90年代初，你们大部分时间都在求学，在这段时间中，你们想必也会关注到世界建筑的发展趋势。就我的了解，20世纪80年代，世界建筑思潮正处于"晚期现代主义"（Late-Modernism）与"后现代主义"建筑思潮正兴起的时期，到了20世纪80年代后期有了"解构主义"（Deconstruction）的声音。所以，当年你们对"现代主义"、"后现代主义"与"解构主义"等建筑思潮是如何理解的？你们有受这方面思潮的影响吗？

柳：那肯定是有的。当时，在思想上的影响并不明显，在形式上的影响是非常明显的。这些思潮一出来，我们马上就知道，因为图书馆有很多国外建筑杂志，所以当时资讯也是同步的。

形式上的影响跟制图也是有关的。低年级时主要还用鸭嘴笔，后来才出现针管笔，当时挺贵的。鸭嘴笔的画法是老师教的，画时线和线要出头，因为要交在一起是很难的，所以制图作业线条交接都是出头的。后来，我们看国外建筑杂志时，觉得平面真好看，人家也不出头，线和线的交接都是圆角。结果，我们班的同学不知道从哪天起，制图的线都不出头了。我记得三年级有一次，郑时龄老师还问我为什么墙角都是画成接近圆角，是不是想要做一个圆弧墙角，我说不是，就是觉得杂志上那个线条这么交接好看。所以当时平面图的美学变化也是能很敏锐地感觉到的。从图纸的画法来说，从线的出头到不出头，从手工与工业之间的转变，都是存在一种形式上的变化及其影响的。

还有，当时在设计时逐渐会做很多空架子，并且扭转角度，因为受了"解构主义"建筑思潮的影响吧，比如彼得·埃森曼等等。那时比较讲究透视图的表现，所以会画很多尖尖角度的透视，觉得好看。所以形式上的影响总是优先的，因为那时对于这些思潮背后的思想，最多只是有一些粗浅的了解，主要还是形式的模仿，当然这里面会结合场地的理解，因为要扭转嘛，总得有个理由，也不能乱扭。

陈：我觉得作为学生来讲，没有足够背景知识或对西方建筑的演化过程不甚了解，要去理解这些思潮是非常困难的。但是由于这些建筑的形式与手法都非常鲜明，学生看了马上会留下印象，操作设计时就自觉或不自觉会用那些设计手法，做出非常表面化的东西。

实际上当时建筑思潮背后的思想内容，我也试着尽量去了解。但是毕竟积累不够，那时我始终处于一知半解的状态，直到后来读研及实践后，慢慢才弄明白。

柳：所以，对于建筑学的系统性认识，我们这一代的人，还是属于自我觉悟型的，就是说经过了一段时间后，悟出一个道理，又经过一段时间后，又悟出另一个道理，然后再回头把书找出来，再看一下，慢慢去懂的。

黄：所以，理解的结果是经过一个来回反复的过程，既循序渐进又反反复复。

柳：对，有来回，不是说在课堂上，老师一教，马上就学会了，而且老师也未必都能讲到位。很多东西是到后来才弄明白的，算是一路懵懵懂懂地走过来。

黄：20世纪80年代，"后现代主义"建筑思潮来到了中国，当时出现了以历史文脉、乡土、怀旧的"后现代主义"建筑作品，而"后现代主义"建筑正好让当时的"传统"可以在"现代"的基础上寄居，也突破了大屋顶的中华风格古典形式的复兴，之后又出现很多不同设计倾向的建筑。你们当时怎么去看待国内的建筑？

柳：可以这么说，那段时期涌现出来的各种建筑，肯定是有喜欢的，也有不喜欢的，那时喜欢的标准多半取决于对形式的品味。现在看来，也并不是说有符号倾向的建筑就不好，没有符号倾向的建筑就好，有符号的也可以做得很好。不过大略一看时，总有某个看着舒服，某个看着不舒服，而这肯定跟同济所受的训练是有关的，直觉看到有的建筑马上就会喜欢。

我举几个我当时觉得不错的建筑，比如齐康先生设计的南京大屠杀遇难同胞纪念馆、福建长乐的海蚌塔与天台山的济公院。海蚌塔是由海上自然的海螺和贝壳想象出来的设计。莫伯治先生设计的广州岭南画派纪念馆，虽然是"表现主义"，也觉得做得不错。而葛如亮先生设计的浙江建德的习习山庄，虽然是乡土情结，却是极现代的设计，是一个结合地形、寄情自然山水的好建筑，不过真正认识到它的价值，也是最近几年的事情，那是有一年和王澍、彭怒、童明、张斌等人实地探访之后。

那时我也开始关注一些年轻建筑师，有崔愷、周恺和汤桦等，觉得他们的设计做得好，绝对是未来之星，他们的新作品登在那时有本叫《建筑画》的杂志上，看到钢笔画就知道谁做的，不用看名字。也喜欢读《建筑师》杂志里一些好的文章，比如早年阮昕有一篇写云南大理的（文章），现在都印象深刻。那些文字能激起像我这样的建筑学生对建筑的热情，令人神往。

陈：我比柳亦春晚入学几年，那时在世界建筑领域，"后现代主义"建筑思潮已慢慢消退，而国内也正在反思"后现代主义"存在的问题。当时我不太喜欢两种类型的建筑——一种是过于强调宏大叙事；一种是突出建筑的象征性。当然，一个建筑的背后，总有不为人知的故事，一件作品也不完全是建筑师本人百分之百的设计意志。这点是等我成为一位实践建筑师后才慢慢明白的。

黄：柳老师，1991年，您从同济大学建筑系本科毕业后到广州市设计院工作，任助理建筑师，能谈谈当时的情形吗？

柳：我本科毕业时是免试研究生，但可以先工作三年后再回去读研，保留学籍三年，三年内任何一年都可以回校续读。

我选择先去了广州市设计院工作，当时院里的副总建筑师蔡德道对我的影响特别大。蔡总始终保持着一种建筑学者的风范，当时，我可以感受到他思考问题的高度与全面以及一种对理论研究的深度，这在设计院的系统里面是较为难得的。他经常跟我讨论当时国内的建筑现状，甚至包括张永和与非常建筑之类的事情，比如他说张开济老跟他说张永和的设计都是 paper architecture（纸上建筑），所以对张永和也是从那时就开始关注并深入了解的，虽然那之前也见过不少张永和在日本《新建筑》上的竞赛得奖作品。蔡总跟像张开济这一辈的建筑师都很熟悉，我在每次与他的讨论中，都有极大的收获，也有很多八卦，呵呵。

当时，蔡总经常找我交流也是因为一个原因，就是1991年之前进广州院工作的大学毕业生比较少，一个设计室共60个人，大概只有三四个大学生，他的学问找不到他觉得恰当的人可以灌输，所以我真的是很幸运啊。蔡总的理论知识非常丰富，不断能捕捉到最前沿的建筑信息，与院校的关系也非常紧密。当时，国内的许多大型项目，像金茂大厦、上海大剧院等，都会邀请他去评标。每次评标回来都会跟我说，为什么这个中标了，有什么优点；那个没中，有什么缺点。他一直教育我，一定要强调建筑的合理性，他认为基地的可达性对建筑的总体布置起到至关重要的作用。可达性也就是怎么进入这个基地，在城市里设计建筑，通常交通组织是最令人头疼的，可达性的完成也是对基地理解的重要部分。设计是由很多因素组合在一起的，可达性是合理性的一部分，合理性也就是理性与现代性。我想我的关于建筑的现代性思想基础，应该是从他这里才真正开始建立的，这对我的影响很大。

黄：就我的了解，柳老师，您于1993年与史磊、陈彤等人成立DESHAUS工作室，当时称西苑创作室。这个创作室，是挂靠在公有制设计院下的工作室，还是私有制的工作室性质？

柳：不是，完全都不是，就是几个朋友凭兴趣一起组成的，不过也有干私活挣钱的成分在。

在广州的三年，对我来说收获真的是很大。事情是这样的，那时广州院在国内设计院里面是比较领先的，院总建筑师郭明卓设计了很多建筑，包括广州天河体育中心、广州体育馆等，而广州院本身的传承也非常好，让我从中学习并知道如何去设计与建成一栋建筑的整套系统，所以我在广州院积累了一个非常好的实践经验与基础。

在广州，我结识了一个最好的朋友，就是史磊。其实上大学时就认识他，他是83级，我是86级。那时，同济有一个传统，高年级要带低年级，就是83级的学生做86级的小班主任，他是带建四班的，但那时史磊那一班人都喜欢踢足球，我也喜欢踢足球，以球会友，我们应该是在球场上第一次认识的。史磊家在广州，毕业就到广州市设计院工作了。我毕业时只身一人来到广州，史磊第一天就找到我，之后三年如兄长般地照顾和帮助我，我们从此成为最好的朋友。史磊也是对建筑无比热爱，尤其对中国的传统文化有着非常精到、独立且深刻的见解，这个对我影响很大。

黄：谈谈当时西苑创作室的情形？

柳：西苑创作室，开始就是为了接点私下里的项目而产生的。广州那几年经济非常好，那时，我白天在设计院工作，到了晚上就干自己或者朋友接来的私活。史磊年长，有项目来源，当时还有一个从中央工艺美院毕业的陈彤，效果图画得好，为了干活方便，我们三个人就凑一起成立了工作室。我们很谈得来，还有一个共同的爱好，就是都喜欢摇滚乐。

黄：所以，你们也是因为兴趣和爱好相同而常在一起的。

柳：对，都喜欢摇滚乐，当时喜欢U2、Dire Straits、Beatles、Pink Floyd、Prince、MJ、REM等等，还有香港的Beyond、达明一派这样的摇滚乐队和组合，然后就觉得几个朋友可以一起做一件事情，对我们而言就是设计建筑了，也像乐队组合一样各有擅长，有共鸣、有激情，挺快乐的。

黄：就我的了解，当时成立地点还选在广州市流花湖畔的一个岭南园林——流花西苑内？

1999年访问RTKL期间，摄于加州的鲁道夫·辛德勒住宅

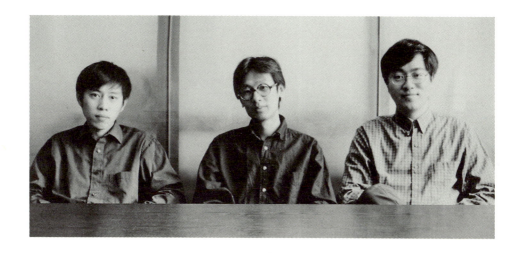

2000年大舍建筑刚成立时的合伙人合照

2001年大舍建筑合伙人摄于密斯设计的巴塞罗那馆

柳：对。那时成立创作室，不完全是为了挣钱，而是几个好朋友可以聚在一起，一同享受设计的自由，无拘无束的创作，相互交流关于建筑、艺术、音乐方面的事。所以工作的地点肯定也要与众不同，得有感觉才行。

我们找到一个公园，流花湖公园，公园西侧有个独立的小园子，叫流花西苑，里面都是陈列各种盆景的一个小园子。在园子里面，租了一段空廊，封上玻璃，砌上墙，就是我们的工作室了，晚上也住在里面，偌大的园子里就我们几个，真是神仙般快乐的日子啊。

黄：回忆起来真是甜美啊。好，接着我们谈谈同济院。说到同济院可以回溯到20世纪50年代，1951年同济大学为建设新校园，校务会议行文，经教育部批准添设工务组，隶属于秘书处。工务组专门为建筑修缮工程而召集工程的专门人才。1953年，同济建筑工程处成为设计处，设立许多设计室，当时不少同济大学老师都参与到设计室的工作。1958年，建筑系部分青年教师提出成立设计院，于是成立了同济大学土木建筑设计院，作为师生实习的场所，当时也参加了北京十大建筑方案设计。"文革"期间设计院停摆，1969年同济大学组成五七公社设计组，配合三线建设，1979年成立同济大学建筑设计院。所以，同济大学建筑设计研究院是有悠久的历史。陈老师，1998年您从同济大学毕业后到同济院工作，能谈谈当时的情形吗？

陈：同济大学建筑设计院是一个挺有意思的设计单位。我是1998年进去的，那时院内的气氛相对来讲是很宽松自由的。一进同济院，院里就让我去负责项目，不像其他大院，还是传统的师父带徒弟的模式。每当我做到不懂的地方就得请教别人，这样无论在工程经验还是人际交往上我都得到很多的锻炼和收获。至于在具体设计方面，我没有受到院方太多的干涉，反正只要业主能够接受就好。

黄：就是一进去就开始负责项目。

陈：对，基本上就让我来负责，到后来我就要同时负责三四个项目，往往是由我一个人独立去面对业主与施工方。

我负责的第一个项目很特殊，这个项目是专门为上海美国学校的外籍教师设计的住宅，业主是一位美国开发商。所以这个项目从体系来说与国内的完全不一样。当时和一位美国建筑师合作，他做完方案，我完成初步设计、施工图与后期的工程配合。

这样的过程对一个没有施工图经验的新手来讲是很困难的，但在院内有经验的建筑师帮助下，我还是完成了，收获很大。

黄：那你们是在同济院认识，还是在学校就认识了？

陈：我本科入学时，柳亦春已经是毕业班了，我们那时不认识。

黄：那时，当中还有一位——庄慎。

陈：对，读研究生时，他们两个比我高一级。我们彼此都有听说过对方，但是没有直接接触过。是到了同济院以后，才有很多交往。

柳：我们三个在同济设计院时都有不少项目分别合作，对建筑的理解和理想比较接近。我和庄慎认识得很早，他本科入学时我正好做他们这一级的小班主任；我工作三年回校读研，又正好和他研究生一班；我和庄慎一起在与普林斯顿大学建筑系的联合课程中，合作设计了海鸥饭店的改造与北外滩的城市设计，还得了台湾洪四川财团法人的建筑奖，那算是我和庄慎第一次成功的合作。

黄：1996年，你们有一个项目产生，是个别墅类型的度假旅馆，位于广东省阳江市海陵岛的海韵居。就我的观察，这个项目在设计上，以仿似船停靠在岸边礁石旁的设计意象，同时依照功能需求而长出外在形式，各自功能如客厅、餐厅、厨房、客卧、楼梯、主卧、书房，皆以清楚的形体显露于外，是个强调功能与形体之间联系的设计，能谈谈当初设计的想法？

柳：1994年，我回同济大学读研，这个项目是我读研期间做的，也是跟我的大学同学张屹还有史磊合作设计的。读研究生期间，寒暑假我还是会回到广州的工作室参与一些设计，那时工作室已经搬离流花西苑，我离开广州回校读书时，我的同学张屹正好从惠州来到广州进入工作室。

那时，在海韵居这个项目的设计上，其实也没有什么特殊的想法与思考，不过国际上一些流行的风格思潮还是有些影响，比如"解构主义"等等，当然这些影响也是比较表面的。具体设计时，其实还是会将具体的功能和形态去做仔细的对应，施工图我是手画一周全部完成的，当时的图纸还被同宿舍的同学背着我拿到研究生同学中广泛传看来着。很多年以后在杭州遇到王澍，他还提起过这套图纸。

黄：2001年，大舍建筑工作室成立，你们从一个公有制的高等院校学术型设计院转向私有制的联合型工作室，也从一个原本只需负责分配项目的大院体系到必须面对市场与寻找项目来源的自我生存的模式，这样的转换与转向，能谈谈当时成立时的想法与心境吗？

柳：大舍建筑的成立，是相对比较理性的一个行为，并不是突然的，当然，也是跟原来在设计院的工作状态是有关系的。

陈：对，主要是因为对设计院的设计体制不太满意。因为设计院是偏重生产的，更多的是关心一年完成的总产值，不太倾向于建筑师在小型项目上投入太多时间，而愿意承接规模更大的、设计费更高的商业或写字楼的项目。所以设计院对小型的建筑项目并不感兴趣，这是设计院体制造成的问题。

另外，设计院里建筑师必须完成上面交代的设计任务，经常手头上有好几件事同时在处理，非常忙碌，无法安静下来对一个项目进行深入思考，更不用说掌控自己的工作与生活的节奏。

我们对建筑学始终充满着热情和追求，我们更愿意去尝试纯建筑学项目，也更想要去掌握自己工作与生活的节奏。在设计院这种愿望很难实现，而那时建设部已建立了注册建筑师的考试与评定制度，民营建筑设计事务所也可以合法设立，于是我们就选择了离开设计院，出来成立了大舍工作室。

黄：2003年建成的江苏昆山三连宅，是你们早期的作品。据我观察，体现了几何体量虚实对比的设计倾向，反映在形体与阳台之间的关系上，形成了下横向与上纵向之间的一个对比。另外，这个项目还带有点当地性、地域性色彩：一是材料是白色涂料与片石，与周边房子的材料相同；二是室内地砖采用传统江南民居厅堂里常用的方形灰砖，方形砖的使用，体现了将传统材料运用在现代室内空间中；三是院子在一层是连通的，有一种传统合院内向性天井的感觉。所以，这个项目有两条路线，一条是几何体量的虚实对比，是就形体部分，一条是将传统材料运用在现代室内空间中。就材料而言，这部分你们的看法是什么？

柳：这个项目开始设计的时候，庄慎花的心思比较多一些，具体建筑的构思是两个方向。一个是视野部分，一层最主要的墙是沿着东西方向展开的，关注的是望向周边庭院的视野，二层的墙是沿着南北方向展开的，是将视野引向不远处的湖面的，所以有个两层叠加的过程。当然这个房子最重要的故事其实就是当初为了三个人而设计，三个人都可以共享下面的客厅、餐厅，然后到了二层却分开了。

材料其实很简单，就是使用边上其他的房子用的涂料和石头，所以材料也并没有太多的想法，当然室内使用方砖是有意识的行为，就是要使用这样一种江南地方传统的材料，去跟传统的民居寻找某种关系，当时确实就是这么想的。

陈：实际上这个房子的设计是从使用模式出发。比如首层是共享的，而二层则是相对独立的。一、二层分别沿不同的方向展开，那么正好形成了一个正交关系，同时也有景观的对应。比如说二层，它是朝着远处的湖面，底层则是朝着近处庭园的景观。在建筑形态的处理上，也有意利用材料把上下层区分清楚，二层是白色的，底层使用了石材面层，利用材料把上下正交叠放的这两个体量分清楚，如此就在外观上把上下层的关系表达出来了。

黄：你们关注到几何体量的关系，在上海青浦夏雨幼儿园也可以明显地看出。就我的观察，这个设计为了能顺应孩童普遍的活泼个性，将独立几何方体的教学群与办公空间随机性地摆放于围合的内部区域内，而几何方体上下前后左右错落，动态性的摆放犹如是游戏的积木，辅以色彩是灵活显眼的搭配。这个几何体量有点偏向于"纯粹主义"（Purism）中所说的几何造型的体现，单纯地表现几何形体的纯粹美感，也有点偏向于"极少主义"（Minimalism）所说的形式抽象化，暗喻积木的抽象化，回复至最简单、最单纯、最纯粹的物件。你们对于从江苏昆山三连宅到上海青浦夏雨幼儿园的几何体量关系的运用有何看法？

柳：说到几何体量，我觉得应该是一个无意识的行为，那可能是一个简单的喜好，或者说当时并没有对几何体量进行一个很有针对性的研究，很多时候设计中会有一些无意识的行为。

夏雨幼儿园在当时的设计过程中我们共同关心的是一个空间的组合关系，那个时候讨论比较多的是关于园林、平面组织、在上下两层空间的分离体量之间的关系。为

江苏昆山三连宅

上海青浦夏雨幼儿园

什么选择做几何体？因为几何体本身来说所携带的意义是比较少的。比如当比较纯粹的几何体出现时，我们就会更多地去关注几何体和几何体之间的空间，而几何体本身的形就是另外一个次一级的表现形式。像夏雨幼儿园和对面的私营企业协会办公接待中心，都是源于一种直觉，就觉得应该是一个方形的东西，就是第一感觉，在那个环境中好像需要这个方形的东西，在我们想方设法融入环境的时候，又使之从环境中独立出来。

陈：像刚才你讲的"纯粹主义"也好，"极少主义"也好，几何关系也好，不能说我们是有意这样去做的，但实际上这可能是一种不自觉的流露，这里面有一种设计的倾向。实际上我们更在乎的是在设计当中所想重点表达的，它可能不是几何体，而是几何体量之间的关系。我们现在对关系更花心思，因为关系实际上是个很弱的东西，如果组成关系的元素与形态是简单的几何体的话，就容易把关系说清楚，这样关系就凸显了。如果把构成关系的元素复杂化以后，关系就会被掩盖掉，所以我们的建筑中会出现很纯粹的组合、很单纯的色彩，或者是很干净的面。

柳：有一种抽象性表达的意思。

黄：我讲几何体量，是我一个引子，因为我观察到上海青浦夏雨幼儿园存在一种几何与曲面的对比。一是在基地内部，办公和专用教室的建筑体局部架高，并辅以"U"形玻璃围墙，与周边教室的白色几何的实体墙面形成一个几何与曲面的对比性；二是在基地边界上，色彩鲜艳出挑的二层几何体与首层封闭的曲面围墙也形成另一个几何与曲面的对比；三是在场地整体布局中，枝干状的走廊布局体现园林路径中的曲折缭绕，这是接近于曲线的布局方式，而功能空间的几何方块散落在整体布局当中，这是在平面上几何的"方"与路径的"曲"的对比。所以，你们对这个项目的"几何"与"曲"之间的对比，有何看法？这种对比是设计构思下产生的，还是自然而然产生的？

陈：实际上这也是刚才我们讲的关系，你把它称之为对比，我们把它叫做并置，我们希望一个建筑可能是有很多不同关系的。比如说夏雨幼儿园，底层是外包的墙面，是个完整的形态，而上层是非常干净，由很小的东西聚合起来的，这是一个组合，与底层完整的东西在形态上是一个并置的状态。而底层相对来讲建筑密度很高，上层密度很小。从密度上看，上下层之间也是一种并置。因为通过不同关系的表达，就带来了建筑的丰富性，你看体量很简单、很干净，"极少主义"的状态，但是最后出来的感觉是很丰富的。那么丰富从哪里来？就是从关系来。

黄：就我的观察，上海青浦夏雨幼儿园偏向于外部空间体验的设计倾向，有着一种环绕的过程，而这个过程直接与天地发生关系，与自然产生联结，是几何体所塑造出的外在场域，而这个环绕过程的路径，当时怎么创作出来的，是传统园林的概念吗？

柳：园林，我们几个都一直有兴趣，且是长期与持久的。具体地讲，园林文化怎么在新的背景下或者说当代，可以从我们的建筑中表达出来，是我们一直想完成的一个课题，也是比较感兴趣的内容。在我们所在的地域，园林的影响仍然是一种很现实的存在。我们的思考是和相关的一些项目同步进行的，比如说夏雨幼儿园位于青浦，属于江南这样一个大的地域背景下，而15个班级的幼儿园，从空间组成上，它跟群体建筑是相关的，它是有可能被打散、重新组合的，从而我们可以有机会去表达几何体和几何体之间的关系。

　　但是空间关系，并不是一个静止的东西，空间关系是必须在路径的行进当中来感知的，这个也正好跟园林可以有所呼应，因为园林里的空间也是这样，人要在行动中才能感知到园林中完整的时间与空间，也许更多是跟时间相关的，所以我们对空间关注或者对空间关系的关注，其实是跟路径有相当大的瓜葛。当然路径的认知与应用，可能跟园林有关，也可能是没有关系的，反正也很难说。比如说我们具体做一个项目，不会拿一个具体的园林平面来套，只会根据我们以往的经验，根据我们对于所有的园林与现代建筑的一个共同经验，来完成一个空间体验、一个设计。

黄：好，就我的观察，你们在夏雨幼儿园这个项目似乎也开始关注到表象、表皮的阐述，比如说在曲线外墙上，以树枝状的细缝处理之，在建筑体有玻璃实墙、涂料、冲孔板的材料思考，这些都有一点点材料与表皮的思考，但还不够明显。但我在你们的东莞理工学院的项目中，发现到表皮的设计倾向是很明显的，你们在几何体量的操作下，给我印象最深的就是外面的一层皮。计算机系馆的表皮是表述在建筑立面的开洞，并形成一个整体秩序感。电子系馆的表皮的表述更明显了点，表现在外立面上，以"U"形玻璃与百叶窗做上下错落的分层分列随机搭配，这样的表皮，体现出分层分列辅以不同材料的围护思考。而在文科系馆项目中，表皮的表述感觉得到一种升华，

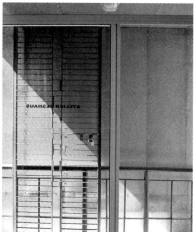

大舍上海常熟路工作室

表皮处理得更纯粹与利落，体现在"U"形玻璃与"U"形玻璃的接合上，加上廊道上的栏杆与底层架空，把体量处理得更为轻盈，可以明显地看到是一种若隐若现的表皮，而表皮的内层是开放式的深度。你们对于这几个项目在表皮的设计思考与呈现，有何看法？

陈：东莞理工学院的几个系馆，从时间上来讲，是早于夏雨幼儿园的。当时有很多建筑师参与到校园单体建筑的设计中，先有一个规划，我们分到了一个山头，那时也没有去想做表皮。当时有两方面的考虑，一方面因为这几个建筑围绕一个小山头，那个山头以前长着荔枝树，环境非常好，我们希望建筑的介入对场地尽可能少破坏，所以就用了局部架空，希望建筑和场地接触比较少，这是第一个方面。第二方面就是考虑到岭南的气候。我们希望有很多室外的空间，有遮阳的地方，所以可以看到有一些外廊，有百叶窗，有很多挑板，可以通风。所以，一方面是不对场地做出太多的扰动，另一方面就是注意当地的气候。还有一个不太重要的原因，就是校方投资比较少，我们在做设计之前，已经知道只有一个很低的预算，所以我们会选择相对经济的U形玻璃。

我们没有刻意地想通过表皮来表现什么东西，当然你刚才讲的轻盈，那是我们一贯的建筑风格，有我们的美学观在里面，哪怕是无意识做出来的，都偏向一种轻盈的状态。

黄：我观察你们的作品，表皮的感觉还是很强烈的，而表皮就是表象性，是当代流行的建筑语言。赫尔佐格与德梅隆是操作表象性、表皮建筑语言的代表性建筑师，他们将设计视点关注在可掌握和可设计的立面表皮的探索与突破上。你们自己又如何看待这个当代的建筑思想？而你们的设计作品对比于表象性当代建筑语言，你们自己又如何看待它？

柳：表皮，首先在我们的主动设计中它不是一个关键词。当然"表皮"这个东西，作为当代建筑一个很普遍且重要的特征，对我们的设计还是产生了很大的影响。为什么出现"表皮"的概念呢？我觉得是消费主义的产物，因为消费文化的影响，人们越来越关注图像，然后表皮是最容易出效果的，可以直接且快速地出效果，并让大众读懂。所以其实像赫尔佐格与德梅隆，你说他们关注表皮，不如说他们更关注的是效果。表皮最容易出效果，且是最容易传播的，因为消费社会同时又是媒体社会，媒体社会最重要的传播媒介就是图像，所以表皮是当代消费社会的一个产物。

我们对表皮在建筑中的位置还是有着我们自己的态度的，怎么说？多少我们骨子里是有那么一点点反消费主义的，但我们的作品又必须要在这样的当代社会中产生，要表达出来，必然会受到"表皮"的影响。刚刚讲的赫尔佐格与德梅隆也可以算是表皮建筑语言的代表性建筑师，他们是瑞士籍建筑师，其实他们是非常国际化的。要说真正瑞士的建筑传统，我觉得也许受德国现代建筑的影响多一些，受建构文化的影响多一些。说到建构，在2000年左右的时候，国内兴起过一阵建构热，跟当年北大、南大成立的建筑学研究中心有关，张永和那时在《向工业建筑学习》一文中就明确地提出并定义过"基本建筑"一词。建构的思想对我们还是有很大影响的，因为房子终究是要靠物质性的东西去建造，靠材料去呈现出来的。而表皮的建构逻辑会是什么样的？这个也是我们所关心的。其实像赫尔佐格与德梅隆他们做的表皮，跟其他的流于商业化的表皮也会有不一样，不仅仅是水平高低或者效果的好坏，因为毕竟还是有一个建构的传统，那不是一个简单的形式操作。

黄：建构跟装饰，建构跟构造，这怎么去区别呢？

柳：要说建构和装饰的区别，也许可以回顾一下19世纪的德国建筑语境。从辛克尔到波提舍、森佩尔，再到瓦格纳等等，他们连续进行的关于建构的理论，很大程度上讨论了饰面跟结构的关系。辛克尔在"建筑艺术的原则"一文中提到"构造的合目的性"以及"装饰的合目的性"。波提舍则创造性地提出过"建造形式"（Werkform）和"艺术形式"（kunstform）两个概念，并指出一种装饰性设计和结构体系之间必须相互限定，也就是说建筑必须在本体论意义的材料和结构性以及表现的艺术性两项都成立。还有森佩尔的"建筑四要素"，其核心的讨论内容都涉及：建构和装饰的关系是什么？这些讨论其实就是"古典主义"转向"现代主义"的在思想层面上的心路历程，从而我们可以了解到这个转向并不是一种突变。这个阶段我认为是在建筑学里面，是一个关于"现代主义"建筑认识的很重要的理论基础，"现代主义"，并非仅仅因为技术更新，出现钢铁、水泥、混凝土等新的材料，就出现了，这其中同步经历着一系列的哲学层面的思考。

陈：平时所讲的是从物质层面思考"现代主义"，而结构和饰面的关系是从思想层面思考"现代主义"。

东莞理工学院电子系馆西北侧外观

东莞理工学院电子系馆东南侧外观

东莞理工学院文科楼　　　　东莞理工学院文科楼二层内院

上海青浦私营企业协会办公与
接待中心

黄：我觉得装饰到最后是分开来，有一部分可能分到了建构，有一部分可能分到了表皮。

陈：这个比较复杂，这里面有装饰和形式、装饰和表现、构造与建构的关系。

柳：所以这个时候就涉及一个立场问题了，这里面很难说谁对谁错，这里有一个立场的问题、一个价值观的问题。我们似乎都承认"现代主义"，从本质上是主张形式和内容相统一的。但这也并不意味着饰面和内部结构的完全对应。

陈：说穿了就是价值观，实际上就是"现代主义"和"古典主义"的争论，除了技术的层面以外，很多是价值观层面的差异。

柳：这么说吧，你如果是认同消费文化的一个正面性的作用，可能就会觉得，表皮和里面不一定要发生任何关系也都可以啊！如果想强调消费文化对人类的未来的负面影响（注意，一说到"负面"，一个潜在的价值观已经出现了），那我们可能就会持续去追求那个内在的原真性、真实性。当然，消费文化的事情并不是可以这么简单去理解的。伊东丰雄1989年写过一篇文章叫《不浸泡进消费之海不会有新建筑》，他是深切地感受到了新建筑在时代性和社会性方面的任务与机会。我相信"现代主义"不曾就那么死亡了，但是在瓦格纳的时代，他就认识到"任何一种建筑形式都来源于结构，并逐步发展成为艺术形式"，100年过去了，建筑学内部到底产生了怎样的变化？这是我们仍有兴趣的话题。"表皮"是一个当代性的现象，但显然仍无法进入建筑学的核心。

黄：你们从事建筑设计多年后，有没有形成自己对建筑设计的一个哲学观，或者是自己有没有对于设计的中心思想和信仰？

陈：信仰当然有，只是实际上可能还没有能达到这么高的高度。

黄：就目前来说呢？

陈：目前，我们所关注的实际上是一些基本理念。有的建筑师会从形态出发来做建筑，有的会从材料出发来做建筑。我们怎么切入？说起来，我们更多的是从关系来切入的吧，而不是从形态或者其他东西入手。

我们所说的关系，很多是从中国传统的文化与美学思想过来的。"离"是中国传统的一个美学观，来自于美学家宗白华对中国传统建筑的认识，在他的《美学散步》中，他提出了"离"。"离"是八卦里面的一卦，"离"通"丽"，丽本来就是美丽，所以"离"是和美学相关的一个词。而离有多种解释，附丽、离合、迷离等，都可以理解为对关系的描述，对由关系产生美感的一种描述。

所以，从我们的角度理解，美也可以从关系得来。在中国传统的古典诗词中这样的例子比比皆是，如在"小桥流水人家"这一句中，没有明确特定的时间，没有特定的空间，它也没说什么地方的小桥，什么地方的老树，时间、空间都不清楚，逻辑关系也不明白，但是就这么简简单单地放在一起，会让你感觉到有一种传统中国的韵味。就我们的理解，可以拿"离"来描述它们之间的状态，以及由此带来一种暧昧的、不确定的诗意的美。

我们经过10年来慢慢进行的探索和尝试，逐渐比较清晰地知道我们在做什么事情，中国传统文化中由关系产生的美学，我们尝试在建筑学当中把它再现出来，或者用当代的手法把它表达出来。我们也不停地总结以及思考：为什么我们会做出这样的？效果是怎样的？具体的手法是什么样子？

黄：接着谈谈你们近期的新作品。就我的观察，螺旋艺廊这个作品让我感觉有一种透明与轻量的状态，这个其实跟日本当代建筑有点相似，因为纵观日本当代绝大部分建筑作品，普遍都强调一种透明与轻量的特性。而这种透明与轻量，实际上跟日本民族性中崇尚自然的性格有关，他们想要在面对自然时，体现那种存在的可见或不可见的暧昧与模糊的关系。而螺旋艺廊似乎也让我感觉到一种暧昧与模糊的关系。这个暧昧与模糊，跟你们所讲的"离"的说法相当接近，螺旋艺廊的空间中表现那种无深度和光线的透明度很吸引人，你们似乎想与真实生活保持距离感，体现一种独特与内化的纯粹。另外立面上是冲孔板，里面是灰色的混凝土，从外面看，还是感觉到一种轻盈的状态。你们对于这部分有何看法？

柳：建筑师在设计时的所想和阅读者的阅读之间的距离，这是一件很有意思的事情。在这个设计中，透明与轻盈并非设计的直接目的。这个设计的核心内容，实际上是尝试把我们对园林的一些认识，以一种抽象的方式表达在建筑上。怎么讲？这首先是一个小房子，250平方米，然后它在一片绿地的景观里，旁边都是树，在绿地里面，最关键的一个因素就是看风景。但怎么看风景？不同的人有不同看的方法，那我们还是再现

江苏软件园吉山基地6号地块茶室

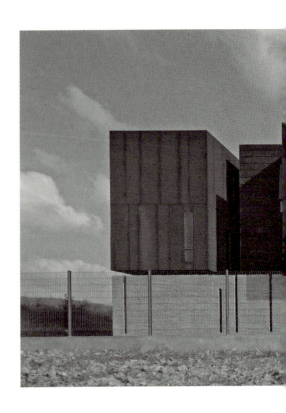

上海嘉定新城区燃气管理站

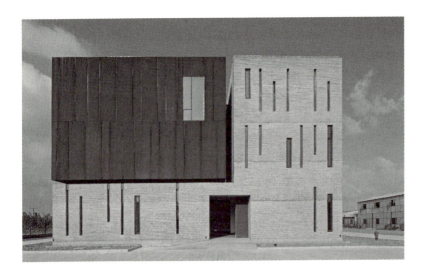

一下中国古人看风景的方式，就是柳宗元说的他关于风景的看法："游之适，大略有二，旷如、奥如。"就是说游览风景，要"旷"、"奥"相宜，相宜就是说游览要舒适。"旷"就是指空旷、开阔；"奥"就是指幽深。

所以，在这么小的地方，怎么来表达"旷"和"奥"呢？我们用了一个螺旋的路径，进入建筑，先上屋顶，上屋顶兜一圈之后再下来，然后进入到中间的内院。这样的话，本来一个250平方米的画廊，我直接开一个门，就进去了，那就很直接。而现在，你要先走楼梯上去，然后转一圈，然后再下去。上屋顶兜一圈时，在高处看风景，这个就是"旷"，它和低视点的景观是不一样的。

从形式上，原本一个近似圆形的平面，由于介入了一个螺旋的图解，从而叠加了一个路径。人们进入这个建筑，可以先上屋顶兜一圈，然后下到中间的院子，然后再进去。当然也可以直接进入这个房子去反向完成这一路径。在平面上，因为里面的空间毕竟是要使用的，所以我们通过两组曲线形墙体的相互错动，使有的地方变窄，有的地方变宽，窄到变成一个门洞，宽到成为一个使用空间，最终形成了三个较大的使用空间，因为螺旋形的存在，在这个空间里面是看不到另外一个空间的，但是这个空间跟另外一个空间又是连在一起的，如此形成了一个连续流动却又有着自然划分的室内空间。

建筑中间的内院，或可称之为"奥"，是另一种风景，可以看到边上的树梢，这完全是一个内向型的空间，它和屋顶上所能感知到的"旷"实际形成一种空间的并置关系。

为什么要并置？因为并置，可以形成空间的张力，是能够感染人的，是能让你阅读到空间的。张力必须从一个空间再到另外一个空间，才能完成，这里面就暗含了一个关于时间的概念，所以最终才会形成一个意境。"鸡声茅店月"，有鸡叫，有茅草屋，还有月亮，这三个东西本没有直接的逻辑关系，但这些东西并置在一起，却形成了一种感知，一个意境，我想这也许和这里面所暗含着的动态时间因素有关，从而我们可以产生身临其境感。螺旋艺廊最终留给我们的印象，或许会是我们自己的身体吧？

黄：在我看来，并置是存在的，而在观念上，也是一种中国哲学思想的部分体现，比如说一有一无，一动一静，在中国人的哲学观里面，并置可以说是贯通全体的对立关系，比如易经，是中国最古老，也是最原始的思想，它代表着中国人的哲学观。在易经里面提到"天"、"地"、"雷"、"风"、"水"、"火"、"山"、"泽"，这八个东西也是一个并置的关系。所以，中国人最古老的哲学观也是有并置的关系，"天地"并置，相辅又相成，"水火"并置，相生又相克，而这八个东西也都跟自然有关系。由此可知，是从自然当中去寻找并置的关系。并置，我觉得也是中国人面向自然的律则。那你们说的并置，是属于一种概念吗？一种哲学吗？

柳：我觉得应该是属于方法，也有概念，也有思想。

陈：实际上也可以说是一个理念，我觉得上升到思想，可能还没那个高度，但是我觉得比概念稍微高一点，算是个理念。

柳：我们最近总结了关于我们建筑的三个关键词，一个是"边界"，一个是"离"，一个是"并置"。

  "边界"，首先是对场地的认识及策略，这其中既有我们对传统建筑的认识，也有在实践过程中的体会。边界其实是产生某种内向性的根源，我们的建筑都携带着某种内向性，这种内向性的东西和中国人的心境在今天仍然是一致的。我们一直想，内向性和开放性总是相对的，而建筑，总应该是随着社会逐渐走向开放的吧。但是有意思的是，我们很多房子，在青浦、在嘉定、在农村，这些地方可以说都是中国目前城市化进程的起始点。我们设计青浦夏雨幼儿园的时候，旁边是一片旷野，什么房子都没有，承建这个幼儿园的地方政府告诉我们，建成后的幼儿园肯定要有围墙的，就是出于单纯的安全管理的考虑。而中国传统的老房子为什么会呈现一种内向性？高墙深院，也是安全性的考虑所导致的，然后因为这种需求，在这个前提之下，相应地产生了内向性的审美。而我们今天在这样一个郊区一点的地方设计新建筑，竟仍然逃脱不出这种内向性，也许这才是真正的所谓传统，传统并不意味着好坏或者必须传承，它是一种时间性的存在。

  "离"，实际上是中国传统文化中的一个美学观，一种关系的美学，刚才陈屹峰已经提到了。"离"是讲美学，"并置"是方法，而"边界"只是手法、策略，这三个概念是不同层面的东西，但却是相关的。认识到"边界"，才会令"离"的概念空间化，"并置"则可以直接建构空间关系。

  这三个关键词，大致概括了我们在传统文化中所捕捉到的一些片段，我们希望针对传统，可以用我们自己的方式去理解，它应该是符合我们自身的心性的，然后如果用新的材料、新的做法，能够把那种感觉重新再现出来，从而产生新的东西，这个是

上海嘉定新城幼儿园

螺旋艺廊

指导工作

我们想要做的事情。

黄：这样的理解与使用，是你们一直以来的思考，还是一直有在调整？

陈：对传统的理解和加深，以及实践工作中的经验和积累，还有我们所追求的、所探索的东西，也都一直在变化。我们首先还是以一个当代的立场，用新的材料、新的建构技术、新的技术工法来表达我们的设计，但是我们又不希望把传统完全丢掉，所以是不是可以用这样一种方式再现传统，之前我们用过一个词叫"记忆"，叫"记忆的回响"，这可能跟现象学是有一定的关系，通过记忆再现，而不是一个重现，用一种当代的方式来表达传统，这是一个再创造的过程。

柳：所以我们会用穿孔铝板，而不是一定要用小青砖才可以与地方相关。穿孔铝板是一个非常现代的材料，就是刚才你也讲到的那种透明的、轻盈的、白色的材料，其实是这样的，穿孔铝板这个材料通过建筑师的介入，它就可以是透明的、轻盈的、白色的，它也因此得以传递出江南地区的那种烟雨朦胧的美学感觉，这应该是一种更具当代性的诗意的建构吧。我们不光用穿孔铝板，曾经还用过半透明的尼龙绳做过一个茶室的设计。

陈：我们欣赏的是中国传统美学中接近于淡雅的、轻盈的那一部分。

柳：对，它跟江南文化在美学表达上是相通的。跟北方比的话，可能就离得稍远一些，北方则要厚重一些。

2009年工作室全体摄于上海松江方塔园

孟建民 全国设计大师
Meng Jianmin

09

深圳市建筑设计研究总院有限公司
总建筑师

访谈时间——
2011.11.03

Archite

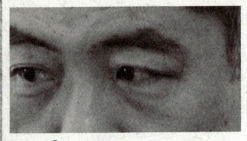

代表作品——

深圳市基督教堂
云南云天化集团总部
合肥市政务文化新区政务中心
深港西部通道口岸旅检大楼
温州会议展览中心
安徽合肥渡江战役纪念馆

1958年出生于江苏徐州，1982年及1985年毕业于南京工学院（今东南大学），获建筑学学士及硕士学位，1990年毕业于东南大学，获博士学位。曾在东南大学建筑设计研究所，任东南大学建筑系副教授，1992年创办东南大学建筑设计研究院深圳分院，任院长及教授级高级建筑师；1997年任深圳市建筑设计研究院副院长及总建筑师，并成立总院方案工作室。1997年获"深圳市青年科技带头人"称号，2007年获国务院颁发政府特殊津贴，2007年获广东省"五一"劳动奖章，2007年获颁发"全国建筑设计大师称号"，2009年获援建北川荣誉证书，2010年获世博会积极贡献荣誉纪念证书，2011年获首届鹏城杰出人才奖，2012年获"当代中国百名建筑师"称号，2012年获第六届梁思成建筑提名奖。现任深圳市建筑设计研究总院有限公司总建筑师，深圳市勘察设计行业协会会长，同时担任中国建筑学会常务理事、全国注册建筑师考试委员会专家、华南理工大学硕士生导师和东南大学博士生导师等。

印象

21世纪,是孟建民真正建筑创作的开始,他以深圳院(深圳市建筑设计研究总院有限公司)为创作平台,探索与追求他个人的设计思想。从宏大化的设计倾向跨越到追求原创精神的失重概念,步步深入,不疾不徐。

孟建民,早年曾潜心钻研过"城市"方面的研究——从读研到实践,而"城市"也成为他后来在创作和思考的一个重要方面。而城市结构的"中间状态"则是他主要的钻研方向,表述的是在城市发展中,受人为的主观和自发客观两股力量的作用与影响。这样对城市的研究,也培养出孟建民看事情的宏观视野与全方位的思维,所以他自然比其他建筑师多了一份擅长的专业——会考虑城市、环境和建筑的因素对设计的影响,相对创作出来的作品考虑得更全面,这是他的一个特点。

孟建民,当他的创作视点放在大范围的城市角度时,他同样也关注到小范围的建筑单元的构想,所以他似乎来回游走于"极大"与"极小"之间的思考与创作。"微型多功能建筑单元"就是他关注到极小空间的形成,为保障性住房所考虑的设计,是个从人体工程学角度出发的想法,达到节省土地、建材与能源的目的,并且开拓了新户型住宅市场。所以孟建民关注到"极大"的城市研究,也关注到"极小"的微型单元的研究,都是在一个极端状态下去思考问题,激生创意与想法,他企图让自己的思路更活跃、更开放。

深圳市基督教堂,表现出一种形式象征的设计倾向,是孟建民在21世纪初的代表性作品。而这样宏大化的形式象征体现,其实与齐康的某些设计成分相似——强调一种纪念性。作为齐康的学生,且早年曾参与齐康的设计工作,自然受到他的影响。于是,宏大化、形式象征的设计,成了孟建民主要的设计路线,并且在他日后的作品中(东莞理工学院松山湖校区、云南昆明云天化集团总部、合肥市政务文化新区政务中心等)多有展现。而宏大化、形式象征的设计反映出孟建民内心潜藏的一种英雄主义般的情节——强调大的构成,他想创造出建筑中一种宏大的气魄,展现一种崇高向上的精神,这是他一种内在潜意识的表达,无意识流露出来的设计能量。

功能，是孟建民做设计时另一个强调的重点与路线，虽然说孟建民的建筑形式与形象是宏大的，但在平面与空间布局方面是绝对要经过推敲的，强调一种内在的功能关系与品质。而在对于空间与功能的关系、序列与功能的关系，他尤其讲究，同时希望功能与形式是经得起推敲的，不分先后。或者，孟建民也会先从形式入手，从表面往内里的转换，但必须把内部功能处理得非常精确与到位，所以，他做设计时，是将建筑的"内"与"外"一起来进行思考的。

失重，是孟建民近几年提出的新的设计想法。主要是说在设计思想上注重一种原创，思想更为开放与自由，一种绝对自由化的状态，把一切现实层面的制约全部解放，展现自己的创意。失重，也带有点实验性、研究性、原创性和意志性，就像一种概念的操作过程，而每个方案皆有不同的设计表述，每个方案生成之后就代表它的过往，而这种过往是一种境界的超脱与超越，并且在整体的抽象中能传达出信息，散发自身的价值，表现语言不拘于形式。

除了企图追求设计原创外，孟建民仍没放弃他追求的宏大化，而他的宏大化语言也更加简单和纯粹，安徽合肥渡江战役纪念馆就是这样来体现的——他把巨大的体量回归到单纯的几何形体，在巨大的体量下切割出巨大的缝隙，给内部一个生成的环境与机会，大气之感油然而生，相对也带有一种"减"的意思，不是说能量在减，而是形式在减，但形式减去之后，能量反而更大、更集中。而这个宏大化的隐喻是期望跳出政治上的纷争，做一个双向的、客观事件的描述，以及人文精神的体现。

孟建民的设计总结一方面追求宏大化的形式与象征的设计；另一方面也追求思想自由与解放的原创设计，他期望给社会带来新的体验与感受。而宏大化的追求也许只是他目前的一个阶段，或者将来他会将视点关注到对极小化的追求，又或者他总是在一个极端状态下，游走于极大与极小之间去思考和创作的。

访谈

采访者
黄元炤

受访者
孟建民

时间
2011.11.03

地点
深圳市建筑设计研究总院有限公司
孟建民建筑研究所

黄：孟总您好。就我了解，您从小就喜欢画画，初中时，正好是"文革"时期，您在学校里负责画宣传画、黑板报、大的招贴物和画毛主席像。中学时，您参加美术兴趣班，做了些美术创作。毕业后，您参加市工会的美术学习班。所以，似乎您对绘画与美术创作是从小就感兴趣，日后您选择建筑学专业就读，是否与此爱好有关系？

孟：我确实受了家庭背景的影响。我父亲跟我说过，我祖父有书画的爱好，但是我没有接触过，而我父母亲都是从事财会工作的，所以他们对我没有直接的影响。我从小就喜欢画画，"文革"时小朋友都去玩了，我就开始画毛主席像等。除了画画，我还喜欢玩泥塑，那时玩了好多红泥塑，捏一些人、马、坦克、武器等，这也是小时候的兴趣爱好。

上高中时，我就接触到建筑相关的事物，当时我家搬到徐州建筑设计院宿舍，那里住着一些建筑师，他们跟我聊天时，就不时会提到杨先生（杨廷宝）等等一些著名的中国建筑师，或者提到建筑相关的故事，从那时起我就对建筑产生最初的印象。还有一次我到同学家去玩，翻阅到同学家长收藏多年的南京工学院建筑系的作品图册，里面全是我没见过的校园西洋建筑，也因为从来没

1975—1977年工作的徐州液压件厂车间

见过，让我开始对建筑产生了兴趣。

黄：那高考时，您就直接报考了建筑学专业吗？

孟：不是，1977年我就考上大学了，一开始我报的是北京大学环境系，但录取的却是另一所学院，不是我喜欢的专业，所以1978年我再考了一次，就直接报考南京工学院的建筑系，当时南工建筑系在徐州只招收一个名额，我幸运地考上了。所以在上大学前，我对建筑师、建筑学专业与南京工学院有了一些粗浅的了解。

黄：就我了解，您当时被南京工学院建筑系录取时，曾被徐州液压件厂的工友们嘲讽？

孟：对，当时我是一个学徒工，高考考上时，有工友说我要去当泥瓦匠了，有点嘲讽我的意思，但是当时我觉得无所谓。

黄：这引申出一个问题，当时一般人都认为建筑不过只是盖房子而已。那么从您儿时到大学的成长过程中，对当时所谓的"建筑"是如何理解的？

孟：我在上大学之前就隐约感受到建筑学是令人充满期待的专业，有三个原因。第一，我上大学前就看过南京工学院建筑系出的画册，画册里的内容有渲染图、透视图与效果图，我都印象特别深刻；第二，当时徐州院（徐州市建筑设计研究院）的建筑师画了图以后，他们会给我看，他们也感到很有成就感；第三，也是最重要的一点，当时我就知道建筑是个与艺术相关的专业，我知道杨先生（杨廷宝）是一位建筑学家，他画的水彩画得很漂亮，比专业画家画得都好，因为我有美术爱好，若读建筑系的话，我可以得到很好的发挥，因为我知道建筑师是高雅的职业。

黄：您当时数学成绩也很好，为什么没有选读数学专业？

孟：高考时，数学专业要求的考分更高，而我数学不错，当时自认为建筑是与数学、艺术相结合的专业，但是上大学读建筑专业后，基本上失去了对高等数学的兴趣，这有两个原因，当时老师讲得不吸引人，再者与设计关联性不大。

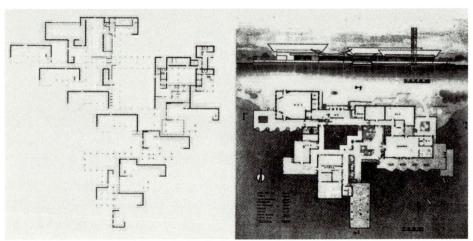

参加第一届全国大学生建筑设计竞赛——"建筑师之家"竞赛,获一等奖方案

黄：南京工学院建筑系（今东南大学建筑系）的前身原为国立中央大学（民国时期），是中国近代高等建筑学教育的发源地之一。之后于1949年更名为南京大学工学院建筑系（新中国时期），1952年经院系调整又改为南京工学院建筑系，1988年改为东南大学建筑系。而南京工学院建筑系的教育延续了1958年杨先生（杨廷宝）提出的"建筑办学十条"及"严、实、活、透、硬"的教育传统。我想问的是，您在南京工学院建筑系的教育传统沿袭下，您从中得到什么启蒙与启发？当时的建筑学教育是如何培养学生的？

孟：我在南京工学院建筑系学习时，受的是法国古典学院派布杂（Beaux）体系教育理念的影响。在基础教育方面，强调基本功训练；在建筑思想方面，通过对中外建筑史的学习，了解到建筑史是如何发展的，当时了解到现代主义、晚期现代主义与后现代主义等等建筑思潮，尤其是我读研时，正是后现代主义思潮最鼎盛的时期，自然深受感染。所以，一方面是基本功训练，一方面也在学习与认识建筑史部分，是这样一步步的学习过程。

提到杨先生（杨廷宝），当时他没给我们上过课，只做过讲座。童先生（童寯）也没给我们上过课，他潜心于学术研究，天天都在图书馆资料室里面查找资料做笔记，有几次我寻机单独请教他一些问题，若有问题童先生当时不清楚时，他会回去仔细查阅资料后，再来认真给我解释，童先生是一位治学极为严谨的学者。

黄：您原报考的是杨先生（杨廷宝）与齐先生（齐康）合带的研究生，能谈谈这个经历吗？

孟：当时报考研究生的同学不多，一部分人去报考清华大学等外校的研究生，有艾志刚、徐宜斌、苏娜；一部分报考南京工学院的研究生。我报的是杨先生（杨廷宝）与齐先生（齐康）合带的研究生。但是杨先生没有正式带过我什么专业课，只有在他生病时，我才与杨先生有较多的接触与交流。当时我去陪护，他谈了很多他在国外留学及从小喜欢画画的事，之后我还整理过杨先生的录音、他的谈话稿与文稿。

黄：在南京工学院建筑系就读期间，您还曾经参加《建筑师》杂志主办第一届全国大学生建筑设计竞赛，获得"建筑师之家"竞赛的一等奖。当时的《解放日报》报道了这则消息，获奖作品还在上海等地几大高校巡回展出，对当时的建筑教育界影响很大，您还继续参加了第二届，获得优秀佳作奖。我想来谈谈这个竞赛方案，就我的观察，您这个方案是个随功能组合生成外在形式的设计，整体平面构成是由数个几何体之间的移位与错位组成的，然后又在两个错位几何体之间，形成一个小的中介空间，企图让空间与空间、空间与流线、空间与过廊都得到片刻的喘息，体现出一个多样性的几何平面组合关系，又仿佛想要创造出一个步移景异的流动视觉效果，这与著名的荷兰建筑师阿尔多·凡·艾克（Aldo van Eyck）于1960年设计的阿姆斯特丹市政孤儿院的平面布局相似。所以，您提的这个方案似乎有着"晚期现代主义"（Late-Modernism）中倾向于"结构主义"（Structuralism）的设计意涵与企图，能谈谈这部分您的看法吗？

孟：当年参加大学生设计竞赛时，全系都高度重视，那时主办方中国建筑工业出版社的王伯扬先生到系里去动员学生参加，学生就向他请教有关竞赛的问题，而交件时间是放暑假后的一个多月。

　　这个竞赛允许个人或组成团队参加，当时我就找了同学周一鸣（今南京市规划局副局长）和陈宁（今江苏筑原环境艺术工程有限公司董事长）一起参加。暑假时，我回到徐州，自己在家设计了一套方案，当时我很喜欢。回校后我们三个人又设计了另一套方案，整套图是用蓝墨水渲染完成的，最后就选这套方案交了出去。之所以后来能获得第一名，与我们高度重视这个竞赛有关系。这个方案，当时隐约受到"结构主义"的平面构图的影响，但是也只是在形态上，更深层的设计研究还是不够透彻。交件后没有太大的期待，而结果却给了我们一个惊喜。

黄：您是1978年入学，1982年本科毕业，在您读书的那个年代，世界建筑思潮正处于"晚期现代主义"与"后现代主义"（Postmodernism）建筑思潮兴起的时期，到了20世纪80年代后期又有了"解构主义"建筑思潮的声音。那么，当年您对于"现代主义"（Modernism）、"晚期现代主义"、"后现代主义"和"解构主义"（Deconstruction）建筑思潮是如何理解的？

孟：1994年，我曾写过一篇文章，就是评述中国在建筑热潮中的创作现象，文章中分析为什么建筑师的创作像快餐文化一样，多有抄袭和模仿，同时文章中也对中国的"现代主义"、"后现代主义"、"新古典主义"（Neoclassicism）、"结构主义"等思潮的过程做了阐述与预测，评断未来的发展走向，这是一个思辨的过程。

20世纪80年代时，我还是个学生，"现代主义"与"后现代主义"对我来讲绝对是有影响的。当时"新古典主义"的学院派教育理念是在打底子，也就是基本功的训练，而"现代主义"算是一种对我在思想上的启蒙，开始朦朦胧胧地建立一套思路，"后现代主义"引起我对"现代主义"的反思与批判，接着后面又有"解构主义"等等思潮。我当时想说的是，中国的"欧陆风"是在"后现代主义"之后才出现的，所以实际上是属于"后现代主义"的一种表现形式，并形成一种专门的欧陆风格。而在1993、1994年左右，我隐约感到"欧陆风"有一种泛滥之势，要大举侵占中国的建筑市场，果不其然，在往后的10年中，从一线城市到二线城市，从三线城市到小县城，乃至到农村里，都大吹"欧陆风"，也是一种社会力量，建筑师挡也挡不住。

但是，这股"欧陆风"为什么能大范围内盛行呢？原因就是改革开放后，很多人出国后看到国外的建筑很经典，便照搬到中国建造起来，在国内就可以看到国外的异国风情，也不用再出国去看了，这是一点；另外在设计上，欧陆风比现代建筑要来得细腻，因为有柱头、山花、窗花等细节的表现，而现代建筑却让人感觉很简单。所以，当"欧陆风"的丰富性出现后，会让人有一种新的感觉，但这种新的感觉多了，就泛滥了，当时政府、法院等建筑都盛行"欧陆风"形式。

黄：1982年，杨先生（杨廷宝）于南京病逝，于是由齐先生（齐康）继续指导您，想必齐先生对您产生的影响比较大，能谈谈齐先生与您之间的关系，他对您产生了什么样的影响？也谈谈南京工学院建筑系的其他老师。

孟：整体上，南京工学院建筑系的老师给我的印象就是治学严谨。而齐先生（齐康）有几个特点对我产生了较大影响，一个是齐先生的视野，他看问题的高度和视野是比较特殊的，他是国内最早提出城市设计概念的学者，那时国内还没有这方面的见解他就提出来了。齐先生看事情的敏锐度，看问题的高度和前瞻性，都让人不得不佩服。

当时，齐先生在学界已拥有相当高的身份和地位，有很大的影响力，当他出去开会时就会带着自己的学生，使得我很早就接触到建筑领域的很多大师级的人物，比如张开济、陈占祥、吴良镛、周干峙、邹德慈、蔡镇钰、李德华、罗小未等老师。我们作为齐先生的助手，就跟着观察、了解、接触和认识。比如有一次天津大学邀请齐先生去演讲，我便有幸见到彭先生（彭一刚）；还有一次，跟着齐先生参加一个小城镇科技研究组有幸见到了张先生（张开济）。接触到一批大师级的建筑师，让我收获很大，可以听到他们聊天时都讲些什么，观察他们怎么去思考问题，这些对我的发展都

1983年长沙调研　　　1985年与齐康老师在香港合影　　　1986年在北京参加某次学术会议

1987年与项秉仁(中)、王建国(左)合影

1987年与常青合影

1987年在香港大学与校长合影

1988年受总后设计院委托做军委大楼方案

20世纪90年代，建筑师个人照

1994年东南大学中大院进行博士论文答辩

1990年博士答辩后与导师齐康教授、宋家泰教授等合影

产生了重要的影响。我跟在齐先生身边，整整有10年的时间。

黄：您本科毕业后继续读研，1985年硕士毕业后，边帮齐先生（齐康）做些研究工作，边准备考博士班；1986年继续攻读博士班，也是边工作边读在职博士班，同时担任南京工学院建筑研究所的所长助理，并于1987年与香港大学城市规划与研究中心进行联合研究。就我的观察，您等于一开始是选择往学术研究的领域发展，为何当时没有考虑出国留学？

孟：出国留学不是说我没有想过，因为我个人比较喜欢顺势而为，不想有太多刻意的安排，那时我一直想着要赶紧实践，想从事设计与创作的工作，自己觉得可以通过实践来自我学习、提升与锻炼。当时齐先生有个设计团队，我加入一起创作，成了齐先生培养出的一大批创作骨干之一。

黄：就我了解，您读研究生期间，就对城市研究感兴趣，硕士论文是研究小城镇的形态发展。

孟：对，我的硕士论文和博士论文都是研究城市的。

黄：就我观察，因为您导师是齐康先生，他对城市研究特别注重，他在做建筑设计时，往往是从城市规划、城市设计的角度进行思考，他曾说过，一位建筑师不了解城市，不研究城市那就不够完整。而城市建筑学应建立在跨学科的基础上，了解和研究与城市建筑学相关的社会学、经济学、地理学、历史学、美学、信息学等。

孟：齐老师的意思是说，不了解、不懂得与不研究城市的建筑师，不是一个完整的建筑师。

黄：我想问，是不是因为齐老师（齐康）对城市研究与建筑设计关系的重视，您受到他的影响？

孟：是受到导师的学术影响。当时跟着齐老师做小城镇研究，曾到江南小城镇考察近一个月，而研究南京城市的发展，研究南京从古至今城市形态、城市结构的发展演变过程,是我博士论文研究的主要内容。

黄: 之后,您于1991年出版了《城市中间结构形态研究》著作,所以,您在硕士与博士阶段就对城市问题有了深入的研究与理解,能谈谈这个部分吗?研究城市问题,是否也培养你看事情的宏观视野与全方位的思维?齐康老师在城市研究部分对您的影响是什么?

孟: 是的,这是我在建筑创作事业当中的一点优势,我是关心城市的建筑师,研究城市以后再走入创作一线,这成了我比其他建筑师更擅长的一方面,有的建筑师缺乏宏观思维,但我考虑单体建筑时,对环境和城市等因素,考虑的范围会更宽一点,这是研究城市以后对我专业方面成长的重要帮助。

我也曾专门做过城市设计方面的研究。博士论文选题时我选择了城市结构形态作为研究主体。我最开始研究的不是城市形态,当时我雄心勃勃地要研究整个中国建筑的机制问题,建筑的体制与机制,研究宏观包括政策运行等方面的问题,并搜集了大量的资料,后来导师认为这个选题难度太大,我又回到城市形态的研究方向。

关于研究城市"中间结构形态","中间"是指城市的发展,人为主观和自发客观两股力量共同的作用与影响形成的一种中间状态,这是研究的核心问题。就是说任何一个城市发展的结果,它都不是纯规划或纯自发的,而是这两种力量共同作用的结果,当城市发展到了一定阶段,照原来的规划,发现偏离或者走样了,但是它也不是一种纯粹自发的,而是不断要经过修正的,我就是研究城市发展的这种"中间状态"。

黄: 是关注建筑跟城市之间的研究。

孟: 不是建筑与城市之间的问题,而是城市规划与自发之间的两股力量作用形成城市的"中间状态"。所以说"中间状态",可能偏于自发,或者偏于规划,但是没有绝对状态,城市发展偏离人的主观或规划是必然现象,因为人的预测与预设能力是有限的。

黄: 您博士毕业后,留在东南大学建筑设计研究所,又跟着齐康老师进行研究与设计工作,当他的助理。1983年,齐康老师设计南京雨花台纪念馆、碑,您也参与其中。这

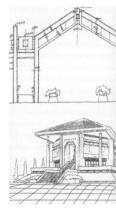
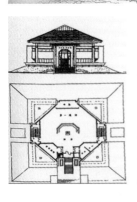
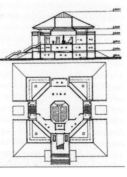
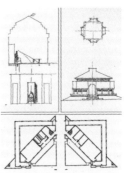
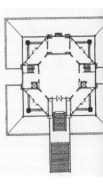

1992年参与设计淮安周恩来纪念馆

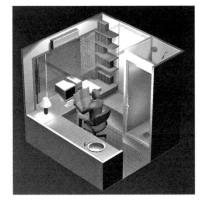
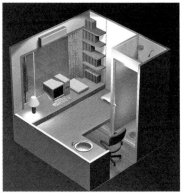
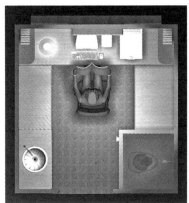

"微型多功能建筑单元"实景

"微型多功能建筑单元"研究方案

个项目极其重要，是一个纪念性的建筑，稍稍有点折中倾向，体现中西方结合的古典比例的设计，将建筑当作一项事件、一种文化与一种精神。1986年，齐康老师设计梅园周恩来纪念馆，您也参与其中，这个项目体现一种追寻当年国共南京谈判的历史文脉，带有象征性的符号语言，偏向于后现代的表述。1990年，齐康老师设计淮安周恩来纪念馆，您也参与了，这个项目也有种象征性的建筑语言，斜屋顶还带出点折中意味，运用了近景景框，创造出透视延伸的感觉。所以我想问，就是您参与的这些项目对您日后的设计创作有什么样的影响？您跟齐康老师做设计，势必有点感觉，我觉得您跟齐康老师日后做设计时表述的语言很接近，做法大都有象征性的感觉。

孟：应该说我设计纪念建筑，自然会受到齐老师的影响，齐老师设计的纪念建筑，空间序列感强，具有永恒特质，应该说根据不同的题材、不同的项目，来做不同的应对处理，齐老师他出构思与理念，我们去做发展深化。

　　我现在带的设计团队，基本上也是这样，我会负责大的关系，与城市的关系，环境的关系或者设计创意，建筑要表达什么东西，然后到细节部分，就给下面的（设计人员）去发挥，比如柱子怎么排，楼梯怎么布置等等，接着我会看看是不是有出入，如果说一看就不行，就会点评、纠正、引导团队。许多创作团队都是这样，与齐老师带团队的方式也是一脉相承的。但是我现在会更强调空间思维这些方面，从一开始就要求，通过三维模型来推敲，过去没有这个条件，也没有这个习惯，过去就是直接徒手画草图。但是画有一个好处，空间的想象力可能会更强，因为在画平面的时候，实际上想的是三维的东西，而现在，一开始就进入三维的状况，就更直接，各有利弊。现在总体来讲，运用计算机辅助等工作方法更先进了。

黄：您在任教期间，曾向学校提出创办深圳设计分院的申请。1992年，您在深圳宝安办起了东南大学建筑设计研究院深圳分院，当时您任院长及教授级高级建筑师，能谈谈当时是什么样的契机使您选择往深圳发展？

孟：原因是有当一线建筑师的情结。当时深圳正处于大发展与大建设的时期，项目的机会很多，正好我的同学艾志刚老师（南工建筑1982届）在深圳大学建筑系教书，准备要做一个设计课题，于是我1991年去深圳考察了一趟，当时的深圳是大家都向往的一个城市。之后，我回校带毕业设计组，很多同学报名要去深圳。后来，我带的学生有的留在深圳发展，有的取得很好的成绩与发展，其中一个叫杜晶，现在是万科股份有限公司副总裁和深圳万科房地产有限公司总经理，是当初毕业设计成绩最好的一位。另外，我在深圳带毕业设计时，认识了一位在政府规划部门工作的东南大学校友，他建议我们在深圳办个分院，我采纳了他的建议，经请示学校并获上级支持后就来深圳办院了。

现在想想，我要不是在深圳从事建筑设计，现在可能是从事其他工作了。当时深圳华侨城提供了很好的条件，请我过去当总建筑师，而且当时全国建筑学博士不多，除项秉仁先生外，东南大学就出了我和王建国老师（今东南大学建筑学院院长）两位，所以由于学历上的优势，毕业时选择的机会比较多，但是还是没去深圳华侨城工作。另外还有一些规划局也想让我去任职，比如南京规划局，而深圳规划局都曾拟请让我当总建筑师和副局长，我都拒绝了。因为我有一个做建筑师的情节，喜欢创作，不想从事行政管理工作，之后我就一直在设计院工作，坚持在创作这条路上发展，也认准了这条路。

黄：您当时向学校提出了创办东南大学深圳设计分院的申请，校长也支持。

孟：对，当时东南大学韦珏校长跟我讲："你要创品牌，创效益，我们只给资质与政策，其他要靠你自己。"起步初期分院是与当时的宝安县黄田村委会合办的，村委也提供了办公场所与资金，一年后有点起色了，也为黄田村委创造了不小的经济效益。

黄：就我了解，您曾钻研设计了"微型多功能建筑单元"，这是从人体工程学角度出发，在满足人体功能活动及确保舒适度的前提下，力求创造出具有能满足包括办公、学习、休息、烹饪、就餐、盥洗、就寝及如厕在内的人体多功能活动，是相对极小化的建筑空间，可以达到节省土地、建材与能源的目的，开拓新型户型市场并提供了新的途径，您还于2000年获得了国家实用新型专利，能谈谈当时的想法与构思吗？

孟："微型多功能建筑单元"是当时我为青年群体和低收入者考虑的一种户型，这个在当时来说，想法比较超前，采用极小化的空间来解决低收入群体住房有无问题。

我认为，建筑师需要以极端状态为条件来考虑问题，比如说非常大，非常小等等，就是说在训练学生的时候，要在极端的"热"与极端的"冷"的状态下进行训练，像特种部队那样。所谓"极端热"就是说，有的条件非常苛刻，苛刻到你基本上没有发挥的余地，这时候就看你怎么发挥；还有的时候没什么约束条件，就在泛泛的

1995年担任《建筑师》杂志编委,参加编委会年会合影

1997年《建筑师》杂志编委会

条件下，怎么搞出一些创意出来。我经常跟搞教学的朋友说，你们能不能把设计任务书有意识做得特别严或特别松，考验学生们的应对能力。

而微型多功能建筑单元，用最小的空间满足人体功能学要求，所谓的多功能就是里面吃、喝、拉、撒、睡、工作，都包括在里面，都在微型多功能建筑单元里面解决，这里面又是办公室，也是起居室，也是厨房，也是卫生间，是生活与工作的多功能空间。它可以做旅馆，也可以做公寓、做宿舍、做住宅、做小工作室等等，所以叫微型多功能建筑单元。

实用新型专利分三种，一种是发明专利，一种是实用新型专利，还有一种叫做外形设计专利，申请到此专利之后，·我曾在一定范围内做过讲座与推广，很多的房地产开发商后来做这些小户型、极小户型，在某种程度上受到这种理念的影响，我是想把这种理念推向社会。

黄：您在1997年进深圳院之前，参加很多学术机构与团体，比如您担任《建筑师》杂志编委的工作，积极投入各种前沿的学术活动，您还从1986年开始撰写论文近40篇，参加国内外学术交流活动，您当时是不是特别关注中国建筑界的发展？

孟：是，比较关注。我还曾做过一个全国一线建筑师的问卷调查，当时收集1000多份的调查样本，是个很有意义的研究。

黄：您做问卷调查的用意是什么？

孟：就是做研究。当时的状态是为什么呢？因为那时中国建筑师对自己是很没有信心的，认为西方建筑的一切都是好的，西方建筑师说什么都是对的，而中国建筑师只有盲从地全面接受，而且不具有任何的质疑和批判。所以，那时中国建筑师对未来的发展是消极的，认为要赶上西方是遥遥无期，是这样一个前因。然后我就调查全国一线建筑师，看谁是大家比较认同的或者是认同的中国建筑师，结果是屈指可数，大家还是比较崇拜、欣赏与佩服西方的那些大师。但是经过了20年，当今的中国建筑界发生了很大变化，中国建筑师变得有自信了，而这个自信是通过实践证明了中国建筑师也能设计出很好的建筑。

黄：您于1997年开始担任深圳市建筑设计研究院副院长及总建筑师的职位，谈谈当时的

1992—1996年在深圳宝安东南大学建筑设计研究院深圳分院

深圳院时总院方案工作室成员合影

1997年深圳市建筑设计总院聘请高级顾问

参加各种前沿的学术活动

个人专著《城市中间结构形态研究》

个人专著《失重》

情况?

孟:1996年市政府向全国范围公开招聘深圳设计总院院长,在同年7、8月份发公告,9、10月份考试与考察,当时几十个人报名,只招一个,我就报名了。他们看我学习经历条件都不错,曾当过老师与分院院长,就问我是否愿意任副院长,我就答应了。我的初衷是希望能留在深圳,在这个氛围与环境里面继续做设计,因此进入深圳总院,从那时起就正式脱离母校了。

黄:您当时为什么会想来深圳总院应聘?

孟:当时我在东南大学深圳分院,后来东南大学认为我经过多年的工作经验后,具备了一定的开拓精神与领导能力,准备把我调回去,给了我一些优厚的条件和待遇,我没回去,原因是那时深圳总院也在招聘院长,我挺感兴趣的,而我也在深圳工作四年了,自己可以清楚地感受到深圳拥有很好的创作平台,机会也相对的多一点,所以我选择留下来,去深圳总院继续工作。

黄:您到深圳总院后,成立总院方案工作室,这是一个坚持学术研究的实践性机构,汇集了一批青年建筑师,能谈谈当初成立工作室的想法吗?成立工作室后,对您设计操作上有何不同的影响?

孟:一来到深圳总院,给我第一个印象是总院不太重视学术,因为深圳总院是一个偏向于商业模式的设计院。所以,我到任后就做了三件事,第一件事是改名,将深圳市建筑设计总院加上"研究"两个字,我的理由是中国所有的大院都有研究的功能,所以改名后就报上申请,也批准了。第二件事是成立总院方案工作室,加强总院的设计与创作,召集全院一批青年建筑师,由我来带领,任创作室主任,后来工作室参加几个投标,结果都中标了,同时士气也提升起来。第三件事是做问卷调查,征集民意,了解大家的意向,如何去办好这个设计研究总院。

黄:你们这一代建筑师,不管是在设计机构、教学单位、房地产、政府管理、科研机构等,都有着较大的名声与地位,您怎么来看待您自己在建筑领域内的影响力?您这一代建筑师需要承担怎样的社会或是历史责任?

孟：我有一个观点，建筑师不要刻意背负过重的包袱，我经常强调只要做"有限的建筑师"，不要自己过度膨胀，好像什么都能解决，好像承担了巨大的历史责任，并背负社会各界的期待，实际上建筑师的职业是有局限性的，所承担的责任也是有局限性的，所以建筑师只要做好本分的工作就好，将每件设计作品做成一项精品，不浪费甲方或者是政府的预算，不要制造建筑垃圾，承担起应有的和影响后人的职责。总而言之，我觉得就踏踏实实去做好一位建筑师，客观地去做好一位有限的建筑师，这样的想法不是消极的，更不是推卸责任的，而是更好地去承担。

黄：据我了解，在2000年以前，您代表性作品并不多，而您最主要代表性作品之一是2001年建成的深圳基督教堂。我观察到，这个作品体现了一种宏大的形式象征手法，带有象征性与仪式性。其实与您导师齐康老师所做的几个纪念性建筑有某种相似的成分。这个项目您以白色为基调，做造型雕塑的处理，撑起大的曲面屋顶，反映出一种表现性，似乎有点类似您求学时参加竞赛方案中表现的反曲面的屋顶。但整体而言，高耸正立面的独立柱与利落向上延伸的垂直线条，除了强调宗教空间的崇高感，也创造出人为意志下神性般的肃敬感，这部分您有何看法？

孟：正如你讲，我确实在深圳基督教堂之前，没有什么代表作。之前配合齐康老师做了几个项目，比如南京雨花台纪念馆、梅园总理纪念馆、淮安总理纪念馆等等。其后，也参加过几次全国性建筑设计竞赛并取得获奖成绩。接着就到深圳，办东南大学设计分院，最后为什么想从东南大学跳到深圳设计总院，到大院可能有机会做大型、重要及更有意义的项目。

到总院我第一个中标的就是深圳市少年宫，少年宫当时做得很有突破，做了一个裂开的球体，有点破土而出及孕育的蕴意，这个方案有创意，中标以后，因为场所的调整，又重新投标，而我们方案被放弃了，虽然最后没被采用，却是我创作道路上的一次重要体验与积累。

黄：就我观察，宏大形式的象征手法，在您日后的作品中经常出现，而且您在这方面手法的表述，非常明显，这是您其中的一条路线。2002年建成的东莞理工学院松山湖校区中，建筑采用鱼脊式布局，标准单元与公共空间相互连接，因地形变化形成高低错落的建筑群体组合，所以也构成了大型水平长板，并利用此联系建筑之间，形成顶盖，

深圳市基督教堂及概念草图

合肥市政务文化新区政务中心

云南昆明云天化集团总部

东莞理工学院松山湖校区　　　　深港西部通道口岸旅检大楼

而顶盖下的半室内或半室外空间，便形成了高耸的空间。2003年建成的云南昆明云天化集团总部，高耸宏大的竖向排列柱廊，大跨度悬挑的屋顶构架，浮于水面的碗状几何体，用现代的技术材料来展现形式，同样体现一种宏大化的倾向。所以，就我的观察，东莞理工学院松山湖校区与云南昆明云天化集团总部都是一种宏大的形式象征手法，这部分您有何看法？

孟：可能是这样。

黄：创造一种宏大氛围。

孟：就像化零为整，展现一种崇高向上的精神，追求一种宏大的叙事，是一个时期某些建筑师创意倾向。

黄：对，可能还有一点现代主义的成分，水平与垂直的利落线条，大几何体量的组合，您似乎特别常用。

孟：回想一下确实我还有这种感觉，但有一点是，我倒没有刻意去追求宏大化，反而是我潜意识的表达，而不是说我自己定位成这样一个宏大化的设计体现。我觉得你给我总结之后，自我反观可能是自己某一段时间的创作特色，确实有宏大化倾向，强调大的构成的感觉，这个不是我的主观想法，而是一种潜意识，习惯性的东西，无意识流露出来的。

黄：在云南昆明云天化集团总部这个项目中，我观察到您利用了金属、玻璃与石材的搭配，跟外部竖向序列的变形柱形成横平与竖直的关系，也形成实墙、玻璃与柱廊的强烈虚实对比。悬挑的屋顶构架又为内部建筑体遮挡了日照，一旁的水池除了作为环境构成的主线外，我想知道当时水的元素是如何在设计中出现的？

孟：是创意产生的。

黄：水，有柔化建筑形体的感觉。您于2004年设计的常州市博物馆及规划展览馆，仍然延续着一贯宏大的象征性手法，在一个"L"形框板下长出宏大的几何形体，而高耸正立面的独立圆柱成序列弧线排列着，有着一种指向性，暗示一个入口，而室内靠着墙面而上的垂直流线挨着墙面似乎也是要让出空间，让人们去体会建筑内部的宏大高耸之感，进而感受光影在内部空间的流动。2005年建成合肥市政务文化新区政务中心，您在宏大化的设计手法之下，包装出超高层建筑大方稳重的体量感，入口处的大柱廊、大台阶、大坡道的建筑造型，体现一种象征性建筑语言的震撼感。

孟：在一定阶段，我做的设计带有表现主义色彩，但是我和同行们交流时，他们问我，你是不是形式主义者？我觉得这种理解是有误差的，我是一个功能主义者，实际上我设计的建筑在功能方面是经得起推敲的，比如合肥市政务中心，那里面的功能与空间的关系就特别讲究，尤其是序列与功能的关系，我到现在对其内部的关系与空间处理都较为满意。所以说，不要光看我的建筑形式，实际我更着重功能与空间。

所以，我说建筑师要从仅关注表面向表里并重转型。现在，部分中国建筑师，特别较年轻的建筑师往往缺乏对功能关系的关注，只关注外形表皮，其实里面是怎么回事更为重要。

黄：建筑，其实是一种视觉化的东西，很多人第一印象是看到建筑的形体，您看您设计的建筑形体，从深圳基督教堂到云南昆明云天化集团总部，再到合肥市政务文化新区政务中心，给外界的感觉是形体很突出，可是您却一直强调您是功能主义者，强调内在的功能关系与空间品质。可是客观讲，人家第一眼会先看到形体，您大部分的建筑给人家的感觉是一种宏大化的、会觉得有点偏于形式，所以这是一个盲点，建筑师设计时所思考的面向跟我们客观去观察的这个面向是不同的，这样会有一种来回反复，蛮有趣的。

孟：实际上，功能和形式不能把它对立起来，做设计时，功能与形式，形式与功能，要来来回回地去推敲、去拿捏，把握好形成的结果。我认为建筑形式不是因为功能决定的，而是形随功能而生。我做设计时可能形式会先入为主，但是，我对功能关系的要求很高，我不可能牺牲功能而纯做形式，我所创造的形式肯定和功能之间是有关系的。

黄：但您的形式感、宏大化，太强烈了。

孟：所以说，削弱了人们对建筑功能的观察。

广州辛亥革命纪念馆方案

深圳市当代艺术馆与城市规划展览馆方案

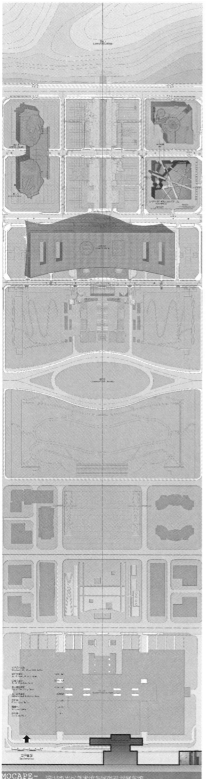

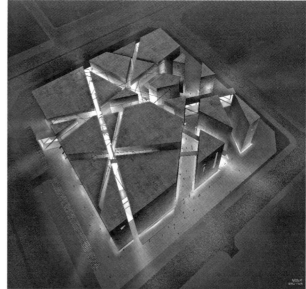

黄：在您的作品中，宏大化依然呈现。2002年的温州会议展览中心，钢结构柱、菱形支撑杆件、玻璃幕墙、遮阳格栅、"Y"形支柱、月牙形屋顶及菱形三角桁架的有机组合，展现一种轻质及细部构件的美感，有点技术构件的宏大化。2007年的深港西部通道口岸旅检大楼，大尺度的屋顶平板与曲面的构件及体量，造成视觉上的动态感，这些技术语言的背后仍然有宏大化的暗示，一种技术性的宏大化倾向。之后，就我的观察，2007年您的设计创作有一个转折，在设计思想上，开始趋近于原创，思想更为开放与自由，我想问的是，您提出"失重下的创意"，是何时开始成型的？"失重下的创意"是您设计上的总结还是新的出发点？就我的观察，"失重下的创意"似乎有别于您以往的路线，是一个大转向，这部分您有何看法？

孟：我2006年在北京798艺术区做过一个展览，是清华大学美术学院环艺系苏丹教授策展的，当时我就定主题为"失重下的创意"，强调一种创作的状态，他建议把后面的几个字拿掉，所以展名就是"失重"。

黄："失重"（展览）里边都是方案吧。

孟：当时全部都是没建成的，都具有一定实验性。"失重"的概念也很直白，实际上是强调一种无拘无束的想法，让设计思想充分自由发挥的一种训练，因为建筑师做设计时，会受到各方面的制约——甲方的制约、领导的制约、材料的制约、施工的制约等等，若把你一切约束全部解放，那是何等自由和快意！

黄：其实就是因为"失重"下的创意，使您后来创作的这些方案，跟您之前的作品有很大的不同，带有实验性、研究性、原创性和意志性。您提出的"设计犹如是没有业主的方案"，是一种概念的操作过程，这是一种实验性。您提出应对于方案的立场、态度与解决问题的策略，这是一种研究性。每个方案皆有不同的设计表述，每个方案产生了之后就代表它的死亡，而这种死亡是一种境界的超脱与超越，这是一种原创性。而意志性，是说在整体的抽象中能传达出信息，是方案自身表达的真诚价值，表现语言不拘于形式，您自己怎么看待这四点性质？

孟：您帮我高度概括了。

黄：我个人最感兴趣的就是 2009年的安徽合肥渡江战役纪念馆，这个项目依然是一种宏大化的象征手法，但宏大的体量却回归到单纯的几何形体，更加简单与纯粹，给人一种大气之感。相对也带有一种"减"的意思，不是说能量在减，是形式在减，但形式减去之后，能量反而是更大、更集中，一方面弱化了建筑的"形"，一方面也强化了建筑的"神"。设计上，您将建筑处理成战船的意象，狭长的时间栈道，概念上将两岸相连，并隐喻登陆的艰难，简单、利落与笔直的线条，在宏大的体量下切割出宏大的缝隙，给了内部一个生存的环境与机会，在宏大化的基础上，设计偏向于历史象征的倾向，您自己怎么看待这个项目？

孟：这座建筑包含深层的隐喻，是一种人文思想的表达，作为重大历史事件，是值得国共双方共同纪念的。

黄：我想问个形而上一点的问题，您个人有没有自己设计的中心思想或信仰？

孟：中心思想，我是追求建筑原创，原创要带给人们一些新的启发、体验与感受。建筑师的责任是为人类建造天堂，建筑师要把环境给创作得越来越美好。但是，也不都是愉悦，当需要你表达"悲"的时候，您就要创作"悲"的氛围；需要你"喜"的时候，你就要创作"喜"的氛围；希望你"静"的时候，你"静"了；希望你"高兴"的时候，你就"高兴"。建筑师要能把这种情景、这种氛围营造出来。艺术的本质是创新，不能说今天与明天都是画完全相同、复制的东西，原创是建筑师终身要追求的。当然表达的形式，刚才你说我做设计时强调的大，表现一种宏大化象征的建筑，也可能是一个阶段，也有可能到什么阶段我追求会做小，这是个人在不同发展阶段的不同取向。

　　作为建筑师不可能说十八般武艺全都会、全都精，今天是现代主义，明天是后现代主义，后天又是一种什么主义，这是不可能的。我觉得建筑师特殊的地方，在于要符合个人的特点，做得很精，能够做出几件有分量的、有影响的、有代表的精品，那就不容易了。作为建筑师，想什么都会是不可能的，只能自己专注于某个方面去努力，做理论研究也是这样，只要是理论就有偏见。所以，自己做好自己最重要，能够把最能发挥的力量发挥出来就可以了。

安徽合肥渡江战役纪念馆

访谈场景及工地勘察

2002年孟建民工作室第一批实习生

指导设计及构思设计讨论工作照

周恺 全国设计大师

Zhou Kai

天津华汇工程建筑设计有限公司
总建筑师

访谈时间——
2011.11.13

Archite

10

代表作品——

天津大学冯骥才文学艺术研究院
南开大学MBA中心大厦
东莞松山湖凯悦酒店
青岛软件产业基地
天津圭园工作室
南京建筑实践展01号住宅
北川抗震纪念园——静思园

1962年出生,1985年毕业于天津大学建筑系,获学士学位,1988年毕业于天津大学研究生院,获硕士学位;1988-1989年于天津大学建筑系任教;1990-1992年于德国鲁尔大学建筑工程系进修;1995年至今于天津华汇工程建筑设计有限公司,任总建筑师。2011年任天津大学建筑学院教授,博士生导师。全国工程勘察设计大师,中国建筑协会常务理事,中国建筑学会建筑理论与创作委员会委员,天津市规划委员会建筑艺术委员会委员,世界建筑、城市环境设计等多家建筑学术杂志编委。

印象

周恺是天津华汇工程建筑设计有限公司总建筑师,他的设计总带有一种神秘与简约的特性,他尊重城市与环境,他希望建筑在表达个性的同时能谦逊地融入整体环境,甚至成为城市中的一个背景;他希望强化建筑设计概念,强化建筑的建造,关注建筑的真实性。

神秘与简约,是周恺作品中无意识表现出来的特性,建筑干净而单纯,简约而实用,没有多余累赘的元素。冯骥才文学艺术研究院就是这样具有代表性的案例。在设计中,他强调一种神秘的氛围,把形式做得很简单,几何形体的扭转,巨大框架体的构成,一目了然。同时他也设计出一条模糊且带有仪式性的路径——从光明到灰暗再到光明的体验过程,他在静谧与光明之间生成了关于艺术文学与艺术气质的环境与状态,创造出具有等级与层次、含蓄与暧昧的建筑空间。

低调与谦逊,是周恺作品对于环境的态度。他的建筑总呈现出一种内敛与谦逊之感,以不张扬的态度融于环境当中,成为整体环境的一小部分。在众多设计项目中,周恺的设计态度多是低调的,主张建筑是内敛与谦逊的,隐退到生活背后让建筑本质真实地呈现出来。

围合,是周恺作品中表现出来的观念。他运用于墙体与建筑物之间、墙体与墙体之间的构架,使东方传统建筑的围合概念予以重现。南开大学陈省身数学研究中心,就是一种在现代建筑的基础上融入了围合的观念,意喻中西合一的文化倾向。冯骥才文学艺术研究院,周恺用巨大的框架体围合出一个内庭院,四周的外墙框住了一个虚拟的天井,创造出人为的自然,让人在内庭院中只看到天空与植栽,形成一个内向性的半室外空间,一个"天、地、人"共存共生的领域。周恺喜欢院子,院子的好处是可以产生某种意境,也可以像容器般地过滤掉很多东西,去芜存菁,让建筑达到一种纯净的状态。

理性与秩序,是周恺作品中所表现出来的手法。他的建筑常在现代主义的理性思维基础上,追求或回复到经典时期的秩序与比例的优美形式,运用重复的元素与物件形成一种整体秩序性，在秩序的规律中寻求彼此之间的关联性与契合度。在东莞松山湖凯悦酒店中，周恺在建筑外立面上以朴实重复的开窗处理，将厚厚的墙体与深深嵌入的窗口作为建筑物立面的标志，几何比例控制了建筑立面上的尺度平衡，体现了以小塑大的整体秩序感，理性与大气油然而生。

  光影的生成与变化，是周恺作品中表现出来的特征。他的建筑让人直接感受到的就是光影。当坚硬的墙与柔软的光影发生关系时，便形成一种实与虚、硬与软的间隔之美，而光影也把建筑提升到一个新的高度，使其展现出一种精神性的内涵。在冯骥才文学艺术研究院中，巨大框架体的建筑靠着不断变换的虚实光影消除了巨大体量带来的压迫感，内庭中安静的水池也反射出光晕的波光粼粼。在南开大学商学院中，巨大的矩形框架塑造出光影的进退，内庭上方的玻璃格栅顶棚也让光影有机会在内庭中流转与停留。周恺觉得建筑是光的艺术，光是建筑里最好的语言。

  不管是神秘与简约，低调与谦逊，内敛与围合，理性与秩序，光影的生成与变化，周恺都试图站在现代主义的基础点上，去尝试创造出一条理性与感性兼备的设计路线。在坚持设计路线的基础上，希望每个建筑有其独特的表达。

  近些年来，随着建筑文化的交流、技术手段的更新及设计建造水平的提高，国内建筑师的创作空间不断拓展，建筑界呈现出多元化的发展。周恺的设计在建筑语汇、空间处理等方面也发生了不少变化，但对场所、空间及建造的关注却始终没有发生大的改变。纵观他近20年的设计作品，各个时期其建筑均有不少尝试，他始终坚持冷静思考，强调建筑的内涵，避免建筑表面化，体现建筑的真实性。同时他认为创作要经过一段相对长时间的摸索与酝酿，或者可以说是再沉潜与再积累。所以，他的创作态度始终是不疾不徐、从容不迫，在此态度下，坚持自己，潜心设计。

访谈

采访者
黄元炤

受访者
周恺

时间
2011.11.13

地点
天津华汇工程建筑设计有限公司

黄：周总您好。就我的了解，您小学时曾去少年宫等地画画，似乎从小就喜欢画画，日后您选择建筑学专业就读是否与此兴趣有关系？您本身的家庭成长环境是否也影响了您选读建筑学专业？

周：小时候确实喜欢画画，也去过几年少年宫。我报考建筑学专业与此有关，选专业时，也考虑过上美院。后来还是听从家人的建议选了建筑学专业。

我父母均不从事建筑专业，但他们对音乐和书画都有爱好。我父亲很喜欢书法，也熟识很多的书法家。据说我母亲小时候也莫名其妙地读过不少有关建筑方面的书籍，不知我日后学习建筑是否与此有关。1981年我考上天津大学建筑系时，还没有那么多人愿意学建筑，甚至邻居听说我上建筑系还曾感到奇怪。

黄：您从小在天津长大，1976年唐山发生大地震，当时灾情惨重，全市交通、供水、电力等皆损毁和中断，且地震还波及附近的地区，当时您就住在附近，对于这个地震您的印象如何？是不是也是因为地震过后，房子坍塌需要重建，促使您以后学建筑？

从小就喜欢马,这是初一时临摹的徐悲鸿作品

马经常出现在周恺的涂鸦中

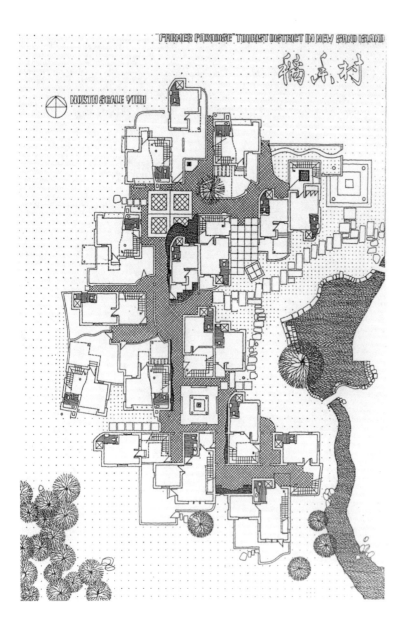

天津大学大一时的校服照

丁字尺、三角板、针管笔是上大学时的主要绘图工具

周：我学建筑跟地震一点关系都没有。说到唐山大地震，对我来讲是一个偶然、偶发的事件。1976年暑假时，我才14岁，第一次自己出门去玩，坐上火车就去唐山了，当时是去找我在唐山的一家亲戚，他们在农林局工作。我是晚上到的唐山，就住在亲戚家，没曾想凌晨左右就发生了地震，也就是震惊世界的"7.28唐山大地震"。所幸我们住的房子没有全塌下来，躲过一劫。

　　当时交通、通信均被阻断，出不去，也没事干，就跟着人家搭临建棚，也许这就算是我最早开始的建筑活动吧。

　　地震过后，我在亲戚家待了十多天，之后家人才从天津找了一辆军车进唐山找到我们，把我接回家。虽然当时地震的一瞬间没有感到很害怕，但后来一些天下来，看到大部分房子都倒了，眼前一片荒芜的景象，自己也十分害怕。那时有个砖垒的大烟筒，很高，地震后就断了，断了的一截，横在未倒下的一截上面，像是摆上去的，这样的情景是很难以想象的。

黄：您从小有正规地学习过绘画吗？

周：一开始，我是自己画着玩的，据说我两三岁时，我就拿着一个粉笔，在我家大院的地上乱画。上小学时，学校看我爱画画，就挑选我去了少年宫，一直学到初中毕业。上初一时，当时懒得写作业，没事还总在画，初二后，就画的少了，因为要准备考高中，学习数理化去了。

黄：您是哪一年考入高中的？

周： 1978年考入高中。

黄：之前您提到曾于地震后跟着人家搭临建棚。那么，从您儿时到大学间的成长过程中，您对于当时所谓的"建筑"是如何理解的？因为当时一般人对"建筑"的理解就是单纯的盖房子。

周：我也差不多。

黄：那您有没有关注到您成长环境周边的建筑？

周：周边建筑的某些印象现在还能想起一些。小时候我住过的房子，是一个自家的大院，后来搬到了一个机关大院，是很规则排列的一排一排楼房。我们的小学，就在楼房中间，被长长的围墙所框住，墙内外有很多树木。

黄：好，我就是要找寻建筑师做设计时最初衷的那一个影响点，所以，您所给的信息与答案，已经很明确了。接下来，请您谈谈高考的情形？

周：上中学时，我因病住院一年多，实际上我只念了一年的高中。面临高考时，就只剩四个月的时间准备，很多专业的课程都没有读完，我只能用自己的方法读书，很认真地读了四个多月，所幸考得不错，进了天大（天津大学）建筑系。

黄：您是1981年入大学的。

周：是，应该是1980年入学，我因病比人家晚上了一年。

黄：好，您1981年入学，1985年本科毕业，1988年获硕士学位。当初为何会选择天津大学建筑系就读？考虑的因素是什么？

周：主要原因是由于身体才康复，家人希望我能离家近点儿。

黄：那您进入到天津大学前，是否有听说天津大学建筑系的历史与师资等情况？

周：大概知道一些。

黄：1981年您进入天津大学建筑系就读，直到1988年研究生毕业，您经历了天津大学20世纪80年代这一辉煌的时期，您也曾于1985年举办的"第三届全国大学生建筑设计竞赛"中获优秀奖，能谈谈您在天津大学所受的建筑学教育吗？

周：我对天津大学是有感情的，也很喜欢我所读的建筑学院，教过我的老师们都很实在，也非常尽心。天津大学建筑系的训练与培养奠定了我后来作为建筑师必要的基础，我

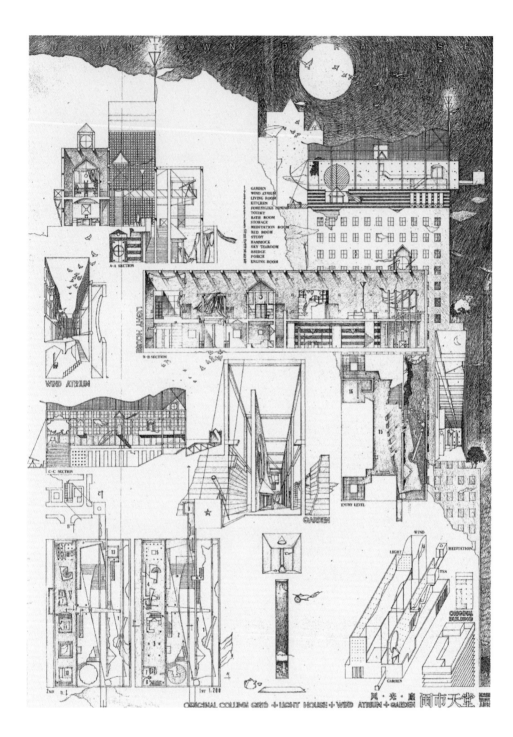

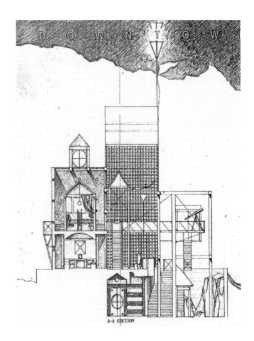

天津大学时参加国际竞赛的方案

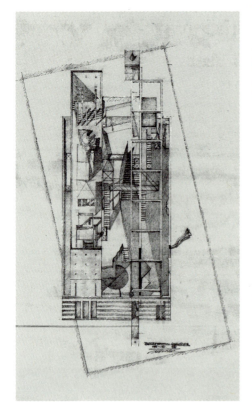

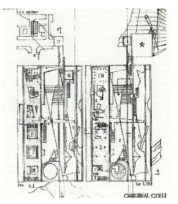
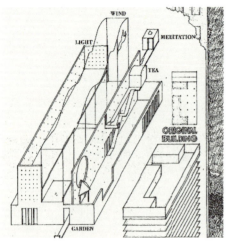

天津大学时参加国际竞赛的方案

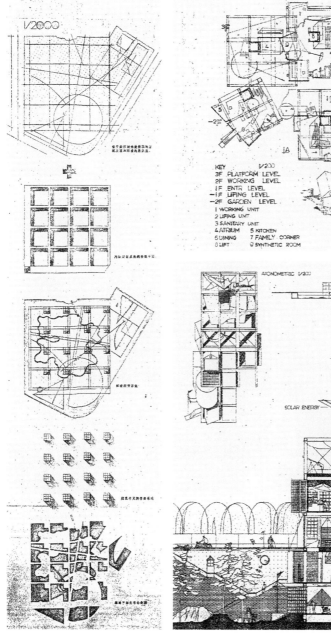

天津大学本科毕业参观实习同组同学合影

很感谢天津大学与建筑系的老师们。

天津大学的建筑教育是比较严谨的,非常注重学生的基本功训练,老师和学生之间十分亲近,所以我在大学学习期间,感觉很舒服,学习也很有意思。那时学生并不多,教室离得都很近,低班跟高班的同学经常会互动、交流,相互也都认识,没有明显的界限。尤其是古建筑测绘的课,研究生或者高班同学会带着低班的同学去测绘,这样形成一个很好的相互学习和启发的氛围,我感觉非常好。

天津大学给了我很好、很扎实的基础训练与培养,而天津大学宽松的学习氛围,让我能够把心思专注在学业与做事上面。到今天,我在公司的经营和管理方面,也受到这样的影响,现在的华汇公司就是在一个宽松的工作氛围下运作的,相对来说比较自由,没有谁要管谁,自己对自己负责,各自做各自应该完成的事,人与人之间的地位是平等、相互尊重的,没有严格的等级观念。

黄:您刚提到天津大学有古建筑测绘的课。就我的了解,20世纪50年代,当时的天津大学土建系有一位卢老先生(卢绳),他是第一位提倡要在建筑高校里开设古建筑测绘课的教师。古建筑测绘课上,卢老先生带着学生用现代的测绘方法,开展大规模的古建筑测绘与调查的工作。

周:卢老先生我没有见过,但是我上大学时,老师总会提到他。天津大学的古建筑测绘课,一直没有中断。测绘是一件很实在的事,我留校任教时,也带学生出去测绘过。当时我带学生去的河北易县清西陵测绘,一天工作下来,到了晚上时,我们就住在巢房里,地面铺上稻草,垫上木头,再铺上席子,弄起蚊帐,就这样当床睡了,挺有意思的一次经验,有着非常好的回忆。

黄:改革开放后,恢复了高校的建筑学教育,当时的天津大学把许多在外地的优秀教师都调回天津大学任教,比如黄为隽、聂兰生、屈浩然等等教师,加上原来的教师,包括徐中、童鹤龄、冯建逵、周祖奭、何广麟、程作渭、呼延夜泊(王学仲)、彭一刚等教师,以上组成强大的教师群,使得天津大学的教学实力大增。当时,教师们非常重视恢复后的建筑学教育,在教学上,投入了大量的精力,能谈谈这些老师的教学方法吗?并谈谈对您的影响?

周:你提到的这些老师,就是当年上建筑系时直接教我们的老师。他们在教学的同时大多

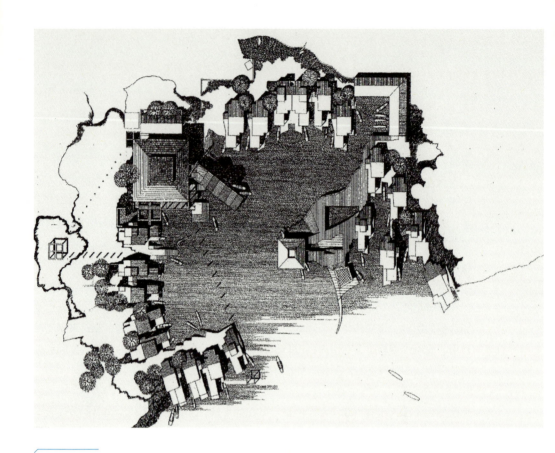

研究生毕业论文中的设计图纸及写生插图

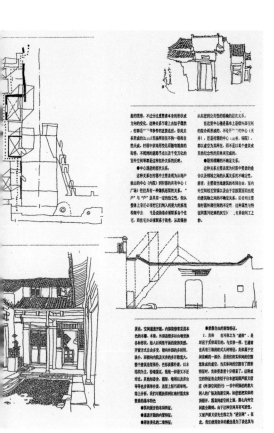

的范围，不过分注意要素本身的形状或方向的变化。这种关系专事于此似子图想，但等品"""等条件的直接迫近，宽使关系密就的地点以至至场所往往不同一船的自然天成。村落中宽想型变化的离奇的角色、不规则的通路等在以井于变为悼念的室外空间等等就达神似补充关系的反映。

● 中心通逮的层次关系：

这种关系在村落中主要表现为从用户独占的中心（内院）到开锁的公共中心（广场）往往具有一种稀民组的的关系。"户"与"户"呈具有一定的独立性，但从整体上记忆必保证它们同夹大的关系结构之中。使是没因饭卷中被联系各户的性能，而住宅之外的通常系于海巷，从而保持

● 中心通逮的层次关系：

这种关系主要表现为村落中突事的结合日及修锦之同的属天系列不确定性，者者，主要将当地建筑的项目的色，家内外空间相互贯通以及由于宗族灵因而出现的建筑相之间的某些变天条，后来也主要取得许多外部空间的天安性。这种属性与特征同黑川纪幸的灰空间""、是有由工之妙。

● 限界模糊的不确定关系：

● 内向展开的更内特征：

● 通过开敞的堂性特征：

● 形体奥化的二重特征：

● 肃整自由的装饰特征：

1. 具体 也可有之为"虚体"，是对位于实体建筑的，与实体一样，它者者也是有三维相的式样形性。具有某于空间体物的一部分，是我有清头体解的空间意象或的虚实。当实体间的空间有了图形特性时，具体就变得十分样重了。这些建空间的特征看点类似于但今建筑原声形又是在《开游区建议》一书中所使用的意大利人"广场共源实空间"，如传统虽然体的国限等，雷夏网建空间比较。鉴此内外空间的金解明，由于让种空间又具有可观赏、又具严密文但不少先生怀之为"建空间"，在此，我们使用具体的能念是为了奕及其与

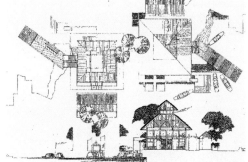

1988年留校教书

1992年在设计现场

21世纪初时

1996年在华汇公司设计建成的第一个学校建筑——天津师范大学艺体楼,已于几年前因房地产开发原因被拆除

天津师范大学艺体楼草图

1994-1999年，建成的第一栋高层建筑——中国工商银行天津分行

注重实践，言传身教，给我们树立了很好的榜样。他们基本功扎实，对学生的要求也十分严格，很多事情至今对我还有影响。其中你提到的有些老先生已经故去了，健在的先生们虽然年事已高，但我们依然有很多联系，有些事情我还会去向他们请教，他们对我及华汇公司也都很关心。

黄：您的研究生导师是彭先生（彭一刚），谈谈您跟他接触的情形，他对您的影响？

周：1985年毕业时，我赶上第一次有了保送研究生，很幸运地被保送读了彭先生（彭一刚）的研究生。彭一刚院士是一位理论与设计并重的老师，他在教学与著书的同时也十分重视建筑创作，很强调动手能力，他对我们的要求也一样，要我们在做论文的同时还要多做设计，多参与实践，这给了我们很好的锻炼。彭先生为人朴实、真挚，对学生有些像家长般地既爱护又严厉，对我更是关怀有加，回忆过往种种，十分感激他老人家对我的教诲。

黄：您曾经去德国鲁尔大学建筑系进修过，谈谈当时的情形？

周：在德国，我呆了一年半的时间。我是比较随性的一个人，出国除了深造进修以外，主要是想去看看欧洲的建筑，亲身感受西方建筑的魅力。对我来说，这趟出国是一次不错的经历与实地学习的过程。

黄：20世纪90年代，当时的中国正经历改革开放后的社会稳定与经济快速发展的阶段，当时南方正处于大发展与大建设时期，因南方的建设发展契机与机会，有许多人都往南方发展，比如到深圳、广州与海南。您从德国回国后，曾有段时间去南方发展，能谈谈当时的情形吗？

周：刚回来面临着是回校继续任教还是出来做设计两种选择。我还是选择了出去盖房子，当时一位美籍华人与天津大学及台湾中原大学找我一起去做中原建筑设计公司，但辗转大半年后，公司没有注册成功，不过却让我有机会对当时国内开放较早的城市如深圳、珠海及海南等地有了不少的接触和了解，为日后创办华汇公司积累了不少经验。

黄：所以，成立天津华汇公司之前，还是有一个积累与酝酿的过程。

周：是这样的。

黄：就我的观察，您的作品始终给人一种在理性思维下表现出来的简约、实用的美感，手法干净而简单，没有多余累赘的元素，总会带一点神秘与单纯的特性。同时您也会创造出一条模糊且带有点仪式性的路径，让人体验从光明到灰暗再到光明的过程，另外在墙与光影之间形成一种实与虚、硬与软的间隔之美。建筑的态度是不张扬的，内敛与谦逊的。所以，就我的观察，您似乎把您所学的设计手法隐退到建筑背后，让建筑的本质真实地呈现。能谈谈您的设计态度吗？

周：作为执业建筑师，我的设计态度首先是平实而真诚的。设计应尽力在诸多的限定条件下，运用自己的经验技能，为项目寻找到合理且恰如其分的答案，充分利用自然资源并考虑其在城市中特定的场所关系。其次，强调在限定（条件）下的突破，创造性地解决功能、建造等问题，为每一个特定的项目营造其独到的意境及个性化的表达。

黄：好，就我的观察，您是沿着现代主义的线，然后带有一种理性的思考。除此之外，您还有着一种象征性的设计倾向。

周：正统的"现代主义"经过多年的衍变已经有了很大的修正和发展。我认为一个包容的、自由主义的、外向的"现代主义"是可行的，向其他学科开放的、向区域差异开放的、向科学艺术实践开放的现代主义是有生命力的。

黄：我为什么说象征，我说的象征不是后现代的象征与符号，我说的象征指的是一种象征纪念性的设计路线。我先解释一下，在20世纪世界现代建筑史中，有一股象征主义或者是纪念主义的流派，就我个人理解代表性建筑师有朱赛佩·特拉尼（Giuseppe Terragni），他用柱梁的虚空构架，宣示出象征性的设计倾向。还有路易斯·康（Louis Kahn），他将建筑的视点着眼于在巨大象征体下创造出来的光影变化之美。

周：我没仔细想过这些，但朱赛佩·特拉尼、路易斯·康的设计我在上学时就比较喜欢，早期的设计受其影响肯定是有的，你可能就是看到了这一点。

黄：路易斯·康是宾夕法尼亚大学建筑系毕业的，您所受到的建筑教育跟他有点像，因为

冯骥才文学艺术研究院（2001–2005）

天津大学也是偏向于法国古典学院派布杂（Beaux-Arts，巴黎美术学院派）体系的教学方法。还有安藤忠雄，他以清水混凝土营造出自然冥想的禅意巨大空间。所以，我刚说的朱赛佩·特拉尼、路易斯·康与安藤忠雄，从这三人的作品中创造出具有象征性的理性主义设计路线，而您的作品与路易斯·康与安藤忠雄所要传达的意境与氛围似乎很相同，冯骥才文学艺术研究院就有这种倾向。在这个项目中，让我感觉到"空"与"光"在建筑中流转且带有点艺术气息。您的建筑中虚实的对比依然，但光影的生成更加的强烈，巨大的合院建筑，对待环境仍然是退隐低调的态度。这部分您的看法是如何？

周：2001年我有幸在自己的母校设计了冯骥才文学艺术研究院，它的合院空间营造的意境和氛围的确有些东方的禅意。当时的设计概念是以一个方形的围合体嵌入校园的已有秩序，尊重校园肌理的同时，屏蔽周围较喧嚣的环境，在其内以当代建筑语汇营造出与使用者的理念相吻合的东方书院氛围。空间的"空"是我强调的，光影是自然的，我没有刻意。

黄：您说没有刻意去设计光影，可是如果客观来看，这个光影的生成与演绎是非常直接的，在整个设计当中，最让人家直接感受到的就是光影。所以说我观察您特别注重于光影的运用，而这个光影还把建筑提升到一个高度，展现一种精神性的内涵，这也是象征流派中特别重要与明显的表征。

周：我一直认为光影在建筑中是必备的，在其他项目里我也很喜欢运用，它们是否在冯骥才文学艺术研究院中展示出了精神性的内涵，只有让别人去感受了。

黄：冯骥才文学艺术研究院，您设计出来的空间，由巨大框架体产生的光影，即使是安静的水池，它也有一种反射光晕的波光粼粼的感觉。还有就是院子里的建筑体是架高悬空的，人可以在里面穿越，创造出一种从光明到静谧再到光明的过程，犹如洗礼于光影之间的一种仪式性的过程，即使是室内空间也有很多光影的产生。所以，光影其实是您设计中特别重点的一点，这部分您再谈一下。

周：光影是很有趣的，也是不用造价的建筑元素。很多时候，我是会在设计中主动考虑它的存在，文学院强调的更多的是围合与内敛，但光是无所不在的。其中穿越院中架空体量的水面倒的确是有意为之，因为入口前院是在建筑的北面阴影里，所以架空中间的建筑体量就使得南北庭院沟通了。水面有反射作用，南面的光通过水面折射过来，为院内平添了很多生气。

黄：就我的观察，冯骥才文学艺术研究院给人一种艺术氛围，这样的氛围也许不是您一开始设计时想呈现的，我想是自然而然形成的。然后就我的了解，您曾经提过一个题目叫"在限定中创作"，冯骥才文学艺术研究院是否是一个限定中创作的项目，或是您其他项目也是在限定中创作完成的？您如何解释"在限定中创作"与您的作品之间的关系？

周：这种氛围倒是我从开始就想呈现的，这恰恰是我设计的初衷。至于在"限定中创作"的理念是我一贯的认为。我接受这种"限定"，在限定条件下解决问题有时反而更有意思，同时也会给建筑师很多思考的出发点。限制是多方面的，冯骥才文学艺术研究院的主要限制是造价很低，建筑师所能运用的材料十分有限，如外墙在预算中只有每平方米50元左右。我们做了不少实验，最后以半手工的手法做成了现在这个水泥凿毛的外墙效果。另外，基地上有一排现状树木，当时很不方便施工，校方也不强调保留，施工方更是希望去掉，倒是我们想了很多办法，甚至修改了设计，把它们保留了下来，反而把这个限制变成了院落空间里的一个最有生命力的部分。

黄：所以，就我的观察，您有两条路线。一条是偏向于理性的思维，企图创造出一种建筑的整体秩序感；另一条是围合的概念，这种围合，创造了基地与建筑间的过渡空间，另外这种围合空间还有点传统合院的感觉，似乎也带有些许的地域性倾向。这部分您的看法如何？

周：我认为理性用于建筑时基本等同于严谨的演绎方式，建筑师通过演绎的手法从假定的前提推导出不可避免的结果。往往理性建筑趋向于产生出不考虑地域文化背景的形式，理性有时也被视为一种批判意识，而浪漫的建筑师更加感性地、自我地进行工作，避开纯推理的、抽象统一的形式，宁愿为真实的生活进行设计，考虑该地区的多样性及其特性。我把建筑设计看成理性与感性的结合，我的工作基本是在这两极展开的，交互作用，不同的项目可能停留在两极中不同的那个平衡点。至于你提到的围合也可理解为设计中对多样性的一种表达，是我们在呼应本土建筑中的一个片段，同时

东莞图书馆(2001-2005)

东莞松山湖凯悦酒店(2001-2006)

建川博物馆（2004）

也是我个人喜欢的一种空间形式而已。

黄：就我的观察，您的建筑在环境当中，是不张扬的、低调的、谦逊的，而且一直以来都是如此。而您曾经说过您想做的是"背景建筑"，顾名思义，背景有一种退居幕后、陪衬的意思，所以，是不是您的建筑只是城市中的一个背景、一个配角，建筑要恰如其分，退隐地融于整体环境之中？是不是您在操作项目时，觉得思考城市与环境的因素比思考单体建筑要来得重要？

周：建筑作为城市中的一部分，是与城市肌理、街道空间或特定的场所分不开的，所以我不希望过分地强调建筑的标志性，而是希望它与周边有一个良好的相互关系。尤其在我们的城市高速而无序发展的当下，我宁愿更恰如其分地表达建筑，哪怕我设计的建筑被背景化或去做一个配角，也不希望再去加重这种不良的状态。

黄：您早年曾做过许多高层建筑，比如中国银行天津分行，这个项目摒弃过多的装饰元素，线条利落充满着时代感，显得简洁、干净与利落。您又说建筑只是城市中的一个背景、一个配角，问题是高层建筑在城市环境当中，其标志是很鲜明的，单就一个视觉性，高层建筑无法成为一个配角，所以，目前您如何处理高层建筑在城市当中的设计？您对于目前您做的高层建筑在城市中的定位是如何的？

周：不过分张扬的建筑态度是一致的，高层也需与城市空间有良好的关系，其低层部分与街道空间也同样要有交流与对话。

黄：就我的观察，您的建筑的一致性是比较明显。能谈谈吗？

周：当下是一个多元的时代，建筑设计在发展过程中呈现出很多不同的尝试，不少新奇的东西都会无形地影响到大家，我也不例外。但我还是希望有一定的坚持，对场所、空间、建造的关注始终还是我工作的主线，但我也不排斥新变化，只是希望自己能同时保持冷静的思考。

黄：尝试新的方向吗？

周：当然，在坚持的同时我也在学习和尝试不同的做法，包括结合传统工艺的简单做法来进行一些尝试和反思。

黄：所以，您在天津圭园工作室里是不是想找到一点回归的感觉？

周：是的，那是一个低造价下，用相对简单而自然的做法、真实好用的构造来完成的建筑。以小庭院介入大空间形成功能区划，以田园般的意境创造有趣的办公场所，回归自然。

黄：我有观察到一点，您在近几年都很少在建筑杂志上发表作品，这是什么原因？是不是自己正处于思考与盘整的阶段？而您又在思考什么？是不是您正处于沉潜当中，以一个相对长的时间在前进？

周：一来是工作越来越多，二来我也有意识地希望自己慢下一点儿来，沉淀一下。

黄：您虽然近期很少在建筑杂志上发表作品，但作品还是不断地在积累，能谈谈新的作品吗？在这些新的作品中，您又在尝试什么样的方向？在这些新的作品中，是否有加入些新的当代建筑语言？

周：近些年，我做了不少大型的公建项目，周期都很长。设计了四五栋超高层建筑，同时还有一部分展示建筑，无可避免当下流行的语言也会有一定介入，但我还是愿意强调建筑设计与建造的关系，不刻意强调比较表面的东西，对建筑技术及艺术的感悟反而是我更感兴趣的。

黄：建筑师从骨子里都想要去创新，这是个人的天性，也是追求，在中国目前的建设环境下，创新的诱惑力是挺大的，那您自己所追求的创新是在哪个方向上的？您如何把持创新在现实层面上的诱惑？

周：正如你所言，建筑师无不想要去创新、去追求。这正是建筑设计的魅力所在。我也时时有所冲动，也在尝试。但什么才是建筑更本质的东西？什么才算得上是真正的创新呢？一些表面上响应着这个年代的问题，实际上只是继续表现着建筑师对形式游戏的

东莞万科棠樾(2006—2008)

天津主同工作室（2007-2008）

南京建筑实践展01号住宅（2004-2011）

中国银行天津分行（2005-2011）

石家庄正定新城美术馆

采访场景

追逐和一味的紧跟潮流，也许未必是正确的。一味沿着西方的范式亦步亦趋，也是可疑的，还是要在多年的积累中去感悟你真想坚持的东西，这才是更重要的。

黄：您的作品中有一个让我印象深刻，就是在青岛做的一组房子。建筑整个横放在山谷当中，后面的山景全给让出来了，建筑成了环境当中的背景与配角，而这个建筑又带有"极少主义"的意思，您以一种简单的几何关系去探索体量与场地之间的关系。虽然几何，但让我感觉到一种轻盈、一种单纯与简单的回复，以回应外在混杂的现状，这跟您一直以来的作品所要呈现的味道都很接近———一种简单。能谈谈这个项目吗？

周：那也是前些年做过的一个项目。该项目重点是形成了一个较好的设计策略，以尊重山地环境为前提，巧妙地将大面积的办公建筑群横穿在山坳里，是和环境较好相容的一个例子。

黄：我们回归到一个建筑学的观点，您个人有自己的设计思想和信仰吗？您的设计追求是什么？问得（层面）比较高一点，也算是个总结。

周：有人说过建筑是不可约减的复杂物，是一部分基于外部规则的不稳定的混合物。我也认为建筑是复杂的、包容的，无法用一种形式、一种方法简单理解与表达的。建筑师的工作无非是在普遍性与特异性之间寻找一种恰当的平衡。建筑师们的设计有时还会通过夸张的手段去复制现实世界中广泛的复杂性，披着晦涩的外衣，让人难以理解其本质，甚至表现出了一种故弄玄虚和自恋的倾向，我认为有些可怕，希望尽量能让自己清醒着、实实在在地工作，尊重自然，尊重人类社会的秩序，做真实的自我，做真实的建筑。

王昀
Wang Yun

方体空间工作室
主持建筑师

访谈时间——
2011.11.19

Archite

代表作品——

北京60平方米极小城市
北京善美办公楼门厅
北京庐师山庄住宅A+B与会所
北京百子湾中学与幼儿园
北京石景山财政局培训中心
杭州西溪学社

1962年出生于哈尔滨,1985年于北京建筑工程学院建筑系获学士学位,1993年日本《新建筑》第20回"日新工业建筑设计竞赛"获二等奖,1994年参加日本《新建筑》第4回"S×L建筑设计竞赛"获一等奖,1995年于日本东京大学获工学硕士学位,1999年于东京大学获工学博士学位,2001年受邀回国到北京大学建筑学研究中心任教至今,2002年成立方体空间工作室(Atelier Fronti)并任主持建筑师,2004年参加"状态中国青年建筑师8人展",2004年首届"中国国际建筑艺术双年展参展",2006年第二届"中国国际建筑艺术双年展参展",2009年布鲁塞尔"建筑与都市"心造"——中国当代建筑前沿展",2011年意大利罗马"向东方——中国建筑景观"展参展,2012年第十三届威尼斯国际建筑艺术双年展中国馆"方庭"作品参展。2013年于北京建筑大学创立建筑设计艺术(ADA)研究中心。

印象

方体空间工作室主持建筑师王昀，是一名现代派建筑家，也是世界聚落研究的学者。

王昀潜心钻研聚落研究多年，同时也关注"现代主义"（Modernism）建筑思想。聚落——是属于"传统"的面向；而"现代主义"——是属于"现代"的面向。这两者在历史、文化、类型、语言方面都存在极大的差异性。因此，在实践中王昀始终摇摆、游走、穿越于"传统"与"现代"之间：他似乎既支持"传统"又反"传统"，既支持"现代"又反"现代"。站在"传统"与"现代"的相互辩证面上，王昀又似乎想在现实的空间中创造一个"传统"与"现代"的并置关系，并企图把时间轴拉到一个极致的状态，产生时空上的错乱，而这样的创造，一直持续着。

在王昀看来，这个时空上的错乱状态还与他从小到大的经历及到处探访建筑与聚落有关。他探访不同的环境，接触不同的地方，看不同的东西，而这些东西也杂乱地作用在他身上。王昀的设计作品，是把所有错乱的集合体经过压缩后提出的，等于是积累后的一个整合体，看似简单，实然复杂。这种从复杂到简单的转化，是他自己内在的极致体验与沉淀后的投射与浓缩的结果。这种投射与浓缩，实际上是他个人意识中具象与抽象之间的反复与流转。另外，王昀想把建筑简单化、单纯化，回归到一个白色的盒子。

北京庐师山庄会所与别墅，是王昀回归"白盒子"的代表性作品。在这个项目中可以看到"现代主义"的建筑思想，一种关注于纯粹的空间，带有抽象与体验的设计倾向。而王昀所强调的抽象空间，完全是站在20世纪"现代主义"起始点的思考，就是把人的理性思考回归原点并做到纯粹化的极致，去试探人究竟可以思考到什么样的边缘，可以抽象到什么样的程度，这是他在设计中的追求。

从北京庐师山庄会所与住宅到北京百子湾中学，再到杭州西溪湿地创意会所——观察这几件王昀的代表性作品，从外部看总带有一种一致性，即将建筑简单与单纯化，回归到

"白盒子",将物体还原至某几个几何形体,由基本的几何语言构成总体的形态。而这些一致性和统一后的结果实际上在追求一种对纯粹空间的探索。同时在每件作品中,王昀还企图显示出差异性、细微的变化、偏离的微差,如北京庐师山庄住宅与北京百子湾中学,王昀将视点均放在合院的抽象上,这两栋建筑内部都框出一个虚拟的天井,但是天井的尺度和空间的性格特征截然不同,而实际上这样的合院抽象化本身还切中和关注到"中国性"问题的命题。

  体验与感受,是王昀设计的作品中特别强调的两点,而如何给人体验与感受是需要事先设定好场景与意境的,且场景与意境都是夹杂在使用功能前提之下进行的。场景与意境的设定就是空间的整体设计,而空间也是20世纪"现代主义"建筑思想最根本的起点,也是王昀作品中所要展现的重点。观察王昀设计的空间,感觉他总想要通过空间程序的编排去刺激人的想象,除了唤起观赏者自己的某些记忆与想象外,他也企图给观赏者一种设计者本身想要传达的想象。如杭州西溪湿地创意会所,王昀试图通过散落的几何体块,创造出想象的极大自由度,不管是想象过往的聚落,还是想象某个记忆中的场景,抑或是想象江南水乡的白墙黑瓦,都是通过体验丰富与抽象的环绕性空间,在走动的过程中让视觉达到无限的延伸,使抽象氛围在水平与垂直之间延展,而在浓荫茂密的植被中的建筑,也开始在人的视野中消散与模糊。这样的做法,一方面建筑退隐到自然背后,给予场地基本的尊重,一方面建筑逐渐地冲破了既有形式,离散于现实与印象之间。

  王昀的设计,空间抽象性从没消失过,体验、感受与想象依然存在着,但他还是努力探索和尝试空间上的变化与探索性的转型。而他所做的这一切最终的追求是试图将空间抽象化发挥到极致,这一点是毋庸置疑的。倘若从建筑学的视角来看,他的作为是正统的,而从建筑史学研究角度来看,王昀始终坚持在纯粹空间抽象性的探索脉络上,丝毫没有偏移过。

访谈

采访者
黄元炤

受访者
王昀

时间
2011.11.19

地点
方体空间工作室

黄：王老师您好。就我的了解，您小时候曾跟着一位雕塑老师学过画画，学了大概5年的时间，学过画画是不是使您对美术、画画产生兴趣？日后您选择建筑学专业就读，是否与此兴趣有关系？

王：当时，应该说年龄还小，根本就不懂什么艺术，只不过是喜欢点儿美术而已。

记得是小学3年级寒假前，哈尔滨的道里区文化馆准备为区内的小学培养几位能够出板报的学生，偶然间把我选上了，于是那个寒假就与比我高一级的小学四年级同学一同去参加这个美术培训班，那应该算是一次比较正式的美术学习。回想一下，我们那个美术班主要还是学写黑体字和仿宋字，学画报头图案。记得当时教我们的老师是一位姓白的老师，他是画国画的，不过当时他并没有教我们如何去画国画，只是画些花边图案而已，因为这个学习班的主要目的是为了培养学校的出板报人员。

后来，我跟随雕塑家金再坤老师学习，在那个学习期间，画速写是一个主要的练习。记得夏天，每天几乎都是清晨四五点的时候就到松花江畔，早上沿着江边会有很多练琴的、溜嗓子的、吹小号的、练武术的……当时去那儿主要是去画一些速写人物和场

1974年12岁时画的速写

1976年14岁时画的速写（铅笔）

1977年15岁时画的邻居家人的速写（炭精条）

景，同时江边有很多画画的孩子，实际上那里又是一个技艺交流的场所。不过现在看来，这些画儿画得真是很幼稚。

黄：您本身的家庭环境与成长背景是否对您选报志愿有所影响？

王：我父母亲的工作都与建筑无关，谈不上受家庭的影响。不过从小周围的邻居和同学有不少是爱好画画的。哈尔滨历史上曾经是殖民城市，城市街道的建筑主要是旧俄式建筑，如中央大街的建筑上常有雕塑、欧式的大柱头等，整条街几乎都是欧陆风的建筑，这些建筑尽管后来拆了不少，不过现在还能够看到很多。此外当时生活在这个城市中的一些人家里还有一些外国的油画作品。记得我有一个同学，住在我家附近，他姥爷好像曾经在旧银行工作过，他姥姥家里面就收藏了很多大的油画，记得都是外国画家画的风景画和人物画。我去他家玩时，就会看到那些画，给我留下的印象十分深刻。

尽管哈尔滨的街道上到处都是古典的建筑，但是什么是建筑学和建筑师，儿时并不是很清楚。我记得应该是在1976年时，在黑龙江省博物馆举办过一次与建筑相关的展览，现在想想当时展出的应该是哈尔滨建筑工程学院的工农兵学员的作业汇报展，印象中内容好像是以工程设计图为主，记得在图纸的一角有的还配有一个小的效果图。当时去看了，感觉没有画画过瘾，而这或许应该是与建筑学的第一次接触。

黄：您从小出生在哈尔滨，中学期间才搬到北京。哈尔滨有冰城的称号，冬季酷寒，持续零下30度冰冷漫长的天气，平常红色的屋顶，深绿色的树叶枝、黄色的泥土路和灰色的石子路，经过一夜的大雪后，清晨时整个笼罩在一片白雪的情境之下，在铺天盖地的白雪下的哈尔滨给人白色纯净之感，灰沉沉的屋顶铺满白雪，随着户与户之间高低起伏的错落着，白色屋顶就形成了有机摆放的几何群体印象。而您后来的设计作品，坚持用一种白色纯净的形态表现，是否与儿时的记忆有关？是一种潜移默化的心理深层的作用，还是一种意识空间的想象，能谈谈这部分吗？

王：有没有作用，我自己也不是很清楚。但是，哈尔滨还是一个有意思的城市，冬季的时间是漫长的。在我小时候，雪下的量都很大，隔三岔五就下，雪积得也很厚。经常是早上醒来时，推门外出，有时门会被积雪顶得推不开，而当推开后，会看到一片白茫茫的情景，只露出房子的墙体和树枝，有点像进入到童话世界里一样，这种感觉很特别。特别的原因是，下过雪的城市，它从一种原本具象的、很现实性的生活场景，转变成一种抽象的、非现实性的场景，这种转换常发生在一夜之间，给我的印象很深刻。

我想，人的经历与记忆是非常重要的。经历过、看过的东西，会存留在脑海中，而当做设计时往往又会在不经意间流露出来，体现出的成果常常是一种经历的总结。从设计师的角度来讲，做设计时我并没有刻意地去想儿时记忆与场景这件事，但是经历过、看过的事，还是会不经意地流露出来。这件事儿我控制不了，而唯一的事实是，白色纯净是我喜欢的一种状态，这是不可否认的，也许这部分确实与自己成长的经历有关。

黄：您所说的从具象的、很现实性的生活场景，转变成一种抽象的、非现实性的意识场景，解释起来，似乎很模糊。

王：比方说，地上有个石头，雪下完后，只露出个小头，天气热了，石头边上融化了一点，会感觉到石头的状态，如果说石头放在地上是一个日常性的现实的存在，那么雪后的那一瞬间，它变成一个非日常性的状态，石头本身如同变成一个摆在白色画布上的对象物。细想一下，我设计的白色空间中，只剩下了一把椅子或者说只有一个人坐在那儿的时候，人和椅子就变成是一个主角。事实上纯粹的白色空间在现实中的确可以给人一种非现实性的感觉，所以，如果你问是不是有意识在做设计时去追求一种抽象化的状态，或许有这种可能性。

黄：哈尔滨受俄罗斯与欧洲建筑风格的影响而深具特色并闻名遐迩，中央大街是哈尔滨著名的商业步行街，街道两旁高楼伫立着各式各样异国情调的建筑。繁华的街道情景下，中西合璧的折中建筑四处可见，还有两层或多层的双层四合院——圈楼（院落外墙高且单面坡，圈楼内部有天桥、天井与回廊环绕着）。您生活在这样的城市肌理与街道巷弄中，它们给了您什么样的感受与经验，对于后来建筑创作上有没有什么影响？

王：小时候，因为父母工作的原因常会搬家，会住得离单位近一点。当时房子都是公有的，同事之间互相换房子的情况经常发生，好比如我住在西城，但在东城上班，那个人正好住在东城，在西城上班，这时两家若面积大小差不多时，就可以互换房子。实

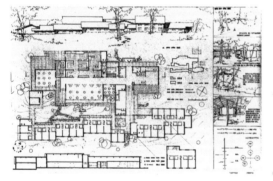

1984年大学三年级设计的一周时间的住宅快题设计作业和"生物实验室"课程作业

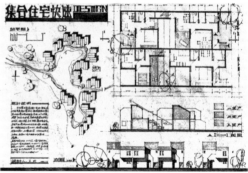

1983年3月大学二年级"旅游宾馆"课题作业,基地是自己去北戴河自由选取的

1984年7月大学暑期实习路过上海所画的写生（针管笔）

1984年11月大学四年级的课程作业课程作业"石景山剧场"

"石景山剧场"交图前在建筑系馆门前草地上与即将离别的模型的纪念合影

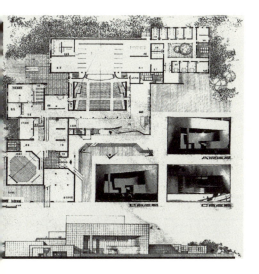

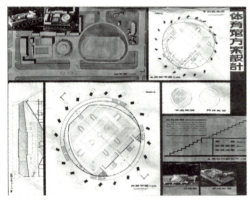

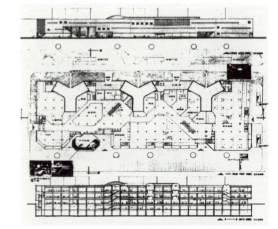

1985年大学四年级的"月坛体育馆"课程设计作业

1985年设计的"北京方庄商业中心"毕业设计作业

1986年到承德避暑山庄调研

1988年北京建工学院做助教期间在北京万寿寺前所画写生（铅笔）

际上，在不断换房子的过程当中，居住的环境会发生变化。

小时候，我住过不同的房子。儿时住过的一个公寓建筑很有特点，这是一个二层高楼房的公寓，中间有一个楼梯，每层两户，共四户。印象深的是卫生间里的大浴缸，还是狐狸腿的，典型的巴洛克风就是今天国人追求的"欧陆风"，挺有意思的。曾经住过一户户的联排住宅。还曾经住过据说曾是外国领事馆的房子，我印象中这个房子的内部空间布局很有意思：有一个长长黑黑的楼梯间，屋顶上是双层的平板玻璃做成的天窗，光线会由天窗洒进室内的楼梯，那种空间的光影是很有感觉的。在不同的房子里居住，感受会有所不同。

小的时候，放学后闲着也没事，经常做的另一件事儿就是到同学家去，大家去完这家去那家。当时我们也没有什么认真学习的概念，所以几乎是从小学一年级玩到五年级，就是到处这样乱跑的。其实现在想想，也还有点儿收获，就是看了不少的老房子，也感受了不同老房子所带来的不同的感觉。

黄：当时就是无意识的到处乱跑，到处走动，到处看。

王：对，就是闲着没事，到处乱窜。所以，一直到现在，也是很难安静地看个书，也是到处窜，打着聚落调查的幌子，估计是从小落下的毛病。（笑）

黄：后来，您举家搬到北京，来北京读中学？

王：对。

黄：据我了解，您读中学时，曾有一天，走进西单附近的科技书店，发现一本《建筑师》杂志，翻阅以后，您自己觉得挺有意思的，引起了读建筑的想法，能不能说下当时的情形？当时高考恢复之际，在社会上弥漫着一股"学好数理化，走遍天下都不怕"的气氛下，那当初您为何会想读建筑？

王：当时对建筑的理解没有那么强烈。中学时期想进美术学院，学点儿美术，但是我父亲说：你的画儿画了好几年了，画人物也总画不像，连近大远小都搞不准，就算了，还是考工科吧。当时正好国家刚刚恢复高考，他希望我还是要学理工。于是画画这事儿就放弃了。

家搬到北京后，我就读于在西单边上的北京三十六中学。有一天，我去西单路口北侧的科技书店，翻到一本《建筑师》杂志，记得好像是第二期的，绿皮封面，右上角上还画了一个天坛的速写。翻开书后，里面有画、有诗，还有散文一样的文章，我一看觉得干这个挺有意思的，又一看是《建筑师》杂志，联想到舅舅曾经跟我提过的这个专业，所以高考时就报考建筑系了。

黄：您是1981年进北京建筑工程学院就读的。

王：对，1981年入学。

黄：您小时候曾经看展览、乱窜房子，这些都是您儿时与建筑接触过的记忆，那么，在您还没读建筑之前，从您儿时到大学间的成长过程中，对于当时所谓的"建筑"是如何的理解？

王：其实对建筑也没有太多的了解，那时要考试了，就不断地背书，因为小时候贪玩，玩了快十年，所以总得要读点书，上中学时，就是天天背书。我记得考试通过后时，建工学院（北京建筑工程学院，现北京建筑大学）还要加试美术，画一张素描和一张记忆画，还好小时候学过一点儿。上大学后，觉得读建筑还是挺有意思的，做的都是自己想做的事，画画，到处走走看看，基本上是这样的。

黄：当初为何会选择北建工（北京建筑工程学院）建筑系就读？考虑的因素是什么，就近？您在高考前，是否就有听说北建工的历史，它的教育、师资与情况？

王：其实没有。实际上，论建筑学专业，北京最好的学校是清华大学建筑系，还有离北京近的天津大学建筑系，我的成绩远远上不了这两个学校。

黄：您后来研究聚落，所以是位经常到处走动的建筑师。

王：这是从小养成的习惯，就是待不住。

黄：您与其他建筑师不同的是，您除了看建筑外，也看聚落、村落。所以，您走动的时间似乎比较长，穿行在各个城市中体验着。我想了解的是，您这样到处走动的体验是从大学就开始的吗？本科时您曾去过苏州园林、杭州和上海等地调研，能谈谈当时调研、体验后的感受吗？其中的差异性，不管是从文化、建筑与生活的微小差别来说明下。

王：人只要一走动，很多事情就会产生变化，令人去适应和思考。我小时候，从哈尔滨搬到北京，会感觉到居住环境在发生变化。有一段时间，我家住在北京的一个四合院里，生活状态与之前住的状况就不同，就需要去适应。上大学时，学校组织水彩实习、认识实习，会到不同的城市去，到南方，到广州、苏州，彼此的生活环境又会不一样，在这个过程中能够发现处在不同环境中的人，以及人在不同环境之中长久积累下的不同的生活习惯。通过这样的走动认识与发现新的、不一样的时候，其实会有很大的收获和乐趣。

所以，通过不同的游走，在不同的环境里去发现变化，可能会促使我去感觉、认识与吸收到很多新的东西，这个过程比坐在屋里看书还重要，我是这样认为的。而这样出去实习的过程当中的一些收获和体会，往往是很难忘掉的。

黄：就我的观察，您从本科读书时到留校任教，似乎对古建筑领域是感兴趣的，您从1987年开始在建筑杂志发表数篇论文，有《四合院建筑型制的同构关系初探》发表于《新建筑》杂志的1987年第3期；《颐和园总体布局意义的诠释》发表于《华中建筑》杂志的1992年第10期等。能谈谈这部分吗？

王：我从小生活的环境中很少有中式古建筑，记得哈尔滨只有一个孔庙与哈尔滨第三中学是大屋顶的房子，直到搬到北京，才陆续接触到中式古建筑领域。

大学时，我的班主任是著名的古建专家王贵祥老师，他是一位对中国古建筑很有研究的学者，我们跟着他一起考察与研究古建筑。当时北建工还有臧尔忠老师与王其明老师，他们都是研究古建筑的著名学者。另外，学生时代出去水彩实习和古建实习时，看的都是古建筑，所以受环境和这些老师的影响，我想了解古建筑。而当时研究古建筑学习过程，促使我会去思考并阅读了不少相关的书籍。

黄：请谈谈当时北建工建筑学教育是如何培养学生的？求学期间所您的收获是什么？

王：其实北建工那时没有建筑系，它是在建工系里成立一个建筑学专业。我是第二届入学的，前面已经有一届，当时学校的老师，都由全国各地汇集而来。

黄：对，我的了解有从重建工（原重庆建筑工程学院，现重庆大学建筑城规学院）请来的周人忠老师、从美国请来讲学多年的南舜薰老师、从北京院请来的樊书培老师，还有英若聪老师等。

王：把这些老师汇集在一起是很有意思的一件事，现在想想其实是一个非常"聚落"的状态。由于是新创立的学校，所以没有所谓固定教学体系的问题，老师们根据自己不同的经历和背景来上课。比如：周人忠老师，他是从重建工调来的，所以他大部分讲的都是重庆方面的事；南舜薰老师，他曾经在天津大学，渲染技法特别强，是他教我们建筑初步，后来学生给他起个名叫"初步南（难）"，也因为我们上他的课特别难，就是他特别严格；英若聪老师在建筑史方面也很有造诣，他现代思想浓重，讲建筑触及多的话题是创新问题。

实际上，这些老师都来自五湖四海，而我们通过他们看到每个老师不同的建筑观，展示的是多样性与多种思考可能性，这一点是让我感到最有收获的地方。

黄：臧尔忠老师，他曾是美国纽约州立大学布法罗分校访问学者，登上过美国大学讲坛，应邀开设"中国古代建筑"这门课，并受到学生和校方高度赞誉。当时臧老师有教过您吗？

王：臧尔忠老师，他教我们的时候不是特别多，因为基本上是请王其明老师跟王贵祥老师教我们中国建筑史的课，而臧老师有带我们出去古建实习与测绘过，他的字写得特别好，写很多仿宋字的范例，英若聪老师的字也写得不错。

黄：刘骥林老师，他曾在贵州省博物馆工作过，也曾在贵州大学艺术系、贵州省艺术学校等学校任教，他是个雕塑家，能谈谈刘老师吗？

王：刘骥林老师，他观察很多新事物的视点很不一样。刘老师教我们美术，可他的专长是雕塑，这事也挺奇怪的。刘老师当时是受关注的雕塑家，他的第一件作品是《对歌》，在中国当时写实主义鼎盛的时期，《对歌》的出现是一个比较大的争论事件。记得当时他住在学校，工作室就在我们的教室边上，所以下课后，我们会去他的工作

希腊聚落

2011年王昀在云南西盟地区永俄村对佤族聚落进行调研采访当地住民时的场景

摩洛哥聚落

西班牙聚落

中国聚落——湖南凤凰腊梁山　　　中国聚落——日月山村　　　中国聚落——菜地沟村

中国聚落——古崖居

室看看，看他做雕塑，而重要的是他当时的雕塑作品已经在思考"写实"和"变形"之间的问题，并引发了雕塑界的讨论。

黄：就我的了解，当时有一个新的合作关系。20世纪80年代初，北京院（北京市建筑设计研究院）因建设急需人才，于是与北建工建立起合作关系——北京院提供资金给北建工用于科研工作，同时培养不同类型的专业人才；北京院每个学期派两位大师亲自指导学生的设计课。所以，当时北京院建筑师熊明先生是您的毕业设计老师，能谈谈当时的事吗？

王：当时是因为北京院非常需要建筑师，所以北建工1981年和1982年入学这两班其实是为北京院培养的，有点"协议生"的概念。北京院当时提供一部分经费，供我们这两班教学和学生实习所用，同时还经常请北京院的建筑师来学校教设计课。我的毕业设计就是在北京院完成的，记得当时做的是方庄商业建筑设计，熊明先生是我的毕业设计导师。

那时在设计院实习期间里，对设计院有了初步的认识，工程师在画图，我们也在那儿画图，不明白时就问工程师，人家会给你解答，那时设计院气氛蛮和谐的，挺随意与放松的，印象最深的是，一到点儿就会发冰棍。（笑）

黄：您跟当时北京院青年建筑师刘力先生接触过吗？

王：有过接触，是后来了。那时刘力先生是国内著名的青年建筑师，他当时正在设计西单商场，我毕业留校任教时，曾经跟他一起参与过设计课的教学。

黄：好。1985年，您本科毕业后留校任教，到了20世纪90年代初您去日本留学，所以您也算一直都待在高校里。而您从入学到毕业后留校任教期间或者到出国，世界建筑思潮正处于"晚期现代主义"（Late-Modernism）与"后现代主义"（Postmodernism）建筑思潮兴起的时期，到了20世纪80年代后期又有了"解构主义"（Deconstruction）建筑思潮的声音。那么，当年您对于"现代主义"、"晚期现代主义"、"后现代主义"与"解构主义"建筑思潮是如何理解的？

王：上大学时信息还是挺封闭的，那时信息的主要来源是《世界建筑》与《建筑师》杂志。学校图书馆也没什么与建筑学专业有关的书，那时看到的建筑杂志都是黑白复印的一些国外杂志，很少看到彩色原版的。记得上大三时，深圳有一个书展，当时学校派王贵祥等几位老师去，买了很多的书回来，回来放在图书室里。当时这些书很新鲜也很神秘，由于书少而大家又抢着看，所以需要规定时间才让学生看。记得当时买了一堆日本出版的效果图与渲染图的书，还有日本新建筑的一些杂志。

当时，"后现代主义"建筑思潮已来到中国，《建筑师》杂志登过详细的理论文章和译著，大家讨论得最多的是如何在现代建筑中表达中国特色，大量谈论的是中国古典建筑如何探讨符号、隐喻与象征的问题。

黄：中国的建筑高校，其教育理念基本上还是延续着法国古典学院派布杂（Beaux-Art，巴黎美术学院派）体系的教育理念，北建工也是如此吗？

王：我想原则上应该是一样的。虽然我们的老师来自不同地方，也许他们受过的教育方式略有不同，但是基本的教学还是沿用当时国内成熟的教育方法进行的。当时受法国古典学院派布杂体系的教育理念的训练，入学后建筑初步课程一学期只画两张渲染图，一周必须画满8个小时，4小时一节课，一周上两次课。建筑初步课就是画图，画不好也不能换纸，这叫磨性子，让性情毛躁的劲儿给沉下来。不过上大二时（1982年）开始有些不一样，有两门课叫平面构成、立体构成与色彩构成，这两门课程在当时是一个全新的课程。

记得平面构成和立体构成的课程由陈菊胜老师教的，他是当时北京中央工艺美院的老师，重要的是，他是第一个把平面构成的教学引入国内的人。教材是他自编的，同时还有一个课程叫色彩构成，也是由当时的中央工艺美院的辛华泉老师担任课程指导，这两门课程在当时被认为是冲破传统初步教学体系的两个突破点。因为之前的设计初步教学一直是以画水墨渲染和水彩渲染为主的，记得从我们这一届开始，之后的学生初步教学中渲染的课时渐渐大幅度缩短了。现在看来，实际上这是一段挺重要的经历。从这个过程来看，应该说我是同时接触到布杂教学体系与现代教学体系教学方法的训练，与现在的教学相比或许有些特别。

黄：提到现代教学体系，那么您当时有接触到"现代主义"的建筑思潮或理念吗？

王："现代主义"，在当时是受到批判的。因为当时是"后现代主义"建筑大为流行的时

1992年画的水彩画

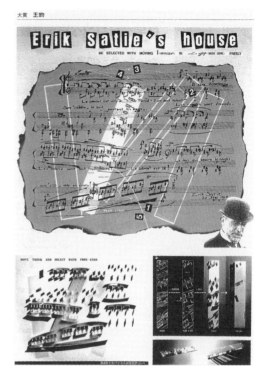

王昀+宁昂1993年日本新建筑第20回日新工业建筑设计竞赛获二等奖作品

王昀1994年日本新建筑第4回"SXL"建筑设计竞赛获一等奖作品

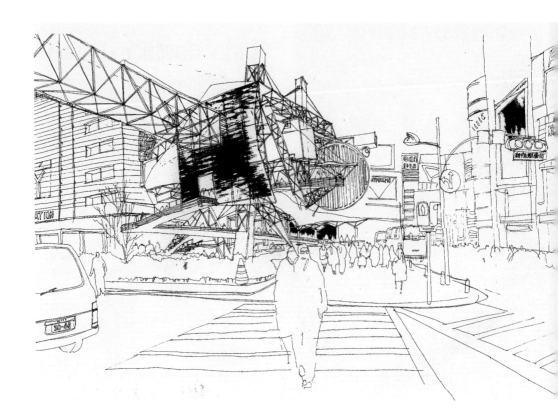

1993年在日本东京大学读研究生期间的设计作业——广场咖啡厅

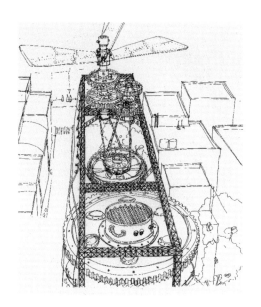

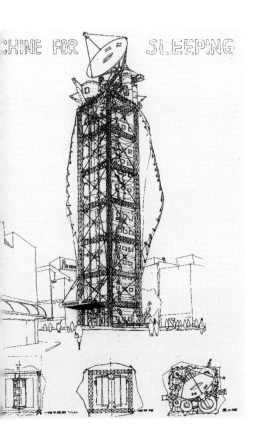

1993年在日本东京大学读研究生期间的设计作业——餐厅和旅馆

日本茨城县hitatinaka市营第三期住宅项目

期。老师也讲"现代主义"的房子是没有人性、冷冰冰的，批判密斯·凡·德·罗（Mies Van der Rohe）和柯布西耶（Le Corbusier）设计的建筑。有些不同的是：赖特（Frank Lloyd Wright）设计的建筑没有被批判，而且被大加赞扬，当时都说赖特的设计好，是有机建筑，还说赖特的建筑中具有中国的哲学思想。

黄：好，那您当时怎么看待国内的建筑？

王：当时对国内的建筑的状况肯定是不满足的，尽管理论和设计界还是相当活跃，有很多关于"后现代主义"建筑思潮的理论探讨，但是实际的作品与国际建筑界相比有相当大的差距，这也是当时大家一个共同的看法。

黄：20世纪90年代初，您去日本东京大学留学，可是当时面向国际化，很多人都希望往欧美国家去留学，当时您怎么会选择去日本留学？

王：去日本留学，当时是一个偶然。去欧美留学，要考托福，而我英语太差，那时日本有一个语言学校制度，只要语言学校发一纸通知书，就可以去了，所以我就去了日本。是这样一个简单的过程，挺偶然的。

黄：您去日本留学后，肯定又会到处走动，看看日本的建筑。就我的了解，您当时看了日本建筑师丹下健三与渡边诚设计的建筑，有了不同的感受，能谈谈这部分吗？

王：北建工建筑系刚成立时，实际上不太受到学校的重视，甚至多少有些反感。一个原因是建筑系的学生"自由散漫"，不好管理；二是喜欢赶时髦，让人看不惯。比如说，当时学校绝大多数学生还是穿绿军装蓝制服的时候，建筑系的学生就已经开始穿牛仔裤了。记得学校有个领导开全校大会时就说："我校建筑系的学生还穿牛仔裤，什么人才穿牛仔裤你们知道么？流氓才穿牛仔裤呢……"不过后来学校发现建筑系学生虽然不好管理，但却可以为学校带来点儿荣誉。比如，我大学三年级时，与班里常青、吴京海、章阳等几个同学共同参加过詹天佑纪念馆的建筑设计竞赛，居然还得了奖。学校顿时觉得建筑学专业还挺好的，投入虽少，却能够给学校争光。同时，那时的建筑系还时常有一些与外国人交流和互动的内容。在大礼堂做建筑和艺术方面的讲座，因为建筑的文化性与艺术性，吸引了其他院系的学生，所以每一次建筑学的报告都会特别受欢迎。这一点学校的团委领导特别高兴，因为活跃了校园的气氛，感觉到建筑学专业对他们的工作帮助特别大。

后来学校开始重视建筑系了，建筑系也有了专门的图书阅览室，订了不少杂志，如日本《A+U》、《新建筑》、《Architecture Review》等杂志。但是，1987年开始，国际的建筑潮流实际上已经不是"后现代主义"了，所谓的"解构主义"等等思潮的出现，很多的建筑已经变得"看不懂"了。最冲击的是在日本的建筑杂志中看到"青山制图学院"的项目，感觉建筑居然能够做成这么开放，设计成一个大机器人似的，色彩丰富，有红的，黄的，蓝的，绿的，很炫。我已经看得不太懂，不知道这个建筑是怎么设计和盖出来的。

黄：20世纪80年代，是"后现代主义"建筑思潮在日本非常蓬勃发展的时期，当时有一批日本境内"后现代主义"的建筑师，比如：矶崎新、六角鬼丈、石山修武、石井和、高松伸、若林广幸等，他们都积极地参与到"后现代主义"的建筑理论与实践。而在当时的日本正处于"泡沫经济"的时期，经济繁荣，社会条件允许，所以到处充满了"后现代主义"建筑实践的机会与成果。1991年，隈研吾建成了一栋"M2"的建筑，是个办公室和展示室功能综合的建筑，最特殊的是他将一根古希腊式的巨大柱子耸立于建筑中央，这完全就是接近于"古典主义"的形式手法，符号与象征的语汇特别鲜明，所以是个标准的"古典主义"（Classicism）建筑作品，隈研吾当时还被封为是"后现代的旗手"。

王：隈研吾的"M2"我到日本后看过，是一个将日本的"后现代主义"推向顶峰的经典的"后现代主义"建筑。

黄：青木淳，他设计的尾山台的"O"宅，也是类似"后现代主义"建筑的作品。他早年在矶崎新事务所工作过，是矶崎新的大弟子，而矶崎新就是一位"后现代主义"建筑大师，所以青木淳后来设计的作品确实就受到了"后现代主义"思潮的影响。重要的是，到了1992、1993年，日本"泡沫经济"瞬间破灭，导致"后现代主义"建筑思潮与实践在日本也随之破灭，因为业主没钱盖建筑了，许多建筑师被迫停止业务，有的便离开城市，转而迁移到小城镇去寻找机会。而当时日本开始崇尚库哈斯（Rem Koolhaas），库哈斯在欧洲做的许多项目都受到日本建筑界的强烈关注，这是一点。尤其到了1993、1994年，整个世界建筑关注的中心转至欧洲。那么，您留学于日本，当

2001年设计的自宅——"60平方米极小城市"

北京"庐师山庄住宅A+B"（2003~2005）

北京"庐师山庄住宅A+B"(2003-2005)

北京"庐师山庄会所"(2003—2005)

时身处于这样的氛围中,看到了这些现实条件的变化对建筑思想与实践的影响,能谈谈因"泡沫经济"破灭引发的日本的建筑现象吗?您自己的看法如何?

王:你这个问题很好。在我读书的20世纪80年代时,看的都是大量的日本建筑书与杂志,因为那时中日关系比较好,所以两国之间各方面的交流也频繁,而当我看到这些建筑方面的书与杂志时,似乎在模模糊糊当中找到了一些方向。那时世界所有的建筑理论都在日本进行实践,因为当时日本恰好又处在"泡沫经济"的最高潮时期,业主有钱了,可以大量建造,而且迅速建成,这一点与今天的中国蛮像。

1991年时,我到了日本,其实是踩着日本"泡沫经济"的尾端,向往着日本"泡沫经济"时期的建筑而去的。可是没超过半年,日本的"泡沫经济"瞬间破灭,当时股票一泻千里,就会发现:在"泡沫经济"时期,曾经最辉煌的建筑与建筑师瞬间也受到质疑,有些建筑一下子有一种被遗忘了的感觉。

20世纪90年代初日本最推崇的建筑师是雷姆·库哈斯、让·努维尔(Jean Nouvel)、扎哈·哈迪德(Zaha Hadid)等建筑师。他们当时在日本已经成为建筑系的学生们谈论的热点,不像中国是在这十年当中,才开始提到库哈斯、扎哈、努维尔等这些建筑师。

又由于"泡沫经济"的破灭,导致日本建筑师没有项目可做,于是对建筑的思考发生了变化,一些"泡沫经济"时期的"炫"的设计,尽管有些在施工,但"泡沫经济"破灭过后,基本上大家的思路已经开始发生转变,开始思考一些建筑的基本问题。这一现象确实给我一个特别大的启发,就是怎么样对建筑采取一个相对客观的判断,而不至于被潮流所迷惑和左右。这实际上应该是我留学获得的最为重要的经历和体会。

黄:在目前中国当代建筑界,聚落研究已是您个人最明显的表征,也成为您个人对外表述的形象语言。能不能谈谈当时聚落研究如何引起您的兴趣?之后为何钟情于聚落研究?

王:实际上在20世纪的80年代,国内曾经掀起一股民居研究热潮。在我毕业设计时,是周人忠老师带我们去参观实习的。按照当时的习惯应该去广州、深圳去看那个时代的新建筑,但周老师说那些地方什么时候都可以去,建议我们去乡下去看看。于是我们就去了云南丽江,那是1985年初,当时的丽江没有对外开放,外国人只能到大理不能去丽江，记得我们公共汽车坐了两天，夜里在中途的一个地方还睡了一夜，具体是什么地方我忘了。但是到丽江看了以后，感觉丽江古镇特别有味道，感觉一个一个的建筑连在一块儿的状态特别棒，但是那个时候对于聚落的概念应该还没那么清晰，回来后我写了一篇文章——《四合院建筑型制的同构关系初探》，实际上就是看了丽江的一个院落，发现了里面主人所写的自宅中的对联，对四个不同朝向房屋的意境描述，象征着春夏秋冬，表示了一种宇宙意境，回来后查了一些资料，写了这篇文章。

到日本以后，当时东京大学的原·藤井研究室是研究聚落最有权威性的研究室，我个人也很想知道这个研究室对民居的研究有什么样的看法？有怎样的分析？最后就到了这个研究室，但我去的时候，他们之前已经有很长时间不做聚落研究了，他们那时在做城市研究。因为原广司老师那时已经忙起来了，他已成为当时日本最受瞩目的建筑大师，他的工程项目不断，离不开东京，于是他就开始关注城市了。1993、1994年以后，倒是藤井明老师又重新做聚落调查，因为藤井明老师最早在20世纪70年代就参与到第一个聚落调查，几乎每一次聚落调查他都去过。

我到研究室的时候，研究室正在关心一件事，就是如何对聚落进行全面的梳理与解析，我的研究工作就是把聚落整体的平面图进行数字化，输入到计算机里面，然后建立数理模型，编计算机程序进行分类，而这就成为我最后的博士论文。

黄：您刚才说道，聚落研究跟民居在研究的视点上还是有很大的不同，其实在中国近代的建筑发展当中，关于探访与参访的部分，一开始就锁定在古建筑与民居上，这个跟您所关注的聚落是不一样的。我做了一个梳理，比如说刘敦桢，1934年与夏昌世、梁思成、卢树森测绘苏州古建筑；杨廷宝，1973年赴山西五台及雁北地区勘查古建筑；辜其一，重庆建工学院古建专家，考察过宋代建筑，三国姜维民俗和芦山庆坛、花灯等；徐尚志，对少数民族建筑和各地民居进行长期的调查研究；王翠兰，考察与探访西南贫困边远的少数民族民居，主持云南民居调查等。可见，在中国近代的建筑发展中，关于探访与参访的方面与您所关注的聚落实然不同，我想听听您进行聚落探访的过程与目的，与这些前辈有哪些差异？

王：我最近写了一本《向世界聚落学习》的书，在写的过程当中，确实思考了很多东西，就是你刚才提的问题，我曾经考虑过，就是为什么我们过去叫民居研究，民居研究和聚落研究有什么不一样呢？对象物上都是一样的，民居也是在村落当中，然后聚落实际上是民居的一个整体的、集合的呈现，它的对象还是民居，那为什么我不叫民居研

2003年设计的北京百子湾中学

2003年设计的北京百子湾幼儿园设计

2003年设计的北京石景山财政局办公楼

北京欧陆经典

究，一定要叫聚落研究，要知道聚落这个词并不是这几年发明的，很早就有，聚在一块的民居就是聚落。

黄：那有什么不一样呢？

王：我认为还是一个视点的不同，我一直想强调的就是视点，就是大脑当中所要期待看到的那个东西是什么，很重要。并不是我长了眼睛，眼睛就可以发现东西，而是说我大脑后面想要看到的是什么东西，它才可以看到。最简单的例子就是画水彩画，画阴影的时候，绿色的叶子加一点红，那个红色你是看不到的，你看的是一个绿叶，那个红色是经过分析后得到的，但是你若说阴影里面有红色的时候，你再去看阴影就可以看到红色了。我们过去看民居的时候，如果还是希望在民居当中找到一个优秀的房子，地主家或者说有钱的人家的豪宅，其实这种做法跟传统的建筑史教育是一样的，虽然是进到了村落中，但是脑子里还是想找到一个村落中的宫殿。

　　如果用远景、中景和近景来观察，民居是一个近景的研究，而聚落是一个远景的研究，放到远景以后呢，很多事情都模糊了，模糊之后某些细节不见得看得那么细，但是会瞬间在整体上能够进行一个把握，我认为这一点是聚落研究跟民居研究不一样的地方。

黄：所以，您的设计创作也一直在近景和远景之间进行着。就我的观察，您其实一直游走于"传统"与"现代"之间，您所关注的"传统"是——原生聚落，而您所关注的"现代"是——"现代主义"建筑。这两者在建筑、历史、文化、类型、语言方面都有极大的差异性及非等同性，您也似乎想要模糊这两者，企图让自己处于一个错乱或迷乱的状态，且将"传统"与"现代"这两者共同呈现和存在于您的建筑当中。您的作品可以说是"现代主义"，又可以说是聚落体验后的再现与重现，这部分您的看法如何？

王：你说错乱的状态？

黄：也就是一种模糊的状态。

王：确切一点说还是错乱。这么一说，我从小的经历还真是有些错乱和漂浮，总换地方。

搬到这儿，然后又搬到那儿，从哈尔滨搬到北京来，到处看。学了建筑之后也到处乱看，看完了以后，又上日本待了很长的时间，一会儿看这个，看那个，又看建筑，又看聚落，所以，我想我这个人肯定就是错乱和混乱了。错乱完了以后，我在做设计时，毕竟就没办法错乱了，当我拿出的一个东西给你看的时候，一定是我把所有错乱的集合体压缩了以后，拿出来的一件东西，可能你看的东西很简单，但是这个简单的背后，是因为有过很多的积累后的一个结果，所以我更愿意说，建筑是设计师的一个概念的投射结果。

为什么讲投射，就是说我脑子里面的那个东西和这个东西是对应的，但是它们两个没有必然的牵扯和联系，比方说我做茶杯，在我脑子里面，这个茶杯的形象和现实间的关系是一个对应的、投射的关系，它在我脑子里的那个点，放在现实当中变成一个具象物，设计是这样的，建筑设计也是如此。

我做的东西，事实上是我所有经历总和的结果浓缩成一个东西拿出来的。我一直在想，我怎么能够让建筑做得没有明显的特征，就是说让建筑直接看不出我的经历，因为我在北京、哈尔滨、东京都生活过，也到过非洲和欧洲，哪儿都转悠过了，都受影响了。设计时做什么风格呢？做不出杂乱的东西，就只好是交白卷了，交一张白纸，做一个白盒子，可能是最简单的，可能是最不错乱的东西。

黄：其实我观察到的也是一种摇摆的状态，一下子这样，一下子那样。有时候可能是这个比较多一点，那个比较多一点，有一种摇摆。其实很多人看您的作品很直观地觉得跟"现代主义"有点关系，那么您自己对外传达说，这个是经过我聚落体验后的重现和再现，这偏向于一种转化的说法，但外人看还是一个"现代主义"的建筑，就是您与观赏者共同面对您所做出来的建筑，关注与切入的视点是不同的，也许有的人理解您所说的聚落，会更贴近于您的想法，但有的人不理解的话，看来看去还是一个"现代主义"的东西。所以若客观来看，就是您会给人有一种摇摆的感觉，这部分您有什么看法？

王：如何可以把自己思考的极限推到一个什么样的边缘，这是一件重要的事。而这一点，我认为现代主义的起始点并不是因为一个造型，而是它把人的理性思考做到了一个纯粹的极致化，20世纪初大家做的也就是艺术最边缘的一件事——就是抽象可以抽象到什么程度，我认为这件事是需要我们考虑的，实际上今天面临的问题也是一样的，就是说我们的建筑可以抽象到一个什么样的程度这件事如果我们不去探索的话，事实上

王昀的出版书籍

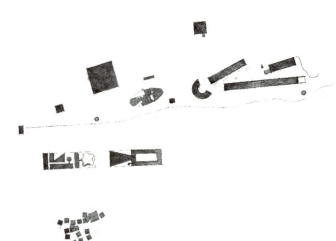

2008年设计的杭州西溪学社

你下面往回捣的那个工作,不见得可以那么顺利,不见得可以捣腾过来,有的时候在混沌当中就被搅和进去了,我想有更多建筑师捣腾这件事的时候,就是为了把这件事捣腾清楚。

黄:就我的观察,北京庐师山庄会所与别墅,您是在"现代主义"基础上关注的空间,有种空间抽象的体验性,利用抽象表述出作品内在深层的真实性,在几何体块中创造出一种内部游走与想象的空间体验过程,塑造出多重视点、多重形式的转换规则与空间的多重发展,有一种由内向内看的随机指向性。然而在作品中,当空间抽象与体验发挥到极致的时候,您的建筑师角色在建筑空间中顿时地抽离、消失、隐藏或退位,并与观赏者同时成为第三人称,也成为一个观赏者,而空间本体则跃升为第一人称,成为主角,并展示内部富有情结般的路径,您对这部分有何看法?

王:实际上是这样的,建筑是设计师的一个概念的投射,投射出结果以后,它就变成了对象物,你刚才讲了建筑空间性,可是那个空间人家是看不见的,空间是需要有限定形成的,那么你怎么样去限定它,而这个空间的组合关系其实来得更重要,用什么样的顺位把它组合起来,什么地方扩大,什么地方缩小,是因设计师的不同而不同的,像庐师山庄建成后,确实不同的人进去了以后,都会唤起他们的某一些记忆,这件事是我感兴趣的。

尽管这个设计是依照我的经验,并且那个房子是很抽象的,但是不同人走到这样一个空间当中,可以把儿时的记忆或者说小时候经历过的一些事在里面调动起来的话,我认为这个东西是有意义的,而这才是建筑最本质的一个东西。

黄:您的空间其实想要去刺激人的某种想象,我觉得这个想象跟动作有一点关系。体验的过程,也许一开始是缓慢的,然后可以从缓慢到停留,或者说在停留的时候,可以去品位空间的氛围,然后当人们停留了以后,揣测设计师想要表达的意识空间,达到来回反复的意识信息的接触。所以,您的作品在设计中常常会有坡道的运用,想塑造一种路径,而这个路径是从缓慢到停留再到缓慢,来来回回重复着,行进过程中是从缓慢而形成的半想象,到停留而形成的全想象,这部分您有何看法?

王:我个人理解就是建筑设计怎么样做得好玩,你刚才说的这个东西来得很重要,就是空间怎么设定它。其实设计师,就是像北京人常说的:你又不是别人肚里的蛔虫,你怎么知道别人怎么想的。而相反的，你是根据你自己的经验来判断设计的，这是因为你也是人，中国有句名言："老吾老以及人之老，幼吾幼以及人之幼。"人们都是从自我的角度去思考，去判断别人对这个东西的理解，作为设计师重要的是挖掘你自身，因为你也是人，你认为这个东西好，你才去进行设计，对吧！

实际上在做设计的时候，情景判断，或者说空间的整体思考很重要。因为建筑不同于绘画，也不同于雕塑。作为雕塑，我从一个角度看就可以了，或者说现在雕塑也讲时间的概念，融合进去，建筑更是。建筑不是一个造型的融合，更重要的是房间里面，门厅进去后的感受，怎么通过一个狭窄的地方，怎么走，怎么样到房间，家具布置是什么样子，所有的一切都和空间发生关系，空间这个词是看不见、摸不到的，是需要墙面这些东西来做的。

那么对空间路线的设定呢，就是像你说的，什么地方用坡道，让它延缓；什么地方用楼梯，迅速把这个问题解决。实际上这些事呢，是跟要表达的整体印象是有关的，其实我一直认为建筑最后不是看一张照片和一个场景，而是你走进去了，转完了以后所获得的整体场景的总和，才是建筑最终要感受到的东西，这个是和电影、戏剧有关的。电影不可能靠一个剧照就把电影表达清楚，必须坐在那儿看85分钟、120分钟或者165分钟，而人在建筑空间里游走的路径，就像镜头需要设定一样，一点一点地展看，就像是看了一部电影或者说看了一部戏剧一样，最后得到一个总体的感受。但是怎么样让人生活在里面有意思？有一句话，叫历久弥新，就是时间越久，就感觉很多新的东西在里面，实际上这个里面有很多的设定是需要来做的。

黄：我观察您的作品还是有一个"一致性"，比如说从庐师山庄会所与住宅到百子湾中小学，再到近期的杭州西溪湿地创意会所……就是说客观地观察，假如说我们不进入这个空间，从外部看整体，还是带有一种一致性，要进入空间才能更深入去体验。可是这个"一致性"，若回到建筑学的观点，先不谈聚落体验的一些重现，它其实是带有纯粹、纯净的设计倾向，就是"现代主义"所讲的纯粹性。但是您好像又尝试了不同的方向，如北京石景山财政中心。就我的观察，这个项目在一个几何形体的基础上，您想体现一种建筑的巨大化，一种象征性的精神表述，比如说入口有巨大尺度的虚框，后面是巨大的几何实体，似乎想做出一个城市空间中的标志，这个部分您自己有什么看法呢？

王：设计的时候，环境是挺重要的，比如说像你刚才前面说的，像庐师山庄，包括后来的

采访场景

都是小房子，那么到城市化的一个大房子的时候，如何可以让它感觉到是符合那个尺度和环境的呢？就说石景山财政局这个建筑吧。因为那个环境用地非常的狭窄，左边是法院，已经盖好了，右边是巨大的商场。一般的政府的办公楼，给人的形象总是一个威严的状态，我想能不能财政局盖完了以后，让人感觉是比较亲切一点，有一个接纳的状态，用框呈现出接纳的状态。而这个呈现接纳状态的框，在城市中又是大尺度的，我想让这个框下面的台阶在夏天坐满周边的居民，让这个场所成为一个面向城市的广场与舞台，上面的大框更有一个大舞台的台口意味。

黄：最主要就是您做了那个框，那个框的尺度在现场，给人巨大的感觉。

王：那个框还是比较薄、比较细的，每一个人的解释是不一样的，我认为这还是立场的问题，当你把政府看成是一个衙门的时候，它就威严起来，你把它看成是一个大的剧场，大家都可以在这儿集合，到这来聚集，它就是一个广场，就是一个公共的小剧场，这个事儿还是立场的问题，就是你去看有一个俄罗斯的小说《安娜·卡列尼娜》，对这个小说的解读是多面的：从一个革命者的角度来讲，主人公是冲破旧婚姻的一个女性代表，而从一个保守主义来看，那就是一个荡妇。

  所以我一直认为建筑去解读它的时候，立场问题太重要了，这让我回想到20世纪80年代，当时我们去解读"现代主义"建筑的时候，说那是没有人性的东西，住宅是居住的机器，当时国内很有名的学者都到处去批判，也说"后现代主义"建筑是多有人性，现在当立场一变了以后，"后现代主义"建筑又说成是浪费的。过几天，可能我们今天的很多建筑，你认为又是"泡沫经济"的产物，又是一个浪费的消费产物，那么怎么解释这件事呢？在当今这个时代看，一些建筑似乎象征了我们所处的现状，明天一转身"泡沫经济"破灭，这一切可能变成了泡沫建筑，变成泡沫时代的建筑设计、泡沫风格，所以我认为设定立场和看问题的角度，让对建筑的判断更加客观一点，是摆在我们面前一个很重要的话题和责任。

黄：杭州西溪湿地创意会所，算是您近期最新的一件作品，在这个创意会所当中，您提到了一种"共同幻想"的表述，一种离散式聚落的概念，我的观察，其实这个会所就是您多年来一个设计的总结。

王：可能是转型的开始……

崔彤
Cui Tong

12

中科院建筑设计研究院
副院长、总建筑师

访谈时间——
2012.01.16

Archite

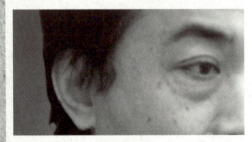

代表作品——

国家开发银行（复兴门内4-2项目）
泰国曼谷中国文化中心
中国科学院国家科学图书馆
北京林业大学学研中心
中国科学院研究生院中关村教学楼
化工出版社办公楼

1962年出生于北京，1981-1985年就读于包头钢铁学院（今内蒙古科技大学）建筑系，获工学学士学位，1985-1994年任教于包头钢铁学院建筑系，1994-1997年于清华大学建筑系学习，获硕士学位，后入中国科学院建筑设计研究院有限公司（其前身为中国科学院北京建筑设计研究院）工作至今。国家优秀设计金奖获得者、全球华人青年建筑师奖获得者、享受国务院专家政府津贴。现任中科院建筑设计研究院副院长、总建筑师，中国科学院研究生院建筑研究与设计中心主任、中国科学院研究员、教授、博士生导师，同时担任中国建筑学会建筑师分会理事、外交部驻外机构工程建议咨询专家、中国美术家协会建筑艺术委员会委员。在中科院设计院工作期间，多次担任国家级及中科院重大项目的设计主持人和负责人，并获中国科学院创新先进个人，多次在重大的建筑设计竞赛中获奖，并应邀参加国内外学术交流的讲演，多次参加国内重大项目的评审。其作品的论文多次发表于国内外著名杂志及出版物。

印象

崔彤，现为中国科学院建筑设计研究院的副院长、总建筑师，中国科学院研究生院建筑研究与设计中心创办人。他是中国建筑精神的捍卫者，致力于中国建构体系的重新阐释和实践，崇尚中国之道和现代之器的融合，这种交融的特殊性（中国建筑研究）已让他突出于变化的局势中——时而中庸，时而纯净，时而理性，时而浪漫，尽管手法多样、风格多变，但给人既鲜明又深刻的中国精神的印记。

进入21世纪以来，"传统"与"现代"的争论依然持续着，各方存在不同的见解，但因为时代进步、全球化、大规模的建设等因素，使我们似乎慢慢将"传统"遗忘或者刻意忽略……但崔彤并没有，他以一种"还原"的精神，从古老形态当中找寻更原始的遗迹，为中国传统建筑找到根源所在——"架构"理论体系。这套体系源于人类最原始的居住形态，由巢筑在树杈上的"鸟居"生活状态演化成一种框架式的木构体系（穿斗与抬梁），是中国人独有的构筑方式。

中国科学院图书馆是崔彤21世纪初的代表作品之一，他尝试将中国精神在现代建筑中展现出来。从外在形式看，建筑暴露出许多巨大的梁柱与桁架，犹如召唤着木构的形制，能看出是探索"架构"体系后运用成形的，崔彤诠释为是一种"结构化的形式"，它统治着一个理性的内院和一个结构的建构体，开放而不包裹，真实而又传神。除此之外，这个项目也是崔彤个人"精神结构"的回响，反映的是他记忆中一个精神场所的沉淀，图书馆就如同是儿时"家"的放大，与图书馆的图形关系同构的是一圈一圈环绕的、就像家中的书架，仿佛一个巨大的环形四合院，他站在图书馆的中庭，向上看去，仿佛看到心中的"天顶画"那般。

"时空性"是崔彤关于中国建筑研究另一项重要内容，无论是图书馆还是国家开发银行，在设计中，他试图创造一系列带有仪式性的节点与路径，传达一种叙述性的故事，引领人们去感受空间的时间化的作用，应用时空艺术的手法，将两种不同事件剪辑在一起产生一种戏剧式冲突。常规城市中庭、门洞、柱廊、台阶与广场，设立节点，延长路径，舒缓时间，细细品味，创造出空间的层次感，这是崔彤刻意营造的漫步式氛围，让人去"走"与"读"他的建筑，而这些高大进退的建筑物件塑造出来的形式与空间，是倾向于宏大化、巨大化的象征设计语言的表述，为了体现一种国家精神，一种文化方面英雄主义情节的蔓延，抒发对国家意识的一种崇敬的情怀。

由于崔彤倾心于中国建筑体系的研究，将现代材料、技艺和传统的架构体系相结合，体现文化与技术的工艺精神。试图用木构的温暖和有机性去化解高技派的冰冷和机械感，并希望这个传承过去和跃向未来的建构体是源于场地和气候的新建筑。这个建构体在不同的场合中，有着不同身份，时而作为平衡体系，时而又作为生物体系。

在国家开发银行的设计中，崔彤基于现象的透明性将建构体作为平衡体系，期望这个透明体系同时处在新与旧、大与小的两组对立关系系统中；在泰国曼谷的中国文化中心设计中，崔彤敏感地发现热带地区菩提树具有原始建构体的特征，最终将"建构"转化为"种植"。实现所谓源于"自然的木构"又重新回到自然中的"生物体建构"。

国家开发银行与泰国曼谷中国文化中心是崔彤近几年来重要的作品，他的作品呈现出随机应变和复杂的融合，与其说是"折中"，不如说是"执中"。崔彤显然是用中国方法解决中国的问题，用中庸的"执两用中"对应于融和，即在辨析事物的两极之后寻求其"中"，在矛盾的对立面中寻求统一和平衡。而这个动态的平衡体系鲜明地脱胎于中国建筑的"精"、"气"、"神"，并一下子在时空转化中与现代建筑相遇，希望产生一种突变。因此，他所坚持的"中国建筑精神"的设计主线没有改变过，烙着鲜明的特点，每件作品的成形就是一次设计总结，但其中也允许个别的不一样，崔彤认知这是一项"悟道"的理性化过程。他希冀在宽广的设计生涯中找到那种属于知识分子的社会实践，以沉潜与内敛的态度，用开阔的胸襟让他的建筑在未来中融化过去，这是一种坚持，也是一种突破，更是一种"中国建筑"的超越。

访谈

采访者
黄元炤

受访者
崔彤

时间
2012.01.16

地点
**中科院研究生院
中关村教学楼**

黄：崔总，您好。谈谈您的成长背景及后来您选读建筑学专业是否有关系？谈谈小时候的经历，如何喜欢绘画和音乐的？

崔：提起学画，恍若前世，只有几个片段还记忆犹新，还有些绘画童子功，这要感谢那个年代才好。对于20世纪60年代出生的人来说，这是一个摆脱不了的话题，注定要在人的一生中留下印迹的岁月。

　　父母1957年在北师大（北京师范大学）都被划为右派，直到1979年才彻底平反昭雪，20世纪60年代"文革"开始的时候，父母已被发配到内蒙古支援边疆，好在仍然为教师。父亲教中国古典文学，母亲教西方现代文学，一东一西，一古一今，正好作为"封、资、修"黑货，在横扫一切牛鬼蛇神的当口，绝对是革命对象。记得他们每晚都要去开会，之后得知那个开会地方叫"牛棚"。

黄：您什么时候开始学画的？

崔：想起来与上面谈的这事有关，他们在"牛棚"挨斗，我只能一个人独处，好在多有"画书"相伴，算是慰藉。那时住所条件很糟糕，好像是用教室分割改造而成，也就是

儿时生活照

与父母亲及祖母合影

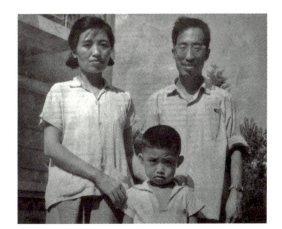

"文革"期间全家合影

一间屋子，除了在两个侧墙有学校发放的书架之外，剩下的只有一张"大床"，其实是摞在书堆上的两个床板而已。无聊之余，逃到床下常有意外收获——有些我称之为"画书"，由于被我翻出的床下书，竟然引得红卫兵来抄家，很多好书被抛入火堆付之一炬。

　　那时起我明白"画书"好看，能惹祸、还能支撑床，像砖。当然还是有些书被保留了下来，有几本是我的挚爱，看到那些古怪的画就觉得兴趣盎然，从此它们成了我孤独时的朋友。后来才知道黑白分明的是版画，像照片的是油画。也许，这就是我的绘画启蒙。

黄：太特别的绘画启蒙了！您总是一个人在家，从早到晚？

崔：夜晚对我来说恐惧又让人兴奋。这时至少可以免遭小朋友们白天的恶作剧，孩子们常会模仿红卫兵揪斗父母样子，我也常被游戏式的五花大绑、戴高帽子、游街示众……逃离了白天，有一个长夜中的避难所——"书屋"：两边的书架、书床、与我相伴的"画书"、让人羡慕的大个儿收音机、天花板……

黄：一个特殊的场景，很有空间感。

崔：对，让我记忆最深的是天花板，还有天天守望父母仰望天花的我：眼睛总会不停地在天花板上游弋，辨识着被雨水渗透的水印和叠加后的花纹，有时像山、水、云、影，说不出是怎样的凄美和喜悦；有时又像魔鬼般的面目可狰，直到我有勇气再次睁开眼，努力让天花板的景象美好起来，用心矫正到像"画书"一样好看，凡这些，就像拼图游戏一般，变化无穷，引人入胜。"天花"也像"画书"一样是我孤独中的朋友。至今为止，我还是不晓得"天花"竟有如此魔力，它让我每晚都不厌其烦地"设计"着各种可能的景象，可以幻化出那么多离奇和荒诞的图案。天花板——一幅酣畅淋漓的"水墨画"，我儿时的"天顶画"，无数个夜晚，它带我穿越夜空。

黄：天顶画？

崔：对，我心中的第一幅画！那是我的另外一个世界。

黄：您系统学画是什么时候开始的?

崔：那时学画和现在相比，真算不上什么系统学习。大约十岁左右的时候，开始了一些相对正规的素描培训。老师还算不错，但好像没有什么教小孩的经验，拿的是列宾美术学院教程和范图。头一两次课画得还行，但不算最好，回家后无意中回想老师示范的绘画步骤，一遍又一遍，夜里仰望天花板，习惯依然未改，白天的石膏像和素描依然会浮现于眼前，然后眯着眼睛，想着、画着，心中的调子不断变化直到满意，白天再画时"心中"回放，果然神奇，老师追问可曾学过，我答未曾，只是靠想。老师诧异，兴奋又不解，只是当众表扬。后来，这办法成了我的"绝招"——多想多看，用"心"感受，用心去画——久而久之"唯心"式成了我的方法论。

黄：您当时是在用"心"画画，效率会很高，那是否意味着"画书"、"天花板"、"唯心绘画"影响到您后来的建筑学习?

崔：没想到儿时的磨难和无奈练就了三套本事：一、用眼，"天顶画"的辨析逼出了洞察力和敏感性；二、动手，绘画、练琴，多练多画变成了一种生活方式；三、用心，行胜于言之上乃是心胜于行，心身合一，手脑并用，自创的"童子功"练成了一双思考的手。现在想来值了，建筑师的学习比人家"早了"十年，真正意义上的建筑学习前前后后也近十年，不管怎么说，还要归功于"时代"！

黄：您1981年入学，1985年毕业。然后在内蒙古科技大学任教，直到1992年，整整十年都待在学校?

崔：在学校的好处是能够积累、能够思考，还能重新梳理自己的东西，除教学工作外，同时还能做设计。既是教师又是建筑师，有一阵子我还兼任了新校区建设的总建筑师，一个既是甲方又是乙方的角色。我喜欢这种这种混合状态，建筑从不同的角度看会呈现出不同。其实那一阶段对我来说是"产、学、研"一体化的阶段。

黄："在您读书与任教的那个年代里，世界建筑思潮正处于"晚期现代主义"（Late-Modernism）与"后现代主义"（Postmodernism）建筑思潮兴起的时期，到了20世纪80年代后期又有了"解构主义"（Deconstruction）建筑思潮的声音。那么，这几个概念

绘画作品

生活照

是如何理解的？

崔： "后现代主义"这词儿，最早还是从父母那里听到的，那时他们还在做文学思潮研究与文化比较研究，也包括国内当时的一些热门，如黑色幽默文学作品研究和翻译工作，而"后现代主义"建筑思潮在国内的传播和流行还滞后一步。其实后现代的"后学"从二十世纪中期到后期大约有七十多种，分了三个阶段。"后现代"风刮到中国来的时候已经是第三个阶段，快没劲了。1986-1987年，我正好在清华大学作为研修教师，正赶上了这股潮流。

黄： 您在清华这一段经历，跟您了解到这些思潮有关系吗？

崔： 这些"思潮"、"主义"、"流派"，当时来势不小，大有一场"运动"趋势。印象较深的是北京院总建筑师刘开济，他从美国回来后在清华主楼后厅做了一场报告，几乎爆满，可谓空前，内容就是关于"后现代主义"建筑思潮，而且建筑系的课上，无论是理论、历史还是设计几乎都能听到"后现代"。我也曾写过一篇小论文是关于"后现代主义"与"现代主义"之后的血缘关系。现在想来也觉得挺逗的，中国人好像就是喜欢"运动"，好像存在着"运动"惯性，只要有一股风，就能"星星之火可以燎原"。其实无论是"前现代主义"、"晚期现代主义"、"后现代"还是"解构主义"，在刚开始都好像是大的"气候变化"之前的一些征兆，直到现在这场风暴还是没来。我也非常庆幸当时没有跟风，而且立场还很坚定，始终站在"现代主义"这边。其实"现代主义"作为一棵大树，"前现代"就是它的根系，而"后现代"就是它的枝叶。"现代主义"至今也没有凋落，反倒更加枝叶茂盛，如果没有这些"前、后"的支撑，很可能还茁壮不起来，也可以这样讲，如果站在未来去看历史长河，我们仍然可将这个阶段称为"现代主义"时期，只是这个时间段上有那么多的"结点"。现代主义的河流仍然延伸，受到评论，受到丰富。

黄： 当时"解构主义"在中国是否影响也不小？

崔： 过了一段时间，"后现代主义"的浪潮还没有退却时，在20世纪80年代末又出现了如你所说的"解构主义"，又风行全球，这一下子还有些"触动"了。无论"后现代"对"现代"是一种"爱"还是一种"恨"，其实都表达了一种强烈的关注，而"解构主义"似乎是一种冷漠的第三状态，同样是质疑现代主义，"解构"主要是质疑外部环境决定空间形式，建筑机能决定形态的这种"决定论"。也可以说"解构"是借着德里达的语言学研究成果，以达到对"现代主义"和"后现代主义"的造反，同时从"结构主义"或准确说从"结构主义"的对立面出发，将以前自"古典主义"——中世纪哥特、文艺复兴到"现代"或"后现代"，所能延续下来的一切经典，如秩序、结构、法则、逻辑等统统"批倒批臭"，试图建立一个非常态、非理性、非结构的体系，这如此勇气，大有"冷面杀手"的姿态。

所以20世纪90年代对我们这一代人确实产生思潮的重大撞击与激荡，无论左的、右的或者是激进的、保守的，都让我们重新去认识世界，去认识建筑。而变局犹如一面镜子，更让我们有机会重新审视自己。

黄：从1987年离开清华，时隔六年，您又以优异的成绩考取了清华大学建筑研究生，这等于"回锅再造"，这时清华有什么变化，谈谈当时清华大学的情形、您的研究方向及导师？

崔：20世纪80年代的清华主楼南边还是一片"大寨田"，还真有些郊外校园或修道院的静谧和圣洁，时隔五六年，清华大了一圈，还有了自己单独的建筑学院，建筑系大有改善。但我还是"怀念"在主楼八九层时建筑系的氛围，也许是那种穿越过街楼，步入台阶，然后再攀上八九层楼才能体会一种主楼和建筑的尊严，也许是大家习惯以主楼为中心再扩展到焊接馆、新水利馆、清华学堂的拥有感。现在想来把建筑学当作一个高高在上的专业，未必是件好事。清华建筑系一方面有很强的传承性，另一方面又有开放、融合、凝聚的精神，所以才有吴先生（吴良镛）提出的《广义建筑学》和融贯的思想。

黄：如何理解"融贯"？

崔：我想"融贯"不仅是思想和观念，也是一种方法。吴先生也曾提及要从单一学科向多学科和交叉学科发展，要有一种"融贯"的研究方法。我理解的"融贯"还是系统论的方法和综合方法，表现出一种融合的贯通。在清华的课程设置和学科建设都体现出这一点来，比如现在的建筑学院，就是在原来三个学科——建筑、规划、景观的基础上，又加上了环境科学等。包括清华大学后来又将工艺美术学院合并变成现在的清华

清华大学生活照

大学美术学院等等，都有些科学与人文的大学科融合的意思。

黄：您的观点和建筑作品也经常反映交叉融合的倾向，也提出过"交融的建筑"、"还原的建筑"还有"平衡体系"等，这是否是您受益于清华，或者说当年也是您研究的课题？

崔：这里确实有很多关联，在清华读研时我的导师栗德祥先生，当时建筑学院副院长，属于"少壮派"中有活力、有思想的一类，从法国回来，为人平和、儒雅，对建筑学的发展动态非常敏感。当时，20世纪90年代初的清华大学建筑系各种"主义"、"思潮"已经过去，属于谨慎思考的年代，也属于"现代主义"为主流，一切精华为我所用的活跃年代，有吴先生的"融贯"思想和广义建筑学，关先生研究的新理性主义和类型学，还有比如邻居北大季羡林、汤一介先生所涉及的国学研究和比较文化研究成果，在这种复杂背景下最终确定了一个研究方向，也属于设计方法论的范畴，论文《交融的建筑》，这么一想，二十年过去了，而这个课题似乎还在进行中，也许"融"这个思想和方法让我享用毕生。

黄：除了您的导师之外，清华的哪些先生和课程对您的影响较大？

崔：清华对学生的影响是一种综合的、潜移默化的影响，就像家庭对孩子的影响一样，耳濡目染的熏陶不仅仅是知识积累，而更多的是一种观念和方法，甚至品行，无论这种特质是缺点还是优点，它都会伴随你很久。

我现在回想起来，最庆幸的是所有授课的基本都是老先生。当时还没有像现在这么发达，都用电脑，基本上是板书加幻灯，主楼的914（教室）印象很深，有幻灯的课基本在那儿上，其实最享受的是半睡半醒中看着幻灯，听着时有时无的声音。

黄：您当时也是"坏"学生吗？

崔：这与好、坏无关，可能每个建筑学的学生都有这样的体验，还有印象最深的是关先生的课，他所涉及的题目和讲的内容，都几乎是他亲身经历的，所以那种真实的、体验式的传授其实充满了照本宣科的批判，我以为不迷信书本和权威，做真实的、得体的建筑是基本的要求。还有李道增先生的课也蛮有意思，那门课叫《环境行为概论》，

清华大学毕业典礼与同学合影　　　　　清华大学硕士答辩时　　　　　清华大学毕业典礼获学位证书

清华大学毕业典礼与同学合影　　　　　与关肇邺先生合影　　　　　清华大学毕业典礼合影

当时还没有教材，李先生所有的讲稿都自己手写的，他还会经常谈起儿时在上海弄堂的情景，趣味地说明"行为"的重要性，所以我想建筑并没有那么邪乎和神秘。现还能记得有一门比较重要的课是《近现代建筑引论》，原来是汪坦先生讲，后来换成吴焕加先生讲课，谈到当年在赖特的塔里埃森的学徒时，重要的不是上课和绘图，而是动手，包括如何在吃饭前挑选和摆放桌布以及选择餐具等等。

黄：您谈了清华课程和老师的印象，尤其是几门课程对您的影响，是否也影响了您后来的发展？

崔：清华以坚实的基础、严谨的治学、融贯的思想共同作用在大家身上，让同学们厚德载物，自强不息。还要"为祖国健康工作50年"。那么有一类人一直在清华的阴影下自强不息的工作；还有些人认为清华害了他，觉悟后换了行当，或另拜庙门。

黄：那您属哪一类，又怎样看清华？

崔：其实清华就是一个"大食堂"，要看你会不会吃得很营养。当然这是戏说，我想清华既不是开端，也不是终结，而是通向未来的桥梁。

黄：1997年清华大学建筑学硕士毕业后，您就被分配到中国科学院建筑设计研究院工作，而您比较著名的作品是产生于2002年的中国科学院国家科学图书馆。我体会这个项目，您尝试将中国传统文明在现代建筑中展现出来，一是以合院式的概念将几何体的一面挖空，二是暴露出许多巨大梁柱与桁架，犹如是召唤着斗拱的形制。另外您又用高大进退的墙板、柱廊与大台阶创造出空间的层次感，企图将空间的尺度拉高与拉大，形成一种象征性的庄严气势，有一种巨大化、宏大化的设计倾向，能谈谈当时设计的意图吗？

崔："图书馆"其实是一些年来思考和感悟的结果，尽管有好多不如心愿的地方，如内院尺度、材料选择、建造工艺等都有很多遗憾，但还是实现了自己原本的一些想法。这里最核心的问题是"心"的事，我所理解的中国人的中心表面上看似是"无"和"空"，其实是充满其间、弥漫于周围的"能量源"。就中国院子而言，与西方院子有着明显差异，你可以这样设想，一个方形封闭盒子，如果没有口，它是无所实用的，当上部中间有开口时，这个盒子就有了容器的可能，如果人在其中就可以生存，要注意这就是中国空间的"原型"。就四合院而言，外边界是不开窗的，中间挖空的内院，首先是为了获得阳光和空气，即人类生存的最基本条件，也就是说"院"——"能量源"——是中国空间中第一生存要素，这是客观的、唯物的；接下来的才是基于天、地（自然）、人、物（建筑）一体的宇宙观下的空间、形态和意境。

图书馆作为"光"的容器，也在于对阳光的接纳和遮蔽的平衡，这自然想到了合院空间中"能量源"。中间的"空"就是合院空间直接转译的结果。它给予了图书馆自然的"光"和"风"。

在某种意义上讲，这种"类合院"的空间或"U"字形的空间，也可以说是一种个人的"心理图形"。它可能来自于某种深刻记忆，比如早先所说那个"书屋"式居所形态再叠加四合院的结构，居住在祖父留下的北京典型四合院里的体验也强化了这种空间结构的形成；图书馆的构成逻辑无外乎还是居所"书屋"的放大，两边书架放大成两侧的阅览空间，"书床"变为大台阶下的平台，"天花"变成了玻璃顶大厅和庭院的天空。

黄：您当时设计这个项目时，有参考国内外相关案例吗？

崔：比较遗憾的是，我们完成了方案之后，才参观和访问了法国、德国、英国的国家图书馆，当然收获不少。同时也更坚定我们原初的一些理念，比如当时在设计初期也有关于是整体式还是分散式的争论，在看完法国国家图书馆的"四本书"、英国圣潘克拉斯火车站旁红砖砌筑的新不列颠国家图书馆以及德国的两个国家图书馆之后，好像更多的是一种验证，并确定我们方向的正确和一定的前瞻性。正如我们平常描述图书馆那样："集中式的便捷、分散式的环境优雅被融汇在一个理性平面中，从而确保阅览空间的采光和通风。"

黄：这个项目，在功能上解决图书空间的问题，而在空间、形式语言与架构逻辑上，似乎让我观察到您有意表达"中国性"的问题，将中国建筑中民族的情怀消化吸收于现代建筑之中，能谈谈这部分吗？

崔：是这样，这里有两个问题，首先需要明确作为国家科学图书馆，"国家性"和"中国性"是绕不开的；第二，"中国性"设计并不是做完设计后再有意附加中国印迹的。

同门师兄弟与导师栗德祥聚会

参加集群设计

会议现场

"中国性"设计是一种系统化设计，空间、形态、建构是难以剥离开的。我们之所以还沿袭西方理论那样分开谈空间、形态和建构只是为了研究和表达的需求。关于空间以上谈过了，与其说是还原一种合院空间的形态，还不如说是重新发现或重新解读的合院，因为对"院空间"深入研究后我们发现，它既不像有些人认识的是剩下来的空间，也不是某些人所奉为的神秘莫测的精神场所，源于场地、源于功能，合院自然着陆其间，并以开放之势融通环境。至于中国建构的问题与院子是分不开的，既然院可称为"能量源"，那显然获取能量是通过院与房间之间界面空虚为目的，而木构成为了最好选择，长久以来中国建构发展区别于西方"砌筑式"建构体系，形成了几千年都不变的架构体系。我们为什么不问问这是"为什么"？至少，我们现在知道孤立地去谈建构或空间意义不大。

还有点要提的是中国的木构建筑也包括木塔，从建构角度或作为支撑体系来说不仅有其"现代性"和"透明性"，而且还具有高技派特征，我也常戏称中国曾有过"木构的高技"，相信大家听说过以前在南方拆一座房子后，通过河运，用船把拆下的房子在北京再重新搭建起来，仔细比较高技派的几大特征与中国木构建筑确有太多相似之处。因此，中国传统建筑与现代主义建筑已有天然的姻缘。

回到图书馆的建构问题，其实可以归结为"结构化的形式"和"透明性"的问题上来，中国木构建筑的"真实性"即结构逻辑与形式逻辑的对应关系，用"建构"来表达中国建筑尤为恰当。图书馆首先是将这种建造逻辑真实地再现出来，无论是"类穿斗式"的梁柱还是大跨度的桁架，还是受拉、受压的杆件，都被转化为一种结构化的形式语言。

黄：这些"结构化形式"梁柱语言，仅仅在诠释中国性吗，它对图书馆的意义是什么？

崔：阅览空间的结构支撑体系"柱"被修正为"片柱"，目的是对"光"的有效利用和遮挡，并产生稳定的漫射光；西边柱廊的"透明性"展现了图书馆公共性和开放性，构成这个无顶无墙、中央庭堂的界面；同时"光"和"视线"的穿越，确保了南向阅览空间的采光和通风。

黄：您接着又设计中国科学院研究生院的教学楼，这个项目也是如您刚才所说的模式体现的吗？

崔：两个项目，有相似之处，也存在着很多差异。

黄：也是中国性的架构语言？再谈谈您对中国建筑的研究。

崔：这两个项目的功能差异、场所差异以及体量差异，也造成两者出发点的不同。这个教学楼重点探讨的问题还不是架构语言，如果暂时抛开功能和环境问题，这里更多关注的应是空间类型，这一点与图书馆的相似在于"空间之间的空间"。简单地说两者都有一个"中心结构"和"时空次序"，无论是"C"形的"三合院"，还是两个平行体量所限定的"夹心院"或大厅，设计中都采用了基本的构成方式，如若干功能单元围绕一个中心空间，但与西方的教堂和巴西利卡不同的是中央的"透明"和"虚无"，并构成能量核心——充盈的"气"的流动，并不断地弥散和延伸向某些方向。图书馆的中心空间是向上和向西南的蔓延，而教学楼是向上和东西向的扩展。这些还是来自于中国传统建筑中建筑包围花园，或者建筑包容着一种"自然"，并以一种"好像"、"与外隔绝"的方式被引入的空间内部，这事才有意义。

与外界隔离的"光"和"气"是一个自然的世界，哪怕这个大厅的竹子、树也没有了。随着光的游弋和时间流逝，我们依然可以感知自然存在其中。还有人说这些大空间有些貌似教堂，我并不完全否认，无论是图书馆、博物馆还是科研教学楼，它们都有别于日常生活而成为一个特殊场所，不是一个世俗的、生活情景化的或者消遣娱乐的地方，我希望大家来这里找回自我、找回精神和信仰，于是宗教的氛围是存在的，但区别于西方教堂的神圣和向往，人文主义和自然主义的情趣让这些空间介于神圣与世俗之间。

黄：另外，这两个项目也给我传达了一种宏大化、巨大化的表述，偏向象征性的设计语言。我说的象征不是"后现代主义"思潮的象征与符号，我说的象征指的是一种象征、纪念性的设计路线，是"现代主义"的一条支流。在20世纪世界现代建筑史发展中，有一股象征主义或是纪念主义的流派，代表性设计路线建筑师有朱赛佩·特拉尼，他用柱梁的虚空构架宣示出象征性的设计倾向；有路易斯·康，他将建筑的视点着眼于巨大象征体下创造出来的光影变化之美。还有安藤忠雄，他以清水混凝土营造出自然冥想的禅意巨大空间。从这三人的作品中总结出一条象征的设计路线，又有点理性，您的作品确实有这方面的倾向，您怎么去看您的作品与这些思潮、作品之间的关系？

中国科学院图书馆草图及表现图

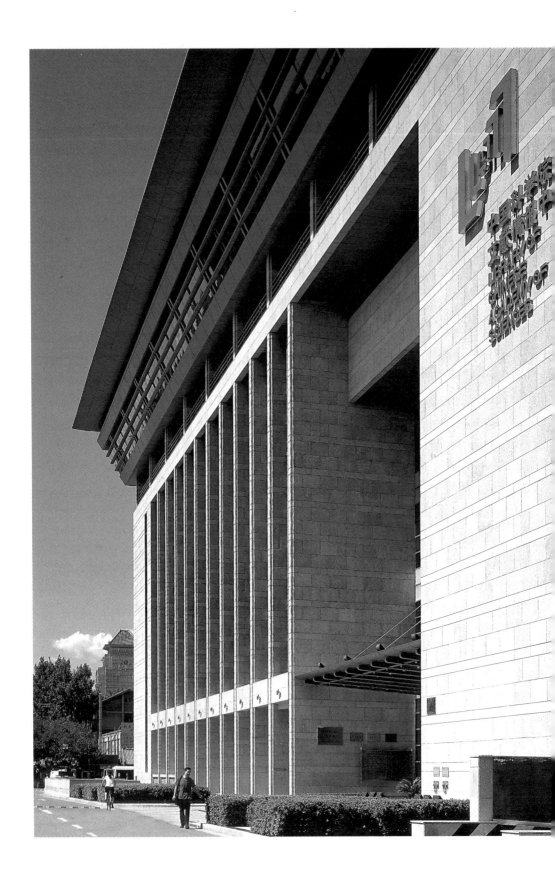

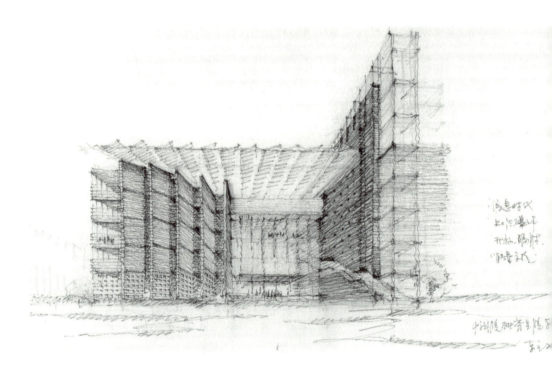

中国科学院研究生院教学楼及设计草图

崔：其实大与小是相对的，中国古代的城市无论是唐宋，还是元明清，城市的尺度都要比其他西方城市大得多，到现在这种趋势只增不减。就人口而言，北京市的2000多万人口能抵得上澳大利亚全国人口的总数，而北京城的四环半范围就已经是新加坡国土面积那么大了。在这样尺度背景下，我们不得不思考关于城市及建筑空间尺度的问题，正好像好多人到了日本看丹下的东京市政厅，或看伍重的悉尼歌剧院都会感慨，怎么如此"小"，面对大山大水的北方，面对现代化的新"帝都"——北京，我们必须重新建立一种与人关联的新尺度。另外一方面，一种隐性的文化企图在东西方都长期存在：如神圣、伟大、纪念性、英雄主义往往相关联，也同时会产生积极和消极作用，比如大国、大都市、大教堂、大家、大学、大师、大智慧等等。但同时中国还讲大象无形、大音稀声，大智若愚、大拙至美的辩证关系。如果追求"假、大、空"或"高、大、全"，那叫为大而大，大而不当，甚至会产生乖张的荒诞景象。

对20世纪早期的象征主义建筑师，你刚才提到的朱赛佩·特拉尼不太熟知，好像是意大利理性主义代表人物，有点法西斯劲头。路易斯·康和安藤忠雄是我喜欢的建筑师，尤其是康，对他充满了崇敬，他可以成为我们这一代建筑师的导师；他不仅在巨大象征体下创造出了光和影，更多在于他用"可量度"空间滋生出不可量度的宏大力量，并直抵你的内心。当然我们都知道"现代化"和"纪念性"是贯穿在康身上的两个激荡主题，这个过程中康试图将"建构性结构"与"纪念性形式"融合在一起，走出非同一般的道路。其中，古希腊和哥特的建筑思想，尤其是在哥特的"结构化的形式"一度影响下，并让他迷恋"焊接钢管结构"的构想，最后到对砌筑结构和框架结构清醒认知和得心应手。还让人敬佩的是他并不停留在结构理性主义上，而继续投向机电的热忱而创造吊顶夹层空间——而这一系列的探究，包括希腊的神圣、哥特的光辉、结构的理性、机电的逻辑，汇聚在一起构成了一个宏大和神圣的纪念性篇章。

黄：路易斯·康和安藤忠雄的建筑是如何影响到您的？

崔：感受安藤的东西，可能还是源于东方人共同的理想和情趣，尽管安藤的房子都不大，但依然可以感受到一股自然的力量和圣洁的力量，这种"少"、"无"、"禅"、"静"的意象也形成一种"景生象外"的意境。我觉得安藤对大家的影响是心灵和精神层面上的，尤其是房子包裹着空灵的自然，是一种超越光与影之上"空间之间"的"膨胀感"和"扩散感"。

可以肯定的是现代主义中秩序或古典秩序，在康的身上表现出来的是重型结构形态和有层次的秩序，他也会成为我设计的营养。比如在上两个作品中明显地表达出我要坚持"中心结构"和"时空秩序"。路易斯·康的思想已经熔炼了早期勒·杜克的结构理性主义和富勒的逻辑结构，也同时影响了我的设计，当然最为重要的影响应该对建筑师"精神结构"的影响，正像是康和安藤一样，我把设计当做一项精神活动，甚至有些宗教般狂热，你刚才所提到图书馆、国家开发银行、泰国文化中心、中科院教学楼等作品在我看来也有着类似的宗教地位或崇高性，这样你可能不难理解我的作品中宏大的叙事结构和一定的纪念性。还有一些影响包括康将对立的要素融合，并转化为一种积极因素，他的作品在稳定而厚重的对称图形中又融入了一种"哥特式"的智慧。但是和康及安藤作品在心灵上的沟通可能还是源于共有的东方精神，一种形而上的、对于"神"、"气"、"光"、"风"以及对于"空间之间"、"天地之间"一种原始穿透力的痴迷。但同时我要说，我的设计出发点是中国的，或者说整体的秩序是中国的，而不是西方的。

黄：您谈到以柱与梁的结合产生传统中国性的"架构"语言，这似乎是一种折中语言的探索，从中国科学院国家科学图书馆到国家开发银行再到曼谷中心给我都是这样的感觉，很深的印象，而我所理解的折中分为中式折中和西式折中，我观察您更贴近于中式折中。是这样的，在19世纪鸦片战争后，许多现代化的思想、式样、材料、工法与技术经由租界所形成的渠道而来到中国，进而冲击到以木石系统为主的中国传统的营造思维，当时产生了许多以现代材料（水泥、混凝土、钢等）建造出的民族复兴形式，并开启了一波大屋顶式的中华古典风潮，代表性建筑是1929年吕彦直设计的南京中山陵，当时中国近代建筑正摆荡在传统过渡到现代的折中状态。而我看您的作品似乎又看到那个年代里的一股折中的味道，而折中实然是一项基于传统的回复，或是在现代基础上的传统回复，在传统基础上以片段地截取重构在建筑上，或是同时都接受新的现代功能、结构与旧有形式的双重表现，是一项混血语法的展现，您对于折中的看法又是如何？

崔：我们先要提一下，你刚说"木石系统为主的中国传统营造"，这个说法还是要慎重一些，当然南京中山陵可能是个例外。因为砖石的确常用于陵墓建造中，以创造出一种永恒，至于以这种非典型场所、非典型类别的建筑和非典型的中国建构引领一个风潮，我还没有想明白。无论怎样，我的确认为中山陵是折中主义的，对于那个时代的人来说，这可能是历史中的必然，也算是一个突破，对传统认知和应用表现在形式语言和符号语言、空间语言和空间序列和群体组合语言、"相地"语言和环境语言、将建筑与环境相融的语言等等，对于过渡期的中国来说也算一种进步。在日本的帝冠式和中国台湾地区的一些建筑也都有这种印迹。可能在之后的如上世纪五十年代和八十年代又出现过类似的民族主义"形式"，尽管这时期创造很多不朽的建筑作品，但并没有明显发现中国建筑现代化进程中的跃迁，改革开放的最近20年来有了一些可喜的变化，作为一个中国建筑的探索者，我还是认为折中建筑没有出路。

黄：我需要解释下，举吕彦直的中山陵完全是因为他在那个年代里的代表性与突破（材料的突破、形式的突破等），不代表所有建筑师都是这样遵循的，我所理解的折中是采取双重承认的态度、相对开放性的融合，当然有时也可间接的突破，所以在折中的大洪流下有着各种不同的倾向，在近代中国尤为明显，有关注材料倾向的，有关注功能倾向的，有关注新技术与传统历史的装饰并结合的倾向的，有关注城市中象征性倾向的等等，所以折中是一种开放性的态度、思想。

崔：这可能是你对"折中主义"的一个美好的期待。我认为折中主义首先是一个时代的"叠加产物"，像是"过去时+现在时"；同时折中主义是一种风格和形式上的"集仿形态"，属形式主义，也可以说是一种物理上的加法，还处于一个中国建筑现代化中"初级阶段"。我所期待的中国建筑是一个交融的建筑，从根本上反对"模仿"和"拼凑"，也反对两者之间简单的叠加，"交融的建筑"如同两种东西放在一起发生化学反应一样，尝试将中国古典建筑与现代建筑作为基因或本源，通过溶解、渗化产生新的突变。

　　这首先要求我们去寻找中国建筑的基本原型，比如空间论中的"时空一体"，环境论中的"天人合一"，建构论中的"技艺合一"等等，我们可以把它称为"一"的思维；然后它应该是"和"的建筑，强调异质要素的有机结合，体现在"和而不同"；最后它应该是"中"的建筑，但不是"折中"而是"执两用中"，它是在两极之间寻求新的动态平衡。

黄：您再谈谈国家开发银行——还是一个大屋顶，您在这里是如何体现"中国性"的？

崔：国家开发银行是有一个明显的玻璃屋顶和中国形式，这也难怪大家会误读，当然也有

国家开发银行设计草图

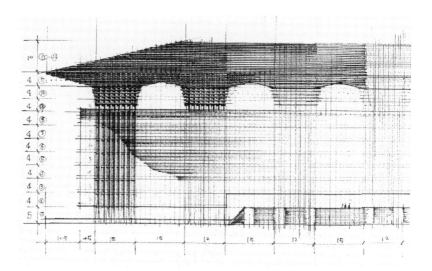

国家开发银行

国家开发银行设计团队与业主

北京林业大学学研中心

人认为艺术就在于"误读",但开行对我来说并不是一个形式问题,它源于场地的设计,关注"此时此地"以及"彼时彼地",目标是建立一个平衡体系和透明体系。关于屋顶的事儿让我想起若干年前,我曾问过关肇业弟子——张利的一个问题"为什么北大图书馆要用大屋顶",他告诉我这是"应该"的和"唯一"的。

我八年前开始做国家开发银行设计,那是长安街最后的一块地,它北面是民族文化宫,它的南边只隔七米,有六套文物级的四合院包括张学良的故居,再往南是大片的、相对完整的北京旧城。当时业主方面有明确要求,提出八字方针"中国、现代、银行、生态",并以此作为国际竞赛和招标的准则。起初我们的方案没有屋顶也没有基座,是一个抽象的、只有中国建构逻辑的现代建筑,但在与甲方长时间的磨合中,他们希望并坚持在此基础上"长出"屋顶和基座。虽然刚开始我不甘心,但在最后平衡过程中,我能接受这样结果是:除了这些"显形"的"类屋顶"之外,我们至少实现了中国建构逻辑的转译:一个八柱七间的巨构式的梁柱体系。

黄:这样的体系是一个现代银行所需要的吗?

崔:这个问题好,也是我们设计开始时问自己的问题。开行位于长安街西段,这个场所本身就具有敏感性。

黄:民族文化宫是重要建筑,而且周边几个建筑也很重要,您认为这里最敏感的是什么?

崔:对,这些建筑都很重要!但它们也没有构成这个场所的"敏感性",我幸好存有设计开始时约2006年这个地段的卫星截图,地段的南边是典型的旧城,所呈现出的是小尺度的院落肌理、胡同结构以及宜人的生活场景;而地段的北边则是新"帝都"北京宏大的建筑群。纪念性或政治化的银行,超然尺度的长安街及空间形态。我们在设计研究中发现了一个非常奇怪的问题:长安街的新建筑几乎都无视这个亲切的、古雅的、有几何学精神的、旧北京的存在!几乎无一例外用一种实的、大的、封闭的形态将新、旧割裂成两个明显的区域。好像生怕这个"旧"的存在,或是影响了这个伟大北京的诞生!因此,我们认为场所的敏感性就是场所的"双重性",它应该在大与小、新与旧、传统与现代、文化与文明之间建立一个平衡体系。

黄:那么说梁柱体系成了一个平衡体系?

崔：梁柱的架构体系本身还不是平衡体系，但它是形成这一体系的基础。中国的木构更接近于"现代主义"的框架系统，为创造自由平面、自由立面和自由空间创造了可能性。但最重要也最有价值的是中国木构逻辑所形成的结构清晰性和半透明性。因此我们借用中国传统建造体系创造了一种非砌筑式、非封闭的体系以回应城市，具体的做法是从南边的传统肌理出发，探究四合院的空间形态和尺度，寻找一种可能性，是在城市尺度与旧城肌理、城市空间与院落空间、现代技术与传统技艺之间建立的一种平衡体系。

前面说"敏感性"最终落在建筑的"双重性"上，它存在于"现代"与"传统"两类城市形态的并置与冲突中，设计的挑战以及主要"发力"都是如何在两种"异质"要素之间寻找平衡，它要求建筑具有"宽容度"和"沟通"能力。

黄：如何理解"宽容度"和"沟通"能力？

崔：也就是说它一方面要与旧城对话，另一方面要与新北京对话的双重沟通能力和兼容性。恰好架构体系的中国建筑就具有空透骨架的品质。我们把它理解为一个空透的网格，可以"吸附"、"吊挂"、"承载"任何物质，并且可以按照人为的方式"穿越"，这里封闭的墙或者盒子的概念完全被解体，光线、空气、景观以及人的行为按照设计目标可以自由穿越和贯通，如同是园林中"亭子"提供了一个与周边沟通的框架。一个具有吸纳和释放的开放体系，它能够"连接"和"穿透"前、后、左、右、上、下，而成为新媒介。

黄："媒介"很有意思。

崔："媒介"是"之间"的状态，我试图寻找一个缓冲空间以消解长安街与旧城的冲突，并以此为契机，让这个"之间的空间"变成一个转换器，让南北两边最积极的要素相互交融，变成一种能量体。这里包括几个问题：如何让阳光穿越建筑并照耀在开行北边的入口？如何让南边的七套四合院嵌入到建筑中来？如何让这个透明的体系装载更多的立体合院单元？……

梁柱作为建构体的基本单元，在这个庞大的建筑中转化为巨柱和巨梁，传统木构体系演化为巨构体系，以便于形成现代银行所希望大跨度、大空间，巨柱体系在保留传统柱支撑逻辑中变为空间化的结构——柱筒，9m×9m的空间柱筒进一步转化为束柱筒，再以束柱筒为单元转化为"八柱七间"的"类木构"巨构秩序。

黄：这类巨构体系似乎常被现代银行采用，如香港汇丰银行、法兰克福商业银行，那您这里"巨构"是源于银行，还是源于中国建构？

崔："巨构"有助于大空间和特殊空间的形成，但另一个重要的背景是长安街，超然尺度诱发了这个想法，也成就了甲方"中国的"、"银行的"一种混杂纪念性的诉求。支撑这巨型木构也不偶然，中国古代由于用料的问题而产生的一捆束柱的做法也是一种建构手段，还有中国辽代留下来的应县木塔，从大逻辑上讲是筒中筒的概念，再细说，如八角形布局的每个角部也类似于三柱合一的巨构柱，但不同于应县木塔体系，也不同于香港汇丰银行体系，开行巨构是一个"空间化的结构"。柱子是"空心"的，是有实际使用功能——办公单元。我们常开玩笑说，每一个巨柱都是一个"塔"或一个"高层建筑"，那么这个大房子就好像由16栋建筑合成，中间的"空"能让建筑的南、北最大限度地贯通。

因此建构的目的并非是只为获得一个骨架，最终要实现空间的建构。这一新体系区别于中国传统，也区别于"现代主义"的均质柱网和无柱空间的均质化。"巨构柱"的介入实现了从"支撑单元"向"空间单元"的转化。

黄：那屋顶也一定是空间逻辑和建构逻辑的结果了！

崔：中国古典的屋顶是建构逻辑形成的屋盖系统，屋顶下只有一个空间，屋顶自身并未形成独立空间。而开行的屋顶其实是"巨构梁"逐渐演化成的一个空间结构，它显然为顶层创造大空间立了功。最终我们看巨型梁柱所形成的"类抬梁"体系，转译为具有功能逻辑、空间逻辑一种新透明体。它是一个大家能读懂的中国样子的建筑，但我们还深知它仍然保留大家"难懂"的、而我坚持下来的非"屋顶"的中国性。

黄：从中国科学院图书馆到国家开发银行再到几个文化中心和大使馆，如泰国的中国文化中心、法国的中国文化中心等，您的主线还是蛮清楚的，似乎每一件作品成形后都相当于一次理论与实践的总结，也导致这些作品都具有共同性。

崔：共同性是存在，但每个房子的场所不同，结果也就不同。有些重点于空间或空间之间

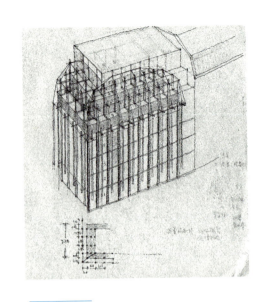

巴黎·法国文化中心草图

泰国曼谷中国文化中心竣工现场

泰国曼谷中国文化中心夜景

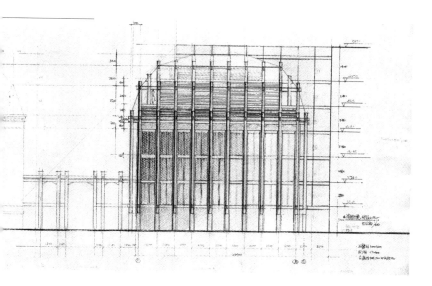

的可能，可能更多关注于"院"和"园林空间"对当代建筑的影响，这往往是一种看不着、摸不着的"中国性"，所以我想中国建筑，更多是感觉性的或听觉性的，而非视觉性的。所以"空间的时间化"和"时间的空间化"可以创造出一种建筑的"视听感"，我正在尝试这种"时空一体"的可能。

还有相当一些建筑是讨论"建构"，如我们刚才聊的那些。中国建筑其实不是纯艺术，也不是纯技术，而是"技艺合一"的，所以建构既不是形式问题，也不是构造问题，而这些建构问题会与空间问题纠缠在一起，分不开；还有一些建筑是在关注自然、气候和建筑的关系，比较典型的是泰国文化中心，实际上它是一个源于场地、基于气候的"树屋"。

黄：是树上的"鸟居"，还是树状的建筑？

崔：东南亚地区的"树"很有意思，树冠很大而且稠密，枝干好像还不是一个，是一组或一簇，在泰国寺庙和很多地方都能看到，在台湾也有这些树。

黄：我更关注树与文化中心的关联性以及和场地的关系。

崔：无论在泰国还是中国，树木常认为是有象征意义的，其中一些甚至被人们看做是神树，神树又与崇拜、创造、神化有关。在佛教国家中相传佛祖在菩提树下修炼成佛，菩提树又被认为是一棵无花果树的后代，这棵最原初的无花果树所在的地方以及从此它的根系中生长出的树木所覆盖的地方，统称为"圣地"。位于泰国曼谷的中国文化中心，也可称为中泰文化交流的"圣地"，作为共同基因"佛祖"的敬仰，菩提树不仅是图腾，也是一个自然的建构体，可以挡雨、遮阳、通风，一个天然的庇护所。而且湿热地区中的菩提树（橡树）其枝上生有气根，垂入土中又成为另外的树干，所以覆盖面积很大，因而菩提树象征着永生，气根象征着精神世界。我们的设计其实是学习这类被宗教化的自然秩序，在树干和气根形成的集合"树干"以及树冠的生长逻辑中做了一个"树屋"或者"仿生寺庙"。

黄：从气候到树，树到"圣地"，又到"寺庙"，从"寺庙建筑"再到"文化中心"是一个演进过程，我是否可以这样理解？

崔：这个逻辑是存在的。曼谷是被很多寺庙充斥的城市，什么样的现代文明都难以改变佛寺的统治地位，这种独有的"精神世界"也孕育出独有的城市文化和温文尔雅的泰国人。如果说"寺庙"是泰国民众的精神寄托的话，那么"文化中心"也可以成为"精神场所"，而"寺庙"的场所就变得有意义了。但同时，"文化中心"要去除寺庙的神秘而充满人性和自然的情趣，而这一转译又恰恰是中国儒道文化的人文主义和自然主义的精神。

具有中国传统精神的架构体系与"树构"的密切关联，使我们建构行为转化为"种植"活动。在这个特殊的场所中，气候、土地、树木是自然空间的要素，或者说是另类空间的要素，受自然律动的启发，创造了一种新类型。建筑的自由释放和弥漫就像树木伸展并竭尽占领空间，最后密林般的柱子和横向的密梁编织在一起成为一个很茁壮的建筑。这个方法是从自然秩序发展出来的中国木构体系，又重新还原给自然。

黄：您其他的一些建筑是否也有类似的自然主义构想？

崔：自然可以是有形的，可以是无形的，也可以形似或者神似。像前面我们谈过自然可以成为"能量源"；当然自然也最容易产生一种意境；师法自然的设计也有助于我们创造出一种特殊的景象。

比如最近我们新完成的林业大学学研中心，实际上来源于林大特有的校园文化，如"知山知水"、"十年树木，百年树人"，同时是要提取树的这种生长或生发的意义，并且转化成一个精神上的"树塔"，借助于分形学上的自相似性原则，进一步将"发芽"和"成长"抽象为繁衍式的和渐变的几何图形。

黄：您在最近完成的工艺美术馆和非物质文化遗产馆有一种水墨晕染的效果，形体也是渐变的，越来越模糊，同时又追求一种"自然景象"。

崔：我非常赞成"景象"这一表达，在工艺美术馆的设计中，虽然还在进行着建构的"研发"，并拓展和延伸到"编织"的技艺，完成了一个从砌筑到架构，又到编织出半透明网纹的织物感的建筑表达，但背后的意义，或者说建构意义只是为了表达一种自然景象，如风、云、雨、雾的那种轻盈妙曼的意境，但建筑毕竟不是绘画，受到水墨晕染技法的启示，试图创造一个"立体的水墨画"。要做的是用现实的建构语言，重塑

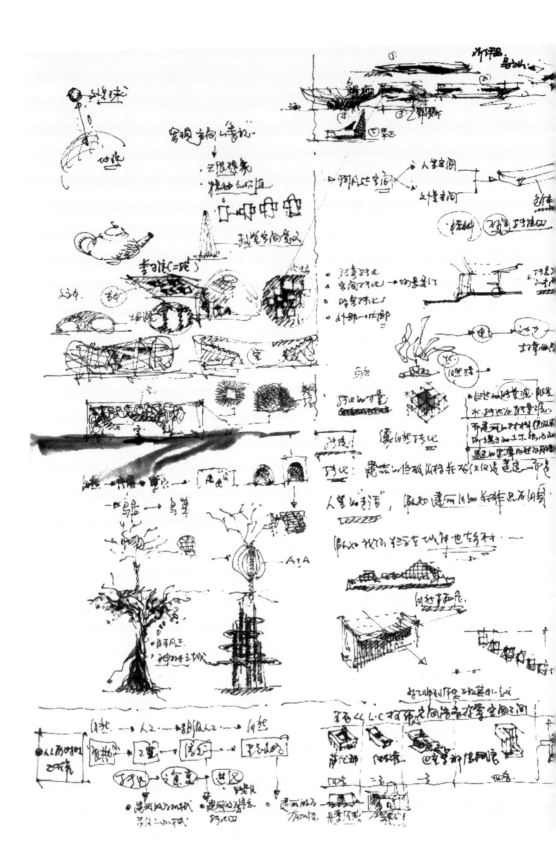

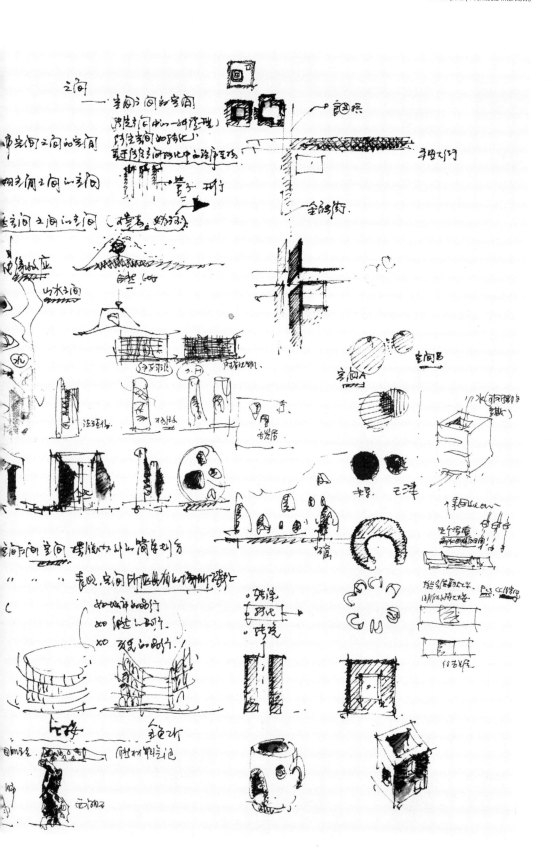

工艺美术馆概念草图

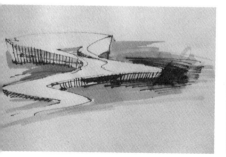
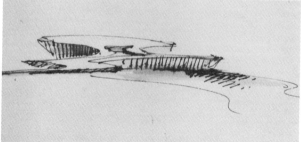

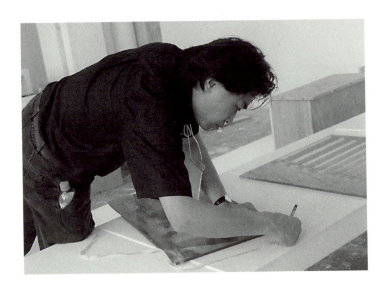

构思设计时工作照

一种抽象自然、以梁柱构件作为空间"笔触"，表现自然中的光与色，努力让建筑成为一种对环境做出反应的有机体，建筑好像是源于自然秩序和自然景象而生成的。

黄：您的作品很多，又多在城市敏感地段，虽然类型和风格也在不断变化，但我注意到有一种深藏其中的不变性和一致性，而这个不变的"精神结构"似乎又在控制着您的建筑实践和思考，希望您再做一个小总结，谈谈对建筑的感悟。

崔：建筑是"行与言"、"心与行"、"悟与心"二元中和的产物。"言、行、心、悟"相互支撑、相互作用、相互转化，构成了一个动态平衡的开放体系。

　　行胜于言——建筑设计是行动主导下的图像建构，过度的建筑理论会产生副作用。"行胜于言"的重要性在于建筑设计应归于建筑实践的本源，让思想蕴含在物体之内，显现建筑真实存在的意义。设计作为"劳作"可以认知手工技艺如何决定机械技艺，又如何影响电脑科技。行胜于言在于动手。

　　心胜于行——建筑师有别于工匠在于学会思考"如何思考建筑"。"心胜于行"强调建筑师的"精神结构"对身体结构控制的对应关系，表现在心体合一、手脑共用，方可练就一双思考的手。肢体的感知、直觉的判断最终借助理性的智慧产生一种思辨的力量。

　　悟胜于心——设计过程是一种修炼的过程。设计中不断地积累、放弃、陈酿，终会有一个觉悟。"悟"源于实践之上，发展为超理性的感知系统，"觉悟"可以为孤思冥想、辗转心神之间，虽寄迹翰墨，以求景象万千。"言、行、心、悟"彼此氤氲化醇，最终获得对事物本质的认知。因此，不存在未经培训的先知先觉，设计便是"心思"和"觉悟"。

构思设计时工作照

参加展览时留影

Interviews Contemporary Architects

后记

后记

回忆整个访谈的过程，依然清晰记得当时的点点滴滴。那种双方丰富和热情的思想碰撞仍让我时有回响，建筑师犹如将我同他们一起拉回时光隧道中，在当时的历史语境下，聆听他们对于"建筑"的经历和梦想、对于人生的认识和感悟、对于事业的专注和投入……这些活跃在中国建筑界的建筑师们，始终如一地保持着设计能量、研究能量和思考能量，他们是我的长辈、老师，也是我学习的榜样，砥砺着我不断向前努力，我也因承担对这13位建筑师的访谈工作而感到无比的荣幸，可以有机会去分享他们多彩的建筑人生。

本书一方面通过访谈的方式，清晰地呈现建筑师的成长背景、兴趣爱好、求学经历、研究历程、工作和生活状态、设计倾向、思想成因等内容，依序展现出建筑师本人清晰的思考脉络和设计过程，及传奇并带有故事性的人生历程。另一方面，也请建筑师提供与采访内容相关的图片与资料，构成一本图文并茂、生动高雅的访谈录，形成这本有"时间轴"的访谈书卷，并具有一定的思想性、趣味性、启发性，让读者在掩卷之余，可以更加认识和了解这一代建筑师，更重要的是，书里内容经由访谈后充分体现建筑师的思想和价值观，而这些多元的思想创作出多姿多彩、百花齐放的建筑作品，呈现出多样的建筑发展状态，也反映了中国多民族、多元文化的特色。

本书内容难免有纰漏和欠妥之处，在此恳请广大读者能够不吝赐教，以便让本书有继续提升的机会。在此感谢这13位建筑师于百忙之中接受采访，愿意天南地北、坦率和真诚地与我交谈，慷慨地提供了不少珍贵的图片与资料，让访谈过程与后续的整理工作能够顺利地进行，也让本书的内容更加鲜活。

最后，在本书即将付梓之际，对中国建筑工业出版社陆新之主任、首席摄影师曹扬先生、责任编辑刘丹女士从策划、组织、访谈到编辑出版全过程给予本书的大量投入与大力支持，再次表示由衷地感谢。

黄元炤
2014年6月于北京建筑大学ADA研究中心